Aumônier de la France Libre

René de Naurois

Aumônier de la France Libre

Mémoires

avec Jean Chaunu

PERRIN
www.editions-perrin.fr

ISBN 2-262-02118-X

À tous mes camarades, amis et
Compagnons morts dans les combats
ou dans les camps d'extermination
pour la libération de l'Europe

Prologue

6 juin 1944. C'est encore la nuit noire. Le ciel s'est couvert, la mer est grise, d'un gris d'opale qui se fond dans le brouillard. Le vent soulève des embruns qui fouettent les visages avec force. Il fait presque froid. Plusieurs d'entre nous descendent dans les ponts pour prendre du repos. Quelques heures plus tôt, près des côtes anglaises, des milliers de navires ont gagné la haute mer, suivant une route zigzagante, pour trouver leur place dans le convoi d'ensemble. À minuit, dans le carré des officiers, nous avons déplié les cartes qui nous ont été remises cachetées et où figurent les noms du théâtre d'opérations : Ouistreham, tel sera l'endroit où je retrouverai la terre française, quittée dix-huit mois plus tôt. Il me faut dormir. Je m'installe commodément sur une couchette en moleskine, à peine dérangé par le roulis... Bientôt, harassé par la tension intérieure qui m'habite, je sombre dans un profond sommeil.

Bien avant l'aube, j'ouvre un œil et me précipite sur le pont : la nuit est comme de l'encre. Je distingue cependant les formes noires des navires les plus proches de moi. Le vent est âpre, déchirant les nuages et soulevant la houle. Cette nuit me rappelle les nuits de mauvais temps en montagne quand les éléments expriment une sorte de détresse cosmique. Pas la moindre réaction ennemie. Je me rendors...

L'aube s'est levée. L'aube dont les moins imaginatifs ont rêvé si souvent depuis quatre ans. Je saute en bas de ma couchette, grimpe l'escalier. Je veux « voir ». J'ai toujours trouvé une résonance différente aux termes d'*aurore* et d'*aube*. Sans référence aux définitions du Larousse, l'aurore pour moi, c'est un ciel pur où monte l'embrasement rouge d'où bondira le soleil, souvenir certain de mes ascensions alpines à l'heure où l'on passe des moraines aux glaciers. Ce matin, sur cette mer, comment nommer l'apparition d'un jour extraordinaire, unique dans nos vies et dans l'histoire, un jour qui n'est ni de bonheur, ni de belle aventure, ni de malheur ?

L'aube est immense et sale. Elle est immense comme la mer couverte de bateaux, jusqu'à l'horizon où commence le ciel. Et le ciel est lui-même cette aube immense et grise, presque sans promesse, divisée par des traînées noirâtres en volumes échafaudés, sans contours, qui se meuvent dans le vent. Immenses régions du ciel où monte à notre gauche une vaste lumière blanchâtre puis rosée qui colore lentement, jamais franchement, les masses de vapeur. Sur une mer de plomb fondu, la houle hérisse des crêtes blanches d'écume. Et les navires sont légion, de toutes tailles, de toutes formes avec leurs coques bariolées, les camouflages peints de neuf en « catastrophe de chemin de fer ». Les barges, les transporteurs, les torpilleurs et les « gros » croiseurs, des *battleships* avec un monitor et son énorme tourelle : la plus fantastique armada jamais constituée.

Déjà, mes yeux cherchent à l'horizon la ligne des côtes, le contour sombre tant attendu dont je me demande avec une pointe d'angoisse comment il fera battre mon cœur.

Il est trop tôt encore. Il fait froid. Peu d'hommes sont sur le pont. Beaucoup sont malades. Vers cinq heures, je descends dans l'entrepont des soldats. Le bateau danse plus que jamais. La moitié de l'effectif gît, anéanti par le mal de mer, sur les couchettes. Les traces de vomissements, les figures jaunes laissent une triste impression : ces pauvres diables, malades toute la nuit, pourront-ils se battre ? Une pensée me traverse, réconfortante : les Allemands qui occupent les ouvrages côtiers ne soupçonnent pas que nous sommes à quelques encablures. Ils nous attendent peut-être ailleurs, dans les Balkans, en Norvège, à Dunkerque ou à Royan. Et puis, comment soupçonneraient-ils un débarquement par un temps pareil ?

6 heures. Les avions ne cessent de vrombir sur nos têtes, allant et revenant. Cette fois, il fait plein jour. Et soudain, d'un coup, le rivage apparaît. Une ligne continue, un dessin de paysage, à une distance que j'évalue à quinze kilomètres. C'est « elle », c'est la France. Et maintenant, les milliers de bateaux formés en lignes bien parallèles semblent courir plus vite, droit sur elle. Ils semblent bondir sur les vagues, de crête en crête, bousculant l'écume, comme un troupeau de béliers à mille têtes lâchés sur un plateau de lune, en quête d'un ennemi invisible.

Soudain, une détonation déchire l'air et se prolonge, comme répercutée interminablement par les vagues en cercles grandissants. Toutes les bouches à feu de tous les navires ont tiré. Et elles tirent à nouveau à pleine cadence, couvrant complètement le grondement de la mer. Des gros croiseurs sortent des jets de flammes longs comme six fois leurs tubes, suivis d'énormes bouffées noires. Sur les barges, les pièces de char relevées crachent furieusement par leurs petits canons, à la manière des roquets qui aboient avec d'autant plus de rage qu'ils sont plus petits. De pâles rayons de soleil percent maintenant les nuages, et la mer qui était noire devient d'argent...

Le feu n'arrête pas. C'est un roulement formidable et continu comme aucun orage de montagne ne peut même en donner l'idée. Très vite, des paquets de fumée bleuâtre s'étalent à la surface de l'eau, comme ne sachant où aller. Et lorsque l'odeur de la poudre, âcre et collante, nous parvient, un réflexe primitif se déclenche, celui de l'agression qu'engendre la lutte à mort, celui d'une colère longtemps humiliée. Nous applaudissons et des rires secouent les diaphragmes comme si nous étions nous-mêmes surpris de notre puissance : « Ah, les salauds, les salauds, qu'est-ce qu'on leur fout ! » Bientôt, pourtant, c'est nous qui entrerons dans la fournaise. Au loin sur la côte, ou en arrière sur les collines – impossible de distinguer – des flammes s'allument ici et là, instantanées. C'est un scintillement ininterrompu, comme celui d'une ville lointaine dans la nuit. Nous réveillons brutalement la nuit, l'horizon, l'ennemi, dans un déluge de feu.

Les forteresses volantes arrivent maintenant sans arrêt à leur heure prescrite par le *time-table*. Elles déversent sur le mur de l'Atlantique leurs chapelets de bombes dont le bruit sourd se mêle au fracas de la canonnade et leurs gerbes de feu aux éclatements des obus. La réaction ennemie se fait attendre. Les fumées s'épaississent. Mêlées de poussière, elles forment des nuages qui semblent sortir de terre et cachent momentanément les collines. De temps à autre, des lueurs rouges, instantanées comme des lueurs d'orage, traversent les nuages, les éclairent par en dessous et amplifient leur volume. Vision d'épouvante que nous ne savons pas nommer : « Des roquettes ! », s'écrie quelqu'un.

Une gerbe d'eau très droite s'élève brusquement à un ou deux kilomètres devant nous, près de la coque d'un navire. Aucune chance qu'il s'agisse d'un coup trop court. C'est donc l'artillerie allemande qui réagit. Nous entrons sans tarder dans la zone dangereuse.

De la passerelle, le porte-voix nous transmet l'ordre de réintégrer les entreponts. Le moment est venu de préparer nos équipements. Les soldats se secouent de leur torpeur, cherchent en titubant leurs armes et leurs sacs. J'aide chacun à rassembler son matériel, particulièrement ceux qui ont souffert du mal de mer. Notre toubib, Robert Lion, fait peine à voir : affreusement pâle, les yeux mi-clos, les lèvres serrées ; il sourit pourtant. L'excitation me gagne... Désormais, c'est la grande aventure, le saut dans l'inconnu...

J'ai peur maintenant. À la différence des soldats qui

fourbissent leur équipement ou des infirmiers tout à la préparation de leur matériel, je suis pour l'heure inactif. Un prêtre au milieu des combattants, n'est-ce pas un non-sens ? En d'autres circonstances, ma place aurait peut-être été dans une ambulance à l'arrière ; mais j'ai décidé d'être en première ligne. Et j'ai confiance. Quand les soldats aiment leur aumônier, ils le protègent parce qu'ils savent ce qu'il leur apporte, une présence et un réconfort aussi importants que les soins du médecin. N'importe, j'ai vraiment peur. Les pensées se bousculent dans ma tête. Je m'apprête à affronter l'une des plus puissantes armées du monde, fort d'un seul couteau de poche – et à bout arrondi encore ! Ma force est ailleurs et ma mission d'un autre ordre. Je passe d'une cale à l'autre, enjambant les hautes cloisons de bois, pour distribuer à tous l'absolution. Je sens ma voix s'altérer et je crains de paraître trop ému – ou pas assez – de jouer le conseiller à bon compte, ou le prophète de la mort. Pour couvrir le fracas des machines et des explosions, je hurle les paroles sacramentelles, quand arrive par les porte-voix intérieurs l'ordre que nous attendons tous depuis vingt minutes – en réalité depuis quatre ans – avec une émotion qui n'a cessé de croître : « PRÉPAREZ-VOUS À DÉBARQUER ! »

Elégance des Alliés : le commandement britannique a laissé deux embarcations françaises prendre quelques mètres d'avance pour que nos commandos foulent en premier le sol de la patrie. Les hommes se saisissent de leurs armes, chargent les sacs sur leurs épaules, et l'un derrière l'autre gravissent l'escalier du pont. Le passage est étroit, les sacs s'accrochent ; avec la houle et le mal de mer, les hommes sont abrutis, maladroits. Il faut les pousser, caler les pieds de ceux qui montent, les hisser encore.

Maintenant, la barge ne bouge plus, elle est échouée, et la plage est là, devant moi. Dans un éclairage blafard, les détails du paysage apparaissent. Deux ou trois couleurs dominent, le blanc du sable, le noir du ciel et le gris de la mer, sur lesquels se détachent les obstacles dressés par les troupes allemandes : pieux, barbelés tétraèdres, chevaux de frise en grand désordre. Dans le réseau de défense, le bombardement a taillé les brèches par où nous allons passer. Plus loin s'élèvent les dunes couvertes d'herbes folles et qui semblent former un mur. Contre lui, des soldats allemands, immobiles, sont à plat ventre sur le sable. Qu'attendent-ils ? Sont-ils morts ? Non, déjà ils tirent. Leurs mitrailleuses crachent du feu. On canarde dans tous les sens. J'entends hurler. Pourtant rien n'avance. L'attaque semble figée.

Par l'avant du bateau, la moitié de notre effectif a déjà débarqué. Les hommes gagnent la mer par une passerelle en plan incliné. Il suffit de s'asseoir sur la planche, et de se laisser glisser dans l'eau, entraîné par le poids du sac et des armes. Mon tour va venir quand une explosion déchire l'air tout près : c'est un obus qui explose sur l'avant de la barge. Pas de mal car j'étais accroupi derrière je ne sais quel coffre ou paquet de cordages ; mais la passerelle a été sectionnée juste à l'articulation avec le pont. Quelqu'un surgit à côté de moi, c'est le commandant Kieffer, le chef du commando. Echangeons-nous une parole, un regard ? Je n'en jurerais pas. Nous sommes tous les deux tendus vers l'objectif, la barrière de dunes qui se dresse devant nous. Je glisse à mon tour. Le froid de l'eau me saisit à peine. J'éprouve seulement, soufflant et crachant, une grande difficulté à avancer. Ai-je donc des semelles de plomb ? Seulement de l'eau jusqu'à la poitrine, dans le ressac puissant. Mais voici le sable : le sable, la terre de France. J'y suis.

Depuis, soixante ans ont passé. En relisant ces pages de mon journal de guerre, que j'avais commencé de reprendre dès 1949 en forme de « mémoires », je me rends compte de l'importance pour moi de ce terrible et glorieux 6 juin 1944 qui, depuis, n'a cessé de hanter mes souvenirs. Voilà qu'à trente-sept ans, prêtre depuis huit ans déjà, je me retrouvais au cœur d'une gigantesque opération militaire que l'histoire retiendra sous le nom d'opération *Overlord*, au milieu des six cent mille soldats anglais, américains, canadiens et français lancés à l'assaut de l'Europe occidentale, pour sa libération. Dans ce rassemblement d'hommes en armes, j'étais prêtre, aumônier des 177 commandos français engagés aux côtés des Alliés. Avec eux, j'ai débarqué sur la plage de Ouistreham, dans la partie la plus à l'est du dispositif.

Dans ses *Mémoires*, mon ami Henri Frenay me décrivait comme un « moine-soldat ». Je connais par cœur la phrase : « Son langage, ses yeux, sa mise, tout en lui me dit qu'il est fait autant pour le métier des armes que pour l'exercice du sacerdoce. » Est-ce juste ? « Moine-soldat », l'expression a des accents fanatiques qui ne me ressemblent pas. Mais il m'a été donné de vivre dans des circonstances où des hommes engagés pour un combat avaient besoin d'un prêtre. Alors j'ai épousé leur cause et bientôt leur état et leur uniforme. J'ai porté le béret vert avec fierté, adopté leur langage rude et précis, sans jamais oublier que je n'étais pas tout à fait un homme d'armes mais d'abord un homme de Dieu.

Mes camarades et moi avons vécu tous ces événements en témoins directs et quotidiens ; nous voyons avec effroi s'installer en ce début du XXIe siècle une vision tranchée de cette époque : d'un côté des héros, de l'autre de francs salauds. Est-ce là une relation honnête de l'histoire des Français et des Allemands entre 1933 et 1945 ? La vie m'a appris à en juger autrement. Et que l'on ne m'accuse pas de tiédeur. J'aurai mené mon existence avec feu, parfois avec excès. Souvent les mots auront dépassé ma pensée et mes choix m'auront conduit à rompre avec des amis, à quitter des situations confortables. Mais j'aurai appris que souvent la vérité n'est pas si simple, n'est jamais simple. Je l'aurai appris en particulier lors de mes séjours en Allemagne, entre 1933 et 1939, où le pire se préparait, mais où j'ai connu de grandes figures de la résistance au nazisme, qui bien sûr payèrent leur lucidité de leur vie.

Nous vient-il à l'idée que les atteintes à la liberté

peuvent revêtir un caractère plus subtil ? L'oppression ne surgit pas forcément dans le quotidien des hommes en uniforme vert de gris. Dans nos sociétés, la violence est partout, non plus sous la forme d'affrontement entre deux armées, mais de façon diffuse, touchant les plus faibles, les petits, les pauvres. Les menaces qui pèsent sur la vie n'ont pas disparu. Elles ne s'appellent plus nazisme, mais peuvent emprunter d'autres traits, jusqu'à ceux – *a priori* avenants – de la science, de la loi et du progrès.

Il est trop tard pour revenir en arrière, mais, même à mon âge, il est encore temps d'agir, de témoigner.

Il y a quelques années, j'ai exhumé les notes et récits que j'avais rédigés à certains moments de ma vie – 1933, 1939, 1940, 1942, 1944, 1958, des dates pour les manuels d'histoire – pour moi les heures les plus exaltantes de mon existence. En relisant ce journal, avec l'aide de quelques amis, je l'ai repris, complété, étayé de souvenirs rappelés par des combattants ou des témoignages d'amis résistants : certains avaient été déportés et m'ont donné leurs récits ; d'autres avaient combattu sur d'autres fronts. Je ne les nomme pas tous : je n'ai pas tous leurs récits et ne fais pas œuvre d'historien. Parmi ceux qui avaient survécu au cauchemar nazi, beaucoup sont morts avant que j'aie pu les retrouver, mais mon souvenir est intact.

Parcourant ces pages, j'y revois des noms, aujourd'hui célèbres ou oubliés, des lieux où j'ai laissé un peu de moi-même. J'y vois le rôle, à ma modeste place, que j'ai finalement eu à jouer dans l'extraordinaire aventure de toute une génération. Mais là n'est pas mon propos, même si je témoigne à la première personne. Ce que je veux surtout, c'est rendre hommage à tous ceux qui, il y a soixante ans, préparèrent la levée du jour sur l'Europe occupée, sur l'Allemagne elle-même, le pays qu'il fallait aussi libérer de ses monstres. J'ai finalement fait une guerre sans jamais haïr les hommes. Mais j'ai violemment haï leurs idéologies, et le nazisme a trouvé en moi un opposant du premier jour, dès 1933, dès ma première rencontre avec les insignes nazis, les croix gammées, les défilés, les discours du Fürher, le dégradant projet d'avilir les hommes. Mon témoignage vise aussi à encourager les veilleurs d'aujourd'hui : agir, sans haïr.

1

Le chant du loriot

L'ÉTÉ 1914

Pour beaucoup d'enfants de ma génération – je suis né en 1906 –, l'été 1914 occupe une très grande place dans nos souvenirs. Cette année-là, nous étions, mes frères et moi, chez ma grand-mère maternelle dans le Tarn. Pour accéder à sa propriété de Brassac, on empruntait la ligne de chemin de fer à voie étroite qui reliait Castres à Lacaune. Le château de la Barbazanié se dressait à mi-pente entouré de beaux arbres, feuillus et sapins, et de prairies, coupées de « cascades de rochers » – c'était le massif du Sidobre, une « boutonnière » granitique, un peu mystérieuse pour les touristes, les géologues et géographes. Un paradis pour des gamins en vacances. On partait en excursion, on jouait à la guerre dans les buissons ; on agaçait les animaux, les salamandres ou les frelons. Cet été-là, un nid s'était établi dans le trou d'un arbre et nous avions entrepris, mes frères et moi, de les expulser sans nous faire piquer : à chacun sa mission, combattre les frelons ou chasser l'Allemand d'Alsace-Lorraine, c'était presque à nos yeux d'une égale importance !

L'imminence d'un conflit se traduisait par la très grande tension qui régnait dans les familles françaises. Nous étions dans les derniers jours de juillet. Je n'avais pas huit ans, je ne lisais pas les journaux – mais je la sentais toute proche, cette guerre : une conversation d'un adulte qui baissait la voix à mon approche, une simple réflexion d'un domestique devant moi... Puis un jour, la mobilisation générale fut annoncée. Le lendemain matin, me penchant à ma fenêtre pour regarder la vallée, je vis passer un train plein de conscrits qui levaient les bras, criaient, chantaient. Je les ai regardés avec une émotion indescriptible. J'étais presque heureux...

Mes oncles partirent aussitôt pour le front : l'aîné, Pierre de Naurois, obtint la croix de guerre, mais son cadet, Jean, sorti de Saint-Cyr et officier dans les hussards, tomba sur le front en 1916. Quant à mon père, il avait été atteint d'une poliomyélite dans sa jeunesse qui lui avait paralysé la main et le bras droit, et provoqué une claudication. Il fut donc immédiatement réformé. Ressentant très douloureusement cette impossibilité d'« aller au front », comme on disait alors, il consacra toutes ses forces à intensifier la production agricole. La propriété reçut pendant quatre ans des soldats français venus se reposer. À défaut de vivre dans les tranchées, il compatissait de toutes ses forces. Un jour, il apprit la mort d'un paysan qui habitait près de chez nous. Je garde une image de mon père debout, à la tombée du jour, le regard tourné vers la maison de celui qui venait de mourir – des champs, des bois, quelques arbres et, au-delà, difficilement repérable, un toit... Oui, je revois mon père, le visage grave et silencieux...

L'armée avait un prestige immense à nos yeux. Des affiches encourageaient à participer à l'emprunt de la défense nationale avec un soldat en effigie et ce slogan : « On les aura ! » Mes frères et moi nous sentions « mobilisés » malgré notre très jeune âge. En fouillant les greniers, nous avions déniché des vestiges de l'histoire familiale : un fusil très ancien, et des sabres aux dragonnes dorées, comme celui qui appartenait à mon aïeul, garde du corps de Charles X. Ces sabres nous servaient d'ordinaire à couper les ronces ou à nous ouvrir un passage dans les buissons épais. Mais dans l'atmosphère de la guerre, ces armes nous mettaient dans une certaine excitation. Nos aînés combattaient pour notre pays, pour sa liberté. Le conflit avec l'Allemagne était dans l'ordre des choses. Quand on nous conduisait à Montauban, la grande ville toute proche, je ne pouvais voir le spectacle des dragons à cheval sans tressaillir. Ah ! leurs crinières ! Je savais tout à leur sujet : que celles des cuirassiers étaient plus courtes que la leur, parce que, en cas de coup de sabre, elles n'avaient à protéger que la nuque puisque leur dos était déjà recouvert par une cuirasse que ne portaient pas les dragons... Je tenais ce détail indispensable d'un cousin germain de mon père, Carlo de Rose, qui avait servi chez les dragons, dans le 19e régiment de Carcassonne. Au début de la guerre, Carlo de Rose demanda à être versé dans l'aviation alors naissante et déjà parée d'un immense prestige. Il devint un as de l'aviation de chasse – « le type parfait du chevalier de l'air », écrit le général René Chambre – avant de se tuer à l'atterrissage, lors d'une démonstration aérienne, en 1916. Déjà, alors aviateur dans la 5e armée, il avait fait en 1914 un vol de reconnaissance risqué au-dessus des lignes allemandes pour évaluer leur position ; puis il avait largué un message lesté d'une pierre pour prévenir le commandant du 3e corps d'armée français que les Allemands se repliaient. C'était la première fois qu'une décision d'état-major pouvait orienter les manœuvres à venir après une reconnaissance aérienne. L'enfant que j'étais se souvient encore de la rose qu'il avait peinte sur la carlingue de son appareil. Sa disparition fut un chagrin immense pour nous tous qui éprouvions pour lui affection et vénération. Mon cousin François de Rose, qui deviendra ambassadeur de France, n'avait alors que six ans.

J'ai vécu cette guerre de 1914-1918 au gré de ce qu'en disaient les adultes ou de ce que nous entendions à la dérobée, dans notre propriété de Saint-Maurice, près de Montauban. Un jour d'hiver, alors que je travaillais dans ma chambre à un problème d'arithmétique, notre institutrice, Mlle Vigne, entra dans la pièce et annonça gravement : « Les Allemands ont pris Soissons... ! » Mon frère Louis et moi, les deux aînés, sans très bien savoir où était Soissons, nous fûmes accablés : demain ils seraient à Montauban. Aussitôt, nous entreprîmes de disposer deux batteries pour le jour où les uhlans arriveraient ! Nous creusâmes des trous où nous entassâmes des cailloux bien taillés, eux-mêmes enfermés à coups de marteau dans de vieilles boîtes de conserve... Cela faisait des grenades très convenables pour accueillir l'ennemi... Les parents avaient beau nous dire que jamais les soldats allemands n'arriveraient jusqu'ici, pour nous, il fallait qu'ils puissent venir... Un village voisin du nôtre s'appelait Verdun-sur-Garonne : cette homonymie excitait encore notre imagination. Nous vivions au front, toute la journée !

Si Allemands il y eut jamais à Villemur-sur-Tarn entre 1914 et 1918, ce furent des prisonniers envoyés pour travailler la terre chez nous. Devant eux, mes frères et moi, nous jouions à la guerre avec de vieux fusils tout rouillés. J'imitais ce que j'avais vu dans les illustrés : charger, « baïonnette au canon », faire le geste d'embrocher l'ennemi puis retourner le fusil et lui casser la tête d'un coup de crosse. Tout cela devant les malheureux prisonniers !

À partir de juillet 1918 – j'allais sur mes douze ans et vénérais Foch, alors général en chef des armées française et anglaise –, les adultes parlaient à table d'une victoire possible et je suivais le recul des Allemands sur des cartes. Je me rappelle le jour où l'armistice a été annoncé. Des employés de la ferme et le maître de chais, dont un fils avait été porté disparu en 1917, arrivèrent les larmes aux yeux : « Au moins nos morts ne sont pas morts pour rien ! » répétaient-ils. Aussitôt, on organisa une fête, on fit bonne chère en buvant un vin de la propriété, du « saint-maurice », et certains dansèrent des danses du pays. Tout cela dans une atmosphère d'émotion et de ferveur très fraternelle. Sauf pour les « embusqués », qui seront longtemps traités avec le plus grand mépris !

La maison de mon père : Saint-Maurice

C'est en 1905 que mon père, Jacques de Naurois, avait repris Saint-Maurice, cette propriété de famille située entre Toulouse et Montauban, que Ludovic de Naurois, son père, ne pouvait plus exploiter. Avant de s'y enraciner, il avait passé le plus clair de sa vie à Paris, et étudié le droit. Entré au Crédit Lyonnais dont une des missions était de négocier le financement par la France de grands chantiers en cours comme celui du Transsibérien, il avait été envoyé en Russie. Il y était resté jusqu'en 1905. Le régime tsariste connaissait alors une phase difficile. La révolte grondait. Logé dans une famille à Moscou, il n'avait pas seulement appris le russe, il s'était méticuleusement informé des conditions de vie locales. Des lettres, des cartes postales envoyées à ma mère en témoignaient : j'allais fouiller dans les tiroirs, tout jeune, tellement cela me passionnait, et... je les ai encore, dans un grand classeur ! Mon père avait pu se faire une opinion – très sévère – sur les méthodes de l'administration, sur le commandement de l'armée impériale... Il racontait, par exemple, qu'il avait assisté à un défilé militaire dans les rues de Moscou et constaté que certains régiments avaient été équipés de fusils en bois... Cette expérience permit à mon père d'avoir une lecture très personnelle de la Révolution de 1917 en Russie. Il en avait connu les préliminaires lors de son séjour à Moscou : une classe dirigeante coupée de la population, une grande misère, une économie tentant de passer sans transition du Moyen Âge à l'industrialisation : les ingrédients étaient prêts pour faire exploser la marmite !

De retour à Paris, il avait épousé ma mère, Marie-Germaine Monnerot-Dumaine, dont la famille exploitait de grands domaines en Guadeloupe. Il avait démissionné peu après de son poste à la banque pour s'établir dans la propriété familiale qu'il racheta à ses frères. Il tenta de faire avancer l'agriculture, dont il jugeait certaines techniques dépassées, par des inventions de son cru ou tirées de livres savants : il s'attira dans la région une certaine réputation, méritée.

Bien que je sois né à Paris, mon enfance s'est profondément enracinée à Saint-Maurice, où j'ai passé l'essentiel de mes quinze premières années. Mon père, qui avait conservé un très mauvais souvenir du collège où il avait été pensionnaire, avait tenu à garder ses enfants à la maison le plus longtemps possible. Nous avions donc des institutrices à domicile, comme cette chère Mlle Vigne que nous appelions tous « Pistache », Dieu sait pourquoi, ou de jeunes Anglaises qui nous apprirent leur langue de façon vivante et efficace : je n'eus jamais aucun problème de communication en arrivant à Londres en 1943.

À la différence d'autres enfants de notre âge, nourris à l'école de Jules Ferry – laïque, gratuite et déjà obligatoire –, nous étudiions donc à la maison, grâce à des cours par correspondance, dans une pièce que l'on appelait « la classe » : calculs exacts, leçons de grammaire bien apprises, cartes de géographie à étudier, et à reproduire – je trouvais tout cela passionnant. Sous la férule de Mlle Vigne – et de mon père –, le programme était dense. Je me rappelle mon aversion pour l'histoire : par un de ces raisonnements sots dont l'enfance est coutumière, je pensais que tous ces événements rapportés par les manuels appartenaient au passé révolu. Cela me lassait vite.

C'est à cette époque – vers cinq ou six ans – que j'ai été préparé à ma première communion, que l'on appelait communion privée, par le curé du village, un homme très simple, mais avec une forte culture latine, comme la plupart des curés de campagne d'alors. Si je montrais de l'aversion pour les faits et gestes des rois de France, j'aimais le catéchisme qu'il enseignait dans l'église paroissiale, et je me rappelle avec beaucoup d'émotion, bien sûr, cette nuit de Noël où je communiai pour la première fois.

Plus que de ce curé de campagne, l'influence la plus

déterminante fut sans doute celle d'un oncle, Louis de Lacger, chanoine d'Albi, et ancien étudiant à la Sorbonne. Il était géologue et historien. Il a d'ailleurs laissé un nom dans l'histoire de l'Albigeois, ainsi qu'en géologie et en géomorphologie. Il fut le guide de mes premières explorations pyrénéennes, lors des nombreuses vacances qu'il partageait avec nous. Cet oncle amical et affectueux insistait beaucoup auprès de mes parents pour que nous allions au collège... car, disait-il, nous risquions de devenir des « ours », privés de dialogues et de rencontres avec des milieux différents du nôtre. Mon père se rangea à ces arguments, mais je ne suis finalement entré en pension qu'en classe de troisième, d'abord chez un prêtre qui recevait des élèves, puis en seconde au petit séminaire libre de Saint-Sulpice-la-Pointe, aux confluents de l'Agout et du Tarn, à quinze kilomètres de chez nous. Mon père avait obtenu que nous revenions à la maison tous les dimanches ; nous faisions souvent les trajets à bicyclette.

Des « ours » ? Nous vivions, certes, au milieu de deux cents hectares de céréales et de vignes, dans la vallée du Tarn. Vivions-nous entre nous pour autant ? Outre les visites nombreuses des oncles, tantes, cousins et cousines, j'ai longtemps connu à la maison une quinzaine d'ouvriers. Leurs familles étaient nos voisins immédiats, leurs enfants nos premiers compagnons de jeu, et ils étaient de mèche avec nous pour beaucoup de « mauvais coups ». Chaque dimanche, j'étais invité chez le maître de chais dont l'épouse avait le talent de préparer des soupes délicieuses. Chez lui, il y avait un cellier formidable, avec des barriques énormes, et même un petit chemin de fer sur lequel on poussait des wagons chargés de fûts. Il arrivait qu'il nous invitât à des parties de pêche dans une mare voisine de la maison que mes frères et moi n'avions pas le droit d'approcher seuls : l'endroit était très envasé et dangereux. Je me souviens d'un jour particulièrement faste où nous avons rapporté des perches. Ce jour-là, notre petit butin prit des allures de pêche miraculeuse. Quelle ne fut pas notre fierté de déguster le soir même le produit de notre habileté de pêcheurs à la ligne !

Nous faisions ainsi l'expérience d'une diversité sociale dans laquelle on partageait beaucoup. Mes parents voulaient que nous tirions de ce partage un savoir-faire : « On ne peut demander un travail à quelqu'un que si l'on a déjà une idée de ce qu'il doit faire », nous répétaient-ils. Ils veillaient tout particulièrement à ce que nous ne tirions pas arrogance ou mépris de notre position d'enfants privilégiés. Je n'oublierai jamais ce jour où je m'étais mis en tête de me faire prêter un fanion que le maître de chais avait rapporté de son service militaire. Je n'avais pas dix ans. J'allai le lui demander et aussitôt il m'autorisa à aller le chercher : « Il est au premier étage, montez par l'escalier de planche. » De mauvaise humeur, je déclarai alors : « Je veux monter par un escalier de maître. » Amusé par mon aplomb, l'homme répéta la formule à la cuisinière de mes parents qui, amusée elle-même, la leur rapporta. Entrant dans une grande colère, mon père me convoqua, et me fouetta à la cravache. Il m'obligea ensuite à demander pardon à genoux au maître de chais. Le pauvre homme et sa femme étaient en larmes d'avoir provoqué un tel incident.

Cette sévérité s'explique si l'on songe à la considération dont mon père, homme social et bon, était l'objet de la part des ouvriers du domaine qui le respectaient et l'aimaient. Conscient de ses devoirs envers ses employés, mon père avait été épouvanté par mon arrogance. Nous vivions en effet en communauté, selon un mode difficilement concevable aujourd'hui. Ainsi, à la veille d'élections, les ouvriers venaient voir mon père et s'entretenaient longuement avec lui, ne sachant pas toujours pour qui voter. Tournant et retournant leurs bérets dans leurs mains, ils finissaient par lui demander conseil et s'entendaient répondre : « Mon ami, tu voteras pour qui tu voudras. Tu es un citoyen, c'est à toi de choisir... Ce n'est pas à moi de te dicter ta conduite. »

J'ai compris plus tard combien il était précieux pour

un enfant de voir son père agir ainsi. Ce fut pour moi le commencement d'une formation à la démocratie. Il était à sa place de responsabilité et en même temps extrêmement présent à tous, sans paternalisme.

Même dans les milieux catholiques assez ouverts de la région de Toulouse, déjà sous l'influence de personnalités comme Mgr Millot, hostile aux courants intégristes et antimodernistes, mon père « détonait ». Alors que l'Action française jouait un rôle influent dans les familles conservatrices, mon père, tout comme ma mère, la détestait. Il professait des idées nettement républicaines, avec une teinte de « gauche » modérée. Mon père – comme son propre père – avait d'ailleurs pris parti pour Dreyfus. Dans les premières années du siècle, il en était encore question dans les salons comme d'un cas d'école pour parler de la justice, de l'ordre, de la raison d'État, de l'intérêt supérieur de la nation. Jusqu'à la guerre de 1914, le pays vécut au rythme des soubresauts de cette histoire ténébreuse qui fut l'occasion de déchirements, de prises de position violentes pour ou contre le malheureux capitaine. Son internement à l'île du Diable, proche de la Guadeloupe, avait rendu son sort plus proche à mes parents et sa réhabilitation fut accueillie avec satisfaction à Saint-Maurice. Je revois encore mon père dans le « petit salon rouge » commentant avec mon grand-père Ludovic la nomination au grade de lieutenant-colonel de l'officier qui avait été si injustement condamné : ils se réjouissaient ouvertement que la France se rachète enfin. Cette générosité n'était pas partagée par tous. Certains de ses amis royalistes le taquinaient, commençant leurs phrases d'un rituel : « Jacques, toi qui es de gauche... » Le curé de notre village de Magnanac, comme ceux des paroisses voisines, professaient les mêmes idées que lui !

Il n'était question pour mon père ni de droite ni de gauche, mais de justice. Comme il avait été choqué par l'injustice commise envers Dreyfus, mon père s'opposa aussi farouchement aux lois anticléricales, votées peu avant ma naissance, qui allaient ouvertement à l'encontre de la mission de l'Eglise : lois sur les congrégations, « inventaires », loi de « séparation de l'Église et de l'État ». La République portait de rudes coups à une institution qu'elle jugeait sa rivale, notamment pour l'éducation de ses enfants. En 1905, le pape avait pris acte en termes sévères de la rupture par la France du concordat qui l'unissait à Rome. Dans le pays, le climat était à l'affrontement, des officiers avaient démissionné de l'armée, d'autres étaient barrés dans leur avancement du fait de leurs convictions religieuses. C'est ainsi que l'oncle Carlo de Rose fut traduit en conseil de guerre pour avoir refusé d'exécuter les décrets sur les inventaires des biens religieux, et en particulier de défoncer la porte d'une sacristie à Haussonville, près de Lunéville. Malgré son acquittement, le ministère le maintint trois ans sans affectation. Par leur zèle excessif, les parlementaires de la IIIe République donnaient des arguments à ceux des catholiques qui n'acceptaient pas le nouveau régime. Seuls les plus sages tentaient de voir clair, par-delà les polémiques. J'entends encore mon oncle, le chanoine de Lacger, rallié à la République comme mon père, dire : « La République laïque a évidemment des inconvénients, mais elle a aussi des avantages. Quand l'Église est libre, elle a son autonomie. » Mon père s'était rangé à cet avis.

UNE ENFANCE DE « TRAÎNE-BUISSON »

Notre enfance a ressemblé à celle d'enfants sauvages. Nous avons grandi sous le portrait de Jacqueline Racine, petite-fille du dramaturge, qui avait épousé un Naurois à la fin du XVIIe siècle. Les livres occupaient dans notre jeune existence une place beaucoup moins importante que les armes à feu ou les outils de ferme. J'ai plus souvent manié la fourche que les éditions *princeps* des auteurs du XVIIe siècle qui faisaient la fierté de la bibliothèque de mon père. Encore que, pour être juste, je doive signaler la passion que je contractai vers neuf ou dix ans pour les œuvres complètes de Jules Verne, elles aussi disponibles à Saint-Maurice en édition originale. Leur lecture comblait mon intérêt pour les voyages et ma curiosité pour les inventions techniques. Pour l'heure, je m'intéressais surtout à la vie des animaux de toutes sortes, oiseaux, campagnols, blaireaux, renards... et Saint-Maurice était un paradis sans bornes.

Les chemins étaient bordés de grands arbres, mais bien plus attirants étaient les sous-bois : des fourrés, impénétrables à première vue, faits de ronces et autres buissons en lacis serrés. Peuplés de papillons, d'insectes et d'oiseaux – merles, fauvettes, pies, corbeaux – ils m'apparaissaient comme autant de mondes mystérieux. Il reste de cette époque un petit carnet où, vers onze ans, je dessinais des nids et des œufs de merles, de pies, de pinsons, avec une précision de détails qui émerveille le naturaliste que je suis devenu. Cette évocation est pour moi indissociable du souvenir de ces jeunes années.

Renards et blaireaux ne se montraient guère aux enfants bruyants que nous étions, mais nous avions repéré une par une les entrées de leurs terriers et connaissions leurs remarquables pelages : ils faisaient partie de notre vie et nous en étions fiers. Les renards, en particulier, abondaient. Ils avaient élu domicile à cinq cents mètres de la maison, à la limite d'un grand champ de céréales et d'un bois que nous appelions le « bois des terriers », proche des étables, et des poulaillers particulièrement surveillés par ma mère. Or ces renards, malgré leurs visites nocturnes et les dégâts qui s'ensuivaient, bénéficiaient d'une sorte d'indulgence presque affectueuse de la part de mes parents.

Toutefois, tous les dix-huit mois, mon père invitait deux ou trois chasseurs des environs pour des représailles ; et nous étions ravis à l'idée de ce qui s'annonçait. Ils arrivaient armés de pics et de pelles, avec de longues et redoutables pinces en fer pour forcer les renards dans certains recoins sans issue de leurs souterrains. En groupes joyeux, les « fox », ces chiens de petite taille vifs et courageux, investissaient le territoire de l'ennemi : en un instant, c'était l'état de guerre. Les fox travaillaient d'un côté, sous terre, avec des aboiements rageurs ; et les chasseurs, à un autre bout, creusaient des tranchées. C'était épique !

Nous avons vécu dans une liberté peu imaginable aujourd'hui. La maison possédait plusieurs fusils de chasse, des gros calibres 12 ou 16, et un petit fusil pour dames, calibre 28, le plus petit fabriqué en France à l'époque. Aussi étonnant que cela puisse paraître, nous en faisions un usage assez libre. Je me souviens avoir participé avec mes frères à un chahut organisé, armes à la main. Nous nous étions distribué fusils et cartouches à blanc. Puis nous nous sommes postés à divers étages et fenêtres de la maison, au-dessus des volailles, poules, pintades et canards qui picoraient paisiblement çà et là. Soudain, au signal, nous avons ouvert le feu, en hurlant des commandements : « Feu... feu... ! » « À toi ! Sur les pintades, là-bas... » Pan... ! Pan... ! Notre institutrice, Pistache, était affolée. Elle s'était mise à pleurer, cheveux au vent : « Ces enfants sont devenus fous... Ils vont assassiner tout le poulailler !... »

La Fête de la huppe

Saint-Maurice est devenu pour moi le synonyme de mon attachement à cette terre du Languedoc, à cette région de Toulouse à laquelle la guerre, bien plus tard, viendra nous arracher. Son souvenir reste le « présent » d'un passé très riche, bien plus prégnant que ne le peuvent suggérer quelques récits anecdotiques. Je me souviens, par exemple, d'un matin de printemps tardif, vers 9 ou 10 heures, sous un soleil déjà haut dans le ciel, qui avait réchauffé les murs, et les fleurs grimpant contre ces murs. Ma mère, encore très jeune, parle avec une amie venue d'Espagne – je la retrouverai plus tard en Catalogne. Je ne suis pas leur conversation – j'en serais bien incapable – mais je sais que leur voix n'exprime que confiance et douceur... Appuyé au mur chaud, j'écoute ces voix féminines dans le silence des champs et des bois ; et je respire en même temps, merveilleusement pénétrant, le parfum de petites corolles bleutées toutes proches : de l'héliotrope. Jamais je n'ai pu oublier cette lumière, et cette présence, et ce parfum. C'était la jeunesse de ma mère et celle de son amie ; et le souvenir d'un jour retenu par la mémoire, devant la maison, face aux champs du domaine où travaillait mon père, invisible en cet instant, dans les parcelles de céréales que le soleil faisait mûrir.

Est-ce aussi le même jour – je ne sais plus, et à vrai dire peu importe, les souvenirs se compénètrent – qu'à moins de cent mètres éclata un chant d'oiseau d'une qualité musicale tout à fait exceptionnelle, le chant du loriot jaune, *Oriolus oriolus* des naturalistes, comme je l'ai su bien plus tard. Un chant très court – une « phrase », tout entière en quelques syllabes – à la fois éclatant et très modéré, retenu, comme chargé d'émotion ; pas de mélancolie, du moins sous nos latitudes européennes, mais coïncidant si je puis dire avec une joie de vivre à la fois très pure, parfaitement maîtrisée et... bouleversante.

Ma mère approuvait cette éducation au grand air. Elle encourageait notre curiosité ; et pour cela elle avait institué une « Fête de la huppe ». Elle aimait cet oiseau qui, chaque année, en avril, annonce son retour par son chant. Il fallait donc établir la preuve que c'était bien lui qui avait chanté. On pouvait le voir traverser les clairières d'un vol égal, jamais pressé, laissant admirer les bandes blanches et noires de ses ailes. Ma mère avait décidé que le jour de la cérémonie aurait lieu le premier dimanche après que la huppe eut été entendue. Ce jour-là, le déjeuner revêtait une certaine solennité. Pour les enfants, tenus d'habitude au silence durant les repas, l'enthousiasme était autorisé ; et un gâteau spécial était confectionné par la cuisinière.

Le soir – je devais avoir dix ans –, je prolongeais mes observations en me plongeant dans un très bel ouvrage de la bibliothèque familiale : il était consacré au Jardin des Plantes de Paris, à ses serres tropicales, à la galerie des grands squelettes préhistoriques, aux cages des grands fauves. Je passais de longues heures à détailler les gravures, à énoncer à haute voix le nom latin d'une espèce observée le jour même. Peut-être ce livre a-t-il quelque responsabilité dans ma vocation de naturaliste : quelque cinquante ans plus tard, traversant ce jardin à grandes enjambées pour me rendre au Muséum d'histoire naturelle – dont j'étais devenu correspondant – je retrouvais chaque fois l'atmosphère de ce lieu telle que je l'avais perçue dans l'album de mon enfance.

L'enfant des Alpes

Des environs de Toulouse, on a rarement une vue distincte des Pyrénées. Peut-être est-ce là ce qui les rend si désirables. Pendant mes jeunes années, j'ai souvent ressenti l'appel de la montagne. J'avais découvert dans un grenier des images en couleurs représentant les Alpes, et en particulier un funiculaire montant sous un tunnel avec, en second plan, les hautes montagnes enneigées. Je raffolais aussi d'un livre qui s'appelait *L'Enfant des Alpes* : c'était l'histoire d'un fils de guide de montagne que son père trouvait trop jeune pour l'emmener avec lui. Ce garçon, néanmoins, suivait la cordée, à travers les forêts au cours des marches d'approche, puis les pierrailles et les alpages, puis les champs de neige et les glaciers. Cet enfant, c'était moi : je rêvais d'affronter la montagne, de l'apprivoiser, de me lancer dans l'escalade.

Un été, mes parents nous avaient fait passer les vacances en Cerdagne, à Font-Romeu, dans un chalet loué. Les années suivantes, ils firent construire leur propre chalet. Bientôt, nous connaissions toutes les montagnes des environs. Chaque année, la grande question qui faisait battre nos cœurs avant le départ pour Font-Romeu était de savoir s'il y resterait de la neige... Une fois arrivés, nous traversions des névés, nous nous lancions dans l'escalade de rochers. Grâce à cette liberté unique qu'offre la montagne, j'y ai vécu des heures exaltantes. Nous aimions l'effort des longues randonnées. À chaque séjour, j'entraînais mes cousins et mes amis sur les pentes de quelque massif et l'on m'appela longtemps dans la famille « le Carlitte », du nom de ce célèbre sommet de la région – 2 921 mètres –, dont je leur faisais régulièrement faire l'ascension. Mon frère Louis, appareillé à la suite d'une amputation d'un pied – il avait glissé sous un train, l'année de ses dix-sept ans, en tentant de monter en marche – fit encore des courses difficiles en montagne.

L'ÉTUDIANT À TOULOUSE

En dépit de la vie au grand air que je savourais à Saint-Maurice, je n'ai jamais vraiment envisagé de succéder à mon père sur la propriété. Dès mes quatorze ans, j'ai songé au sacerdoce. J'en ai parlé à mes parents vers ma dix-septième année. Ils en ont été heureux et réticents à la fois, me jugeant bien jeune pour prendre une décision aussi importante. Mon père me demanda de faire d'abord des études universitaires, puis mon service militaire. J'ai donc préparé une licence de sciences, passionné que j'étais par les mathématiques et la physique, avant de m'engager dans une licence de lettres, en philosophie.

Peu à peu, j'ai approfondi ma vocation, par la fréquentation de cercles d'étude catholiques, nombreux à l'époque, et d'abord celui de l'Association catholique des étudiants dont le directeur était un prêtre très remarquable, l'abbé Félix Noubel. Il avait fait de ce cercle un lieu où chaque dimanche soir, vers 18 heures, quarante ou cinquante étudiants se rencontraient autour d'un thème donné. Je me souviens y avoir entendu la causerie d'un futur professeur de droit, futur membre du Conseil constitutionnel et de l'Académie française : le recteur Georges Vedel. Plus modestement, j'ai prononcé là une conférence sur l'alpinisme qui me permit surtout de vaincre ma timidité, mais aussi de goûter au plaisir de tenir un public en haleine.

L'abbé Noubel avait l'idée que ses étudiants devaient s'intéresser aux missions religieuses dans le monde entier. De manière prophétique, il nous répétait que l'Église, c'était d'abord l'universalité, et que l'Évangile ne devait pas être confisqué par les puissances occidentales. Bruno de Solages, mon cousin, avait fait une leçon aux Semaines sociales, en 1924, je crois, sur les « Droits et devoirs des puissances colonisantes », avec, pour l'époque, une vue prospective, un dynamisme de pensée et de cœur remarquable. En 1926, Pie XI fera paraître une encyclique, *Rerum Ecclesiae,* à l'occasion du sacre des premiers évêques chinois, dans laquelle il anticipe en quelque sorte ce que sera la décolonisation en recommandant la formation d'un « réseau de prêtres indigènes » dans les pays sous tutelle coloniale. Je me suis donc passionné pour les Missions étrangères et j'ai adhéré à une organisation créée en 1925 par un jésuite belge, le père Charles, ami lui-même de Bruno de Solages : l'AUCAM (Association Universitaire de Coopération et d'Aide aux Missions). Une année, je pris part à un grand congrès à Louvain, auquel participaient des étudiants chinois alors en Belgique. Je me rappelle avoir conduit quelques-uns de ces garçons plus tard à l'abbaye d'En-Calcat pour leur faire découvrir une vie monastique pas très éloignée de celle des lamaseries tibétaines. Nous avons assisté à l'office des moines et, au bout de dix minutes, les Chinois faisaient parfaitement les saluts et prosternations !

Les Équipes sociales

J'adhérai peu après à un autre groupe de jeunesse, où je me suis investi à corps perdu, tant il comblait mon attente : les Équipes sociales, fondées en 1921 par un jeune agrégé de lettres, Robert Garric, qui avait fait la guerre de 1914-1918 dans les tranchées. Il avait été frappé par la fraternité qui s'était développée malgré tout dans ces lieux de souffrance entre des hommes aux origines les plus diverses. Au front, le paysan, l'ouvrier, l'étudiant partageaient tout. Revenu à Paris après l'armistice, Garric s'était juré que cet état d'esprit fondé sur la solidarité survivrait à la paix. Les Équipes sociales étaient nées, dans le prolongement des idées du maréchal Lyautey : son étude sur *Le Rôle social de l'officier* avait eu un très fort impact, non seulement dans l'armée mais dans la société tout entière. Cet idéal de Lyautey, relayé par Garric dont il était proche, rencontra un grand succès, notamment à l'École polytechnique.

Alternative à la montée du parti communiste pendant les années 20 et à son idéologie de la lutte des classes, les Équipes sociales rassemblaient au contraire toutes les classes, à l'image de ce que mon père m'avait enseigné et de ce que j'avais vécu au contact de ses ouvriers agricoles. Je me suis donc engagé avec passion dans ces groupes, fréquentant avec profit des étudiants, des employés, des ouvriers de toutes sensibilités politiques, d'abord à Toulouse puis à Grenoble où j'ai lancé une équipe en 1930, alors que j'effectuais mon service militaire. Cet esprit inspirera plus tard – en 1941 – l'expérience d'Uriage.

L'entreprise pouvait paraître utopique. Face à l'évolution rapide du monde industriel, caractérisée par l'émergence d'une société éclatée, trop individualiste, l'intuition de Garric et de ses amis pouvait toutefois sembler irréalisable. Je me souviens d'une discussion à Paris avec mon ami Raymond Aron qui avait connu Garric en khâgne au lycée Condorcet. Aron étudiait déjà la nature des sociétés industrielles et exprimait un certain scepticisme face à l'action de Garric, son ami « tala ». Il me disait : « Tu auras beau monter autant d'Équipes sociales que tu voudras, tu n'auras jamais assez de "Garric" ! Et en tout cas, tu seras toujours incapable de changer la structure de la société française : l'opposition droite-gauche, prolétariat-bourgeoisie est insurmontable. Ce ne sont pas ces exceptions généreuses qui changeront grand-chose... » Pour moi, qui me destinais à la prêtrise, ce n'était pas une raison. Je ne m'arrêtais donc pas aux jugements de Raymond, si sensés soient-ils, lui qui, de surplus, était un homme de contact et d'amitié.

Sitôt finie ma licence de sciences, je m'inscrivis en philosophie et en théologie à l'Institut catholique de Toulouse. La grande figure des lieux était mon cousin Bruno de Solages. Sa famille habitait Mézens, non loin de Saint-Maurice. Un frère de Bruno, Maurice de Solages, avait été stagiaire sur la propriété de mon père, et il était d'une très grande piété. Trois de ses frères étaient déjà prêtres !

Recteur de l'Institut catholique depuis 1932, Bruno montrait une magnifique intelligence. Théologien passionné par la question de l'Église et du droit dans la guerre, et plus encore par l'exégèse biblique, il s'intéressait aussi à la physique et à la biologie, aimant à s'entretenir avec des scientifiques, le physicien Costa de Beauregard, par exemple, ou le père Teilhard de Chardin. Lors de son internement à Neuengamme, en 1944, où, en tant que détenu d'honneur (*Ehrengefangene*), il n'était pas astreint au travail, il put débattre de mathématiques avec le recteur Deltheil, professeur d'analyse mathématique à l'université de Toulouse, et dont j'avais été l'élève. Deltheil était allongé sur un châlit, en haut, et Bruno, en bas, prenait entièrement sous sa dictée le cours classique destiné aux étudiants de mathématiques générales. Naturellement, Solages avait des moments de fatigue. Il lui arrivait d'oublier une formule algébrique. Deltheil, énervé, s'écriait alors :

« Mais, Monseigneur, je vous l'ai donnée cette formule, vous l'avez perdue... Je vais vous l'envoyer par huissier ! »

D'autres professeurs de la « Catho » m'avaient convaincu que, pour avoir une véritable intelligence du christianisme, il fallait associer plusieurs disciplines : non seulement l'étude de la Bible et des Pères de l'Église, mais aussi celle des langues anciennes, du judaïsme et des civilisations antiques du Proche-Orient, et jusqu'à l'étude des sciences physiques, y compris l'astronomie, et la biologie. Parmi eux, le RP Cavallera, jésuite, enseignait la théologie positive. Que ne savait-il pas ? Il pouvait lire le syriaque, l'arménien, le géorgien, s'était lui-même initié à l'éthiopien et parlait ou comprenait les principales langues modernes en Europe. Quand on l'interrogeait sur ses dons de polyglotte, il expliquait modestement que plus l'on maîtrise de langues, plus l'initiation à une nouvelle est facile. Fait parfois rare chez les intellectuels, il savait exprimer son respect pour la compétence des autres dans les disciplines qu'il ne maîtrisait pas, sachant les encourager, solliciter leur collaboration pour une œuvre commune. Il était doué d'une autre vertu que ne possède pas toujours le commun des mortels : quand il avait commis une erreur, il savait réviser sa démarche. Ainsi, au lendemain de la guerre, en 1946, j'avais fait inviter un ami allemand psychiatre, Victor Frankel, compétent en matière de doctrine et de pratique luthériennes. À la demande du recteur de l'Institut catholique, cet ami exposa devant un auditoire fort attentif plusieurs aspects de la sensibilité religieuse de Luther, à la suite de sa rupture avec Rome et jusqu'à la fin de sa vie, aspects encore peu connus à cette époque des théologiens catholiques français. Cavallera s'opposa d'abord à Frankel avec force, puis se rendit aux preuves apportées et finalement remercia très sincèrement le conférencier de l'avoir détourné de ses préjugés à l'endroit du grand réformateur allemand.

Au contact de ces hautes figures, je progressai vite.

Le traîne-buisson de Saint-Maurice s'effaçait pour laisser la place à un étudiant passionné et appliqué. Je vivais le temps de la ferveur. Chaque jour, en lisant, je découvrais une nouvelle occasion de m'enthousiasmer. Un livre m'avait particulièrement marqué à l'époque. Il portait un titre en forme de programme : *L'Action*, signé d'un philosophe trop négligé aujourd'hui mais qui eut une grande influence sur ma génération, Maurice Blondel. J'avais lu son maître livre avant même d'entrer au séminaire, mettant plusieurs semaines à le déchiffrer de bout en bout, le recopiant en partie. Je lui écrivis et Blondel m'invita chez lui à Aix-en-Provence. Je revois cet homme surprenant. Il était toujours enveloppé dans des cache-nez qui auraient pu susciter la moquerie, mais dès qu'il parlait, tout prenait de l'ampleur. C'est lui qui me fit obtenir la bourse d'études qui me permit, en 1933, de partir étudier en Allemagne, ce qui eut une telle incidence sur le reste de mon existence. Il se réjouissait, je crois, que je puisse aller vérifier, *de visu*, ce qui se passait là-bas – nous étions déjà en pleine montée du nazisme. J'ai entretenu avec Blondel, jusqu'à sa mort en 1949, une abondante correspondance qui me permit de prolonger les discussions d'Aix.

Premiers engagements

Des esprits aussi différents que Jacques Maritain, Emmanuel Mounier, Bertrand de Jouvenel, Raymond Aron agitaient des idées pour tenter de comprendre leur temps avec d'autres concepts que ceux de leurs pères. Les revues fleurissaient... Les chrétiens n'étaient pas absents de ces débats. C'est dans cette agitation intellectuelle qu'il faut situer la création de la revue *Esprit*. Je dois évoquer ici la figure amicale d'André Déléage. Quand je fis sa connaissance, au cours de ma première année de séminaire, il était bibliothécaire à l'université de Toulouse. A-t-on jamais vu bibliothécaire plus effervescent ? Qui n'était pas avec lui était contre lui. Il avait passé ses années de khâgne à batailler contre les étudiants de l'Action française et, accessoirement, à conduire à la foi catholique son condisciple Georges Izard. Une anecdote m'est restée, où apparaît le « chrétien de gauche » : dans ma chambre, au séminaire, il n'y avait pas de chauffage, si ce n'est un horrible poêle à sciure de bois tout à fait inefficace. Me rendant visite, Déléage grelottait avec bonne humeur, et me dit de sa voix caverneuse : « Tant qu'il y aura un prolétariat, il est bon que les intellectuels en bavent un peu ! »

C'est avec André Déléage que je me rendis à Font-Romeu en cet été 1932 où se réunirent des jeunes gens féconds et agités : Georges Duveau, spécialiste de Proudhon, Emmanuel et Paulette Mounier, Georges et Catherine Izard, une vingtaine au total. Nous étions hébergés dans un chalet prêté par Mme Daniélou, la belle-mère d'Izard et mère de Jean Daniélou, le futur cardinal. L'objectif affiché était de ne pas nous séparer sans avoir élaboré un projet politique. C'est peu dire que nous refîmes le monde. Les mânes de Péguy, et son « sens du réel » planaient sur les lieux, comme elles inspirèrent aussi Uriage, sous l'influence en particulier de Beuve-Méry. La société issue de la Grande Guerre stimulait notre réflexion, d'où la critique du régime parlementaire et de ses limites – pour ne pas dire de ses failles – n'était pas absente. Naturellement de ces rencontres sortit une revue : *Esprit*, parue en octobre 1932. Je feuillette la collection à ses débuts et je constate que deux numéros ont fait date : le premier comporte la « Charte de Font-Romeu », long manifeste où est réaffirmée la « primauté du spirituel » chère à Maritain ; le sixième, intitulé « Rupture entre l'ordre chrétien et le désordre établi », auquel avaient participé Maritain, Denis de Rougemont, Berdiaev et Philip.

J'ai gardé de merveilleuses lettres d'André Déléage, dont celle qu'il m'envoya en juin 1936 lors de mon ordination. Il souligne la coïncidence, signifiante pour lui, de cette date avec les grèves de ce même mois, qu'il définit comme « créatrices d'un pouvoir nouveau ». Dans le dernier paragraphe, m'annonçant qu'il avait rejoint la Fédération des socialistes chrétiens, tout en soulignant l'incompatibilité du marxisme et de la foi, il ajoutait : « Mais il est trop naturel d'être un “chrétien révolutionnaire” et je veux être de ceux qui éprouvent ce besoin. » Ces lettres sont écrites de cette minuscule écriture régulière, d'écolier pourrait-on dire, s'il n'avait déjà été le médiéviste renommé et d'avenir que promettait sa thèse, soutenue en 1941. Marc Bloch et Louis Halphen, ses premiers directeurs de recherche, écartés tous deux de l'université par les lois antijuives, l'avaient encouragé et misaient sur lui. C'est une balle allemande, dans un poste avancé, en Alsace, la veille de Noël 1944, qui mit fin à cet avenir dont nous ne doutions pas qu'il y serait une immense figure : universitaire – il était déjà maître de conférences à Nancy – et syndicaliste chrétien.

Je fus tout de suite en communion de pensée avec Emmanuel Mounier. Dès notre première rencontre, je lui demandai quel avait été son maître à penser – « Maurice Blondel ! », répondit-il. Ceux qui le fréquentaient tombaient sous le charme de son esprit brillant. Il fallait l'entendre expliquer cette notion de personnalisme qui remettait à l'honneur l'homme en tant que personne, par opposition à l'individu du libéralisme qui n'est qu'un consommateur et à celui du totalitarisme qui n'est qu'un rouage. Nous multipliâmes les rencontres, les réunions, les thèmes de réflexion. Fallait-il entrer en politique ? Ou demeurer dans la sphère des idées ? En novembre 1932, Izard et Déléage voulurent, dans le prolongement d'*Esprit*, créer un mouvement. Je fus invité au congrès fondateur de ce qui allait s'appeler la « Troisième Force ». C'était à Tours, dans une grande salle, avec deux drapeaux rouges au-dessus de l'estrade. Je n'avais pas conscience qu'avec ma soutane – j'étais déjà séminariste – j'allais faire sensation dans un rassemblement hétérogène où se mélangeaient chrétiens de gauche, jeunes socialistes, radicaux, syndicalistes, etc. Le débat porta longuement sur la direction à donner à ce Mouvement et au nom qu'on allait lui donner.

« Troisième Force » suggérait l'idée d'une issue médiane entre capitalisme et marxisme. Au cours d'un meeting, un communiste se leva et interpella les dirigeants : « Vous êtes des menteurs... Des faux frères... ! Il y a un prêtre parmi vous ! Je l'ai vu tout à l'heure, en soutane ! » Tout le monde éclata de rire et mon ami Izard de crier : « Où est Naurois ? Faites-le venir ! » Je parlai longuement avec ce communiste, notamment du conditionnement de la vie économique et sociale par les infrastructures matérielles et techniques. Je l'entends encore s'exclamer après une de mes réponses : « Mais c'est incroyable... vous êtes matérialiste historique ! »

De cette époque, et de la formation reçue aux Équipes sociales, datent les contacts fréquents que j'ai entretenus avec des communistes jusqu'à la fin de la guerre. Eux aussi connaissaient les turbulences qui agitaient les milieux libéraux ou conservateurs. De jeunes intellectuels tentaient d'approfondir le marxisme sans s'assujettir au parti. J'entrevoyais, à ce moment, le projet d'un travail sur Feuerbach et la gauche hégélienne, et je suis allé en parler avec le RP Gaston Fessard à son bureau de la revue des *Études*. C'est ce thème qui m'avait permis de faire la connaissance de Raymond Aron, normalien, premier à l'agrégation de philosophie. Aron qui avait été pensionnaire de l'Institut français de Berlin où il avait découvert Husserl et Heidegger. Nous avions immédiatement échangé nombre d'idées sur Hegel, cette gauche hégélienne qui conduit à Feuerbach, au communisme... Aron voyait souvent, lui aussi, Gaston Fessard qui étudiait le nazisme en allant droit aux textes : *Mein Kampf*, *Le Mythe du XXe siècle*, etc. C'est encore Aron qui me fit rencontrer Paul Nizan, un garçon tracassé, pour ne pas dire torturé, par les problèmes de l'hégélianisme ! Il était depuis longtemps tenté par la politique. Avant d'adhérer au parti communiste – qu'il quittera du reste au lendemain du pacte germano-soviétique – il avait été tenté par l'Action française. Mais il aimait aussi parler de religion. Il me disait : « Je me sépare de mes camarades du parti en ce sens que je ne crois pas que le pouvoir religieux doive disparaître... Pour mes camarades, la religion passera dès qu'on sera libéré de "l'aliénation". Simplisme terrible... Platitudes... »

Nizan m'invita un jour dans les locaux de *L'Humanité* dont il était l'une des plumes les plus alertes. À l'époque – ce devait être en 1938 – le siège du journal était rue Montmartre, dans un bâtiment très modeste. Je me souviens de m'être demandé en route si j'aurais dû solliciter la permission de mes supérieurs : suffoqués par ma demande, ils n'auraient su que répondre ! J'arrivai donc devant un immeuble dont l'entrée ressemblait à une porte de garage, avec une vitre à hauteur des yeux. Pas très accueillante, la vitrine de l'URSS en France. J'hésitai..., sortis de ma poche un carnet pour vérifier l'adresse. À ce moment-là, la porte s'ouvrit automatiquement. De sa cage de verre, le concierge m'avait aperçu ! Je lui lançai : « J'ai rendez-vous avec M. Nizan. » Il passa un coup de téléphone et me répondit : « Vous pouvez monter ; c'est au troisième. » À cet étage, pas de porte, pas de poignée, rien. J'hésitai à nouveau. Tout à coup, une autre porte automatique s'ouvrit toute seule. Puis un petit guichet que je n'avais pas vu s'ouvrit :

– Vous désirez ?

– M. Nizan...

J'arrive enfin dans le bon couloir, et j'avise sur une porte un nom, celui de Gabriel Péri. Péri était le « ministre des Affaires étrangères » du Parti, ce même Gabriel Péri qui, une heure avant d'être fusillé comme otage en 1941, déclarera préparer par sa mort « des lendemains qui chantent ». Nizan partageait son bureau. Je frappai. Mon ami était assis, cerné par d'énormes piles de papiers, de journaux, pour ne rien dire de la poussière qui avait pris possession des lieux. Sur le mur du fond, une grande carte de la Russie et de la Sibérie avec des drapeaux rouges qui marquaient les progrès de l'Armée soviétique en Mongolie extérieure. De quoi avons-nous parlé ce jour-là ? Je ne me rappelle qu'une anecdote – un incident devrais-je dire : à un moment de notre conversation, la porte s'ouvrit, et je vis entrer Marcel Cachin, que je ne connaissais pas mais dont la caricature figurait dans tous les journaux. Quand Nizan vit entrer Cachin, il se leva d'un bond et se mit au garde-à-vous : le plancher plia. Cachin me dévisagea de la tête au pied – j'étais en soutane ! Je ne me suis pas levé. La politique de la « main tendue » aux catholiques préconisée par Thorez en 1936 n'allait pas jusqu'à serrer... la main d'un prêtre !

Cachin parla quelques instants avec Nizan puis sortit sans un mot pour moi. Et Nizan et moi reprîmes notre discussion où nous l'avions laissée. Supposez que quelqu'un ait photographié et publié la scène, on aurait dit : « L'abbé de Naurois s'est laissé séduire par les communistes. Il a eu des rapports avec Cachin et Nizan. La preuve ? Ils se rencontraient à *L'Humanité*. »

L'année 1936 fut pour moi déterminante. D'abord, ce fut celle de mon ordination par Mgr Saliège, archevêque de Toulouse. L'atmosphère de la ville était lourde. Le Front populaire et les espérances qu'il avait fait naître excitaient les esprits. Pour ma part, j'étais alors assez proche de la tendance « Jeune République » de Philippe Serre qui soutenait Léon Blum. Un autre événement troublait le cours de cet été 1936 : la guerre en Espagne toute proche. Les premières informations qui parvenaient faisaient état d'atrocités commises par les républicains contre le clergé. Une famille d'amis de mes parents, les d'Eaubonne, plutôt sillonnistes, avait une fille qui s'était rendue à Barcelone pour apporter son soutien à la gauche espagnole en lutte contre l'armée de Franco. À son retour, elle avait raconté le sort réservé aux religieuses et décrit un supplice infligé aux prêtres : on leur faisait boire de l'essence avant de craquer une allumette. Notre amie pleurait en disant : « Si c'est ça, la révolution, il vaut mieux ne pas la faire ! » Puis la guerre fit irruption dans notre vie quotidienne avec l'arrivée à Toulouse de réfugiés espagnols. Mgr Saliège et d'autres ecclésiastiques se dévouèrent beaucoup pour aider à leur installation, mais l'Église restait pour eux associée à l'armée de Franco. Dans ces années de troubles sociaux, le respect du clergé n'était pas partagé par tous ! Souvenir symbolique de cette année 1936, j'entends encore le cri indigné d'une femme, dans une rue de Toulouse, alors que, portant ma soutane toute fraîche, je venais de croiser un homme... qui m'avait craché dans le dos !

Cette enfance au grand air, à courir les bois, à reconnaître les chants du loriot et de la huppe dans les clairières de Saint-Maurice, j'en retrouverai bien plus tard les attraits en faisant de la biologie et en partant en expéditions scientifiques dans des forêts équatoriales et dans la brousse de Nouvelle-Calédonie, comme chercheur au CNRS – j'aurai alors plus de cinquante ans.

Entre-temps, je n'imaginais rien de mieux que de me consacrer aux idées et, passionné par la philosophie allemande, de me rendre en Allemagne travailler dans ses bibliothèques. C'est alors que je rencontrerai l'action, non plus sous forme d'un beau titre de livre, ni même sous la forme familière dans ma famille de la carrière militaire – trois de mes frères passeront par Saint-Cyr et Saumur. L'action s'imposera comme une nécessité vitale, un « devoir » au plus haut sens du terme, qui absorbera toute mon énergie et toutes mes facultés intellectuelles pour comprendre et jauger la réalité d'un danger auquel rien ne nous avait préparés : la barbarie monstrueuse du nazisme.

2

Dans les brumes de la Germanie

L'ÉTÉ 1933

Mon oncle, Louis de Lacger, m'avait écrit : « Il faut s'enfoncer un jour dans le brouillard lumineux de la Germanie. » Cette phrase était restée dans ma mémoire. Mon oncle connaissait bien la culture allemande, avec son histoire, ses traditions. Il pensait qu'elle avait en réserve des trésors de sens pour un jeune Français. J'avais surtout été formé jusqu'alors aux disciplines des mathématiques et de la physique, mais, vers 1930, voilà que mes études universitaires à l'Institut catholique ouvraient sur les champs immenses de la recherche historique, de la paléographie et de l'exégèse, des perspectives fascinantes. Ce n'était pas tout. Les analyses du RP Cavallera, jésuite, ses bibliographies exhaustives, qui amusaient et inquiétaient tout ensemble les étudiants, les leçons prodigieusement vivantes d'un de ses pairs, le doyen Saltet, avec son sens exceptionnel de la critique des textes bibliques et ses vues sur le développement de la vie doctrinale de l'Église..., tout cela était pénétré de références à des auteurs et à des textes allemands. J'éprouvais pour ma part un vif sentiment d'infériorité, ignorant tout de cette langue, mais ce fut aussi un stimulant. J'avais derrière moi ma licence de sciences, mon service militaire et ma première année de philosophie. Je résolus donc de m'initier aux études germaniques et de m'enfoncer dès l'été 1933 dans ce « brouillard de la Germanie ».

Mon premier séjour eut lieu en pays de Bade, en

septembre et octobre 1933. Ma famille avait accueilli cet été-là, à Saint-Maurice, un jeune Allemand de Karlsruhe ; et à mon tour j'allais passer un mois et demi dans sa famille, chez l'ancien ministre de la République de Weimar, Heinrich Köhler. « Il faut s'enfoncer un jour dans le brouillard lumineux de la Germanie » – je me répétais cette phrase, tandis que le train m'emportait sous un ciel gris perle au-delà de Kehl, et que se déployaient sous mes yeux les plaines grasses, les prés vert tendre et les champs bien sarclés du pays de Bade.

Durant ces semaines, je découvris l'hospitalité d'une vieille famille catholique du Sud, l'impeccable propreté des villes, la coquetterie des villages, enfin cette tenue, cette *Haltung* allemande, qui contrastait avec un certain négligé à la française. Ce fut dès l'arrivée un envoûtement. Il fallait faire mienne cette pensée de Goethe : « Il n'est pas étranger celui qui sait comprendre. » Plus tard, pour ne pas faire mentir Goethe, au long des différents séjours qui suivirent, je me suis initié à la littérature allemande. Un nouveau panorama culturel se présentait, où Goethe, Heine, Kleist, Nietzsche, Hölderlin trouveraient un jour leur place. Ma bibliothèque contient encore nombre de leurs livres, sans que je trouve jamais le temps de les relire ! J'écoutais longuement des œuvres de Beethoven, moi que ma mère n'avait pu tenir plus de quelques minutes devant un piano. De retour à Toulouse, entre étudiants, nous analysions plus particulièrement ses quatuors, que j'écoute encore très souvent et dont je savais alors par cœur des mesures entières. Je me rappelle une soirée à l'Opéra Garnier à Paris, il y a une vingtaine d'années, où se donnait *La Flûte enchantée*. Un groupe d'Allemands était dans la salle, et je riais comme eux des plaisanteries de Papageno. Cela me rappela avec bonheur ma découverte de cette musique pendant mes séjours en Allemagne. Mais lors de ce premier voyage, l'été 1933, j'étais surtout préoccupé d'acquérir les bases de la langue allemande, parcourant les rues de Karlsruhe avec mon dictionnaire à la main, apprenant par cœur des listes de mots que je tentais ensuite de placer dans les conversations.

Ce premier séjour comporta de longues courses en Forêt-Noire, conduit par Heinrich Köhler. Je ne pouvais trouver meilleur mentor que ce grand serviteur allemand du bien public pour m'initier aux événements politiques des deux décennies précédentes. Ancien président du Land de Bade, où il reprendra du service dès 1945 et jusqu'à sa mort en 1952, Heinrich Köhler avait été ministre des Finances de la république de Weimar, sous le chancelier Marx. C'était un esprit subtil et cultivé... Il pouvait citer de mémoire de longues pages des *Confessions* de saint Augustin. Il avait été député du *Zentrum* – démocrate-chrétien dirait-on aujourd'hui. En cette année 1933, l'Allemagne entrait dans un processus funeste. Hitler avait été nommé chancelier le 30 janvier. Les premières mesures prises par son gouvernement avaient déjà muselé l'opposition. Certaines publications avaient été interdites, et une action envisagée troublait beaucoup l'opinion : la stérilisation des personnes handicapées. Köhler analysait pour moi la crise politique que traversait alors son pays. Après des élections à répétition, l'Allemagne n'était pas parvenue à endiguer la montée du parti nazi et, en janvier 1933, le vieil Hindenburg s'était résigné à nommer Hitler leader ou *Führer* du parti d'extrême droite, à la tête du gouvernement. Depuis son accession au pouvoir, celui-ci n'avait eu de cesse qu'il n'ait éliminé tous ses opposants et même ses simples concurrents. Les autres mouvements politiques avaient disparu ; le parti communiste avait été déclaré illégal.

Cette année-là, l'Institut catholique de Toulouse étant en réfection, la rentrée ne se fit qu'en novembre. Je pus ainsi prolonger mon séjour en pays de Bade. Partout aux fenêtres pendaient encore côte à côte des drapeaux allemands noir, blanc et rouge, et des drapeaux nazis ; mais les croix gammées commençaient à dominer. Parfois, nous croisions dans les rues des policiers à cheval en très bel uniforme gris-vert. Mes hôtes assuraient qu'il s'agissait d'employés des Eaux et Forêts..., mais un jour Köhler me parla plus franchement : « Ceux-là, me dit-il, sont déjà des militaires. C'est un camouflage... René, l'Allemagne réarme ! »

Köhler avait une connaissance approfondie de la doctrine et des projets du national-socialisme. Je crois qu'il le percevait déjà largement comme une création perverse et même satanique. Jamais pourtant il n'employa de tels mots devant moi. D'abord, en présence d'un étudiant, il ne voulait pas avoir l'air de condamner *a priori*. Il ne pouvait donc exprimer tous les soupçons qui l'habitaient. Par ailleurs, comme ancien serviteur de l'État, il ne voulait pas « dénigrer » son propre pays devant un jeune étranger. Très tôt cependant, dès cet été 1933, il se réjouissait ouvertement de l'effort de réarmement britannique. Il invita un jour une personnalité nazie authentique. L'invité s'inclina à son arrivée en s'adressant à lui : « *Herr Reichminister...* » « Il est le seul, à Karlsruhe, qui me donne encore mon titre d'ancien ministre, me dit Köhler. Les autres... n'ont que mépris pour ces fonctions républicaines. »

ACH !... LA BARBARIE !

Ce n'est qu'à l'occasion de séjours ultérieurs, en 1936, que Köhler s'ouvrit plus volontiers à moi. J'avais mûri... nous nous connaissions mieux. Notre foi catholique commune nous unissait profondément, et je me sentais plus libre de l'interroger. Tandis que je lui demandais, un jour, comment il voyait le proche avenir, il y eut d'abord un silence, puis il me répondit, en français : « Ach !... la barbarie ! » Cette réponse tomba comme un aveu désespéré devant l'irrémédiable. Plus tard, le 21 mai 1938, à la veille de la conférence de Munich, après l'annexion de l'Autriche en mars, je le trouvai fort alarmé : « Attention, René, me dit-il, ce que veut Herr Hitler, c'est le pétrole de Roumanie. Pour cela, il va annexer la Tchécoslovaquie. Nous sommes au bord de la guerre. » Je n'avais alors déjà plus aucune illusion sur l'avenir de la paix : le 20 avril 1938, du balcon de l'ambassade de France, j'avais vu défiler des troupes allemandes en l'honneur de l'anniversaire du Führer, et j'avais pris plusieurs photos éloquentes, si je puis dire : des formations impressionnantes de fantassins, des cavaliers, mais aussi des canons – tout cela remontant dans un ordre impeccable la Pariser Platz jusqu'à la Porte de Brandebourg. À mon retour en France, durant l'été 1938, même en montrant les photos, je n'arrivais pas à convaincre de l'imminence et de la réalité du danger. L'esprit de Munich dominait.

J'ai connu les mêmes réserves, les mêmes craintes, chez d'autres Allemands, par exemple le prêtre et théologien Romano Guardini, figure importante du renouveau intellectuel et spirituel du catholicisme allemand. Il m'avait dédicacé un de ses livres – il est encore sur mes rayons. Ensemble, nous parlions ouvertement. Pas plus que Köhler, toutefois, Guardini n'aurait déclaré à un ami étranger : « Hitler est un criminel » ou « Hitler est un bandit ». C'était sous-entendu. L'un des rares hommes qui osait s'exprimer ainsi en public – je ne l'ai su qu'après la guerre – était le maire de Leipzig, Carl Friedrich Goerdeler. Dès 1930, il entreprit de rassembler les opposants et de demander aux puissances étrangères leur soutien pour une conjuration contre Hitler, soutenu par le général Beck, qui avait démissionné dès 1938 de son poste de chef des armées pour protester contre les projets d'agression militaire de Hitler. Tous deux firent partie de la tentative d'attentat du 20 juillet 1944 et furent exécutés après son échec. Goerdeler, quand il connaissait les sentiments de son interlocuteur, demandait un papier et un crayon, et écrivait : « *Hitler ist ein Verbrecher* », « Hitler est un criminel. » L'autre sursautait : « Vous êtes fou ! », et aussitôt allumait un briquet pour faire disparaître le papier compromettant... C'était sa méthode pour montrer qu'il n'avait pas peur, pour tenter de rallier d'éventuels résistants, pas pour étaler ses états d'âme.

J'étais fasciné par cette Allemagne en pleine métamorphose. Je voyageais, je rencontrais des gens de toutes classes et de toutes professions, au point de négliger mes recherches sur Feuerbach – pourtant l'un des buts de mes séjours à Berlin. Dois-je l'avouer ? Disserter sur *L'Essence du christianisme*, disséquer les familles de l'hégélianisme, tout cela, dans le climat dramatique de l'époque, m'était vite apparu comme secondaire. Ce n'était pas le sujet principal, non plus, de mes conversations avec Raymond Aron, lorsque je le retrouvais à Paris – il avait définitivement quitté l'Institut français de Berlin en 1934 mais venait de publier *La Sociologie allemande contemporaine*, en 1935, et terminait sa thèse, soutenue en 1938, sur « la théorie de l'histoire dans l'Allemagne contemporaine ». Nous parlions plus volontiers de l'Allemagne et de la crise internationale qui s'annonçait. Nous mêlions considérations philosophiques et commentaires sur l'actualité que Hitler rendait chaque jour plus tonitruante : ouverture des premiers camps de concentration, plébiscite sarrois, lois de Nuremberg. Quoique d'un réalisme lucide, Aron était mal à l'aise, avec son esprit rationnel, devant l'irrationalité passionnelle de ces événements et hésitait à saisir ce qu'il y avait de proprement diabolique dans l'hitlérisme. Au point que ses analyses, par exemple, n'intégraient pas clairement le danger de l'antisémitisme dont lui-même allait avoir à souffrir.

Je n'oublierai pas, quant à moi, une expérience éprouvante et, hélas, éclairante, qui me confirma dans le sentiment que le nazisme était vraiment d'essence diabolique. J'avais un ami allemand, Kretschner, psychiatre et fils de psychiatre, professeur à l'université de Heidelberg. Cet homme encore jeune, profondément religieux, appartenait à la Haute Église luthérienne, tandis que son père était athée. Je lui avais demandé ce qu'il pensait du « cas Hitler ». Sa réponse fut un diagnostic sans appel : il le considérait comme un très grand pervers, au sens psychiatrique du terme. À la même question, un médecin du Kaiser-Wilhelm-Institut avait répondu, laconique : « *Degenerative Psychosen.* » Pourtant, en 1939, tous deux s'étaient crus obligés de s'inscrire au parti nazi.

Cette passion pour le pays de Kant et de Hegel eut pour cadre les coups de théâtre orchestrés par Hitler. Dès 1934, je subis un choc. Alors que j'effectuais à Grenoble une période d'instruction militaire, j'ouvris un matin le journal. Nous étions au lendemain du 30 juin et je prenais un café dans une brasserie, en uniforme de lieutenant. Stupeur ! Un gros titre annonçait que la veille Hitler avait éliminé ses alliés, les SA (Sections d'Assaut). Un millier de personnes avaient été arrêtées, plusieurs centaines assassinées, parmi lesquelles Ernst Röhm. Peu après, un dirigeant de l'Action catholique, Von Klausener, fut tué à son tour. Le général Kurt von Schleicher, ancien Chancelier, avait été abattu d'un coup de pistolet, ainsi que son épouse, sous les yeux épouvantés de leur fille. Avec cette « Nuit des longs couteaux » avait commencé une série d'attentats commis par les SS, ces Sections de Sécurité (*Schutz-Staffeln*) placées sous les ordres directs de Hitler, avec la complicité silencieuse de la Wehrmacht. Le régime montrait son vrai visage : avec les SA, Hitler éliminait ses plus proches compagnons et alliés. Une phase suicidaire de son entreprise s'était ouverte, dont il ne se relèverait jamais, bien qu'elle lui servît d'abord de tremplin vers le cumul des pouvoirs, après la mort de Hindenburg, en août 1934.

Aumônier à Berlin

C'est en 1935 que je découvris Berlin, à nouveau invité par les Köhler qui venaient de s'y installer, et y revins en 1936. Cette année-là, je rendis visite pour la première fois à l'ambassadeur de France, André François-Poncet, mandaté par une de mes tantes pour le remercier de son intervention efficace dans la libération d'un de ses fils. Mon cousin avait été, comme moi, reçu en Allemagne, mais chez des nazis. Séduit par ses hôtes, leur énergie au service de leur pays, il avait d'abord accepté d'entrer dans leur jeu. Pourtant, après quelques mois, horrifié par les discours et les agissements dont il avait été témoin, il s'était rebiffé : il avait pris à partie ses nouveaux amis... qui l'avaient fait emprisonner !

François-Poncet me reçut très aimablement. Il frappait par sa lucidité et son calme. Il ne commenta pas la mésaventure survenue à mon cousin – elle n'était pas isolée – et s'en tint à quelques considérations sur les relations entre la France et l'Allemagne. Il était le premier Français que je rencontrais à s'être entretenu avec le Chancelier Hitler, mais il resta assez évasif. Dans ses Mémoires, il rappelle ce qui stupéfie toujours après coup et qui pourtant a séduit tout un peuple : le talent exceptionnel de l'orateur Hitler. Petite anecdote, au passage : j'entendais moi-même ces discours du Führer, à la radio ou lors de ces rassemblements populaires dont il avait aussi le secret. Tout commençait par une sorte de mélopée uniforme, puis la voix prenait de l'ampleur, montait jusqu'aux tonitruantes accusations martelées qui subjuguaient ses auditeurs. J'avais un certain talent d'imitateur, à l'époque, et un jour, à l'Institut français – ce devait être en 1938 – je fis mon numéro, à la fin d'un déjeuner : l'imitation en forme d'un discours de Hitler. Mes collègues s'étranglaient de rire. L'un d'eux, ayant à sortir, ouvrit brusquement une des portes de la salle à manger : on découvrit alors le personnel – allemand – de l'Institut massé derrière cette porte. Ils avaient tout entendu et... se tordaient eux aussi de rire ! J'aurais aussi bien pu, là encore, être dénoncé !

En 1937, je devins aumônier adjoint de la colonie française à Berlin pour deux années. Mon supérieur était un dominicain, le père Henri-Jean Omez, avec lequel j'avais été en étroite relation dès 1935. Lui aussi, comme Heinrich Köhler, m'aida à voir clair et à mesurer le fossé qui se creusait entre la France et l'Allemagne nazie. Le père Omez n'aimait pas Daladier ni le gouvernement qu'il considérait comme bien trop mous et incapables de résister à Hitler et à ses séides. Son raisonnement empruntait des images fortes. Il décrivait ces dirigeants de la IIIe République qui ne gouvernaient pas plus de quelques mois, quelques semaines parfois, au gré des caprices des parlementaires, comme des personnages de comédie bourgeoise, en complet trois-pièces, confrontés à des hommes redoutables en uniforme, déjà soutenus, à cette date, par une grande partie de leur peuple. Le jeu n'était pas égal, les règles n'étant pas les mêmes et désavantageant la démocratie. Le RP Omez n'en tirait aucune conséquence explicite quant à la valeur des deux régimes politiques, mais ne manquait jamais une occasion de souligner les contrastes, ne critiquant pas les hommes, mais le « système ».

À cette même époque, je fis la connaissance de Henri Jourdan, agrégé de philosophie, qui m'apporta toute sa connaissance du terrain : il dirigeait l'Institut français de Berlin depuis 1932 et avait vécu en direct les derniers moments de la république de Weimar. Sa situation personnelle était parfois délicate. En ville, les enfants allemands le poursuivaient en criant : « Jude, Jude ! » Il n'était pas juif, mais son type méditerranéen était remarqué, dans cette Allemagne où l'on recherchait sur les visages et dans les patronymes les signes d'une appartenance « raciale ». Un Juif à la tête de l'Institut français ? Ce choix eût encouragé les diatribes haineuses de Hitler à l'encontre de notre pays dans lequel il voulait voir une nation aux mains des « Juifs », et en voie de « négrification ». Ironie de l'histoire : Raymond Aron, Juif authentique, n'a jamais été inquiété en Allemagne, blond aux yeux bleus qu'il était ! Dans une lettre assez récente, Henri Jourdan m'a raconté qu'au moment de la déclaration de guerre, le gouvernement français avait confié aux États-Unis, encore neutres à cette date, la garde de l'Institut franco-allemand situé dans la Budapeststrasse, mais notre défaite livra cet immeuble à l'ennemi en dépit des protestations américaines. Les archives de la Budapeststrasse, ou ce qu'il en reste, sont actuellement conservées à Nantes et intéressent à présent les historiens ; mais Jourdan m'écrivait qu'il ne pourrait jamais combler les vides pour reconstituer ces années à l'Institut : il avait été dans l'obligation de détruire, en ayant tout juste le temps, ses agendas personnels « trop bavards ».

Otto Abetz

Ayant la chance d'être désormais reçu partout, je fis la connaissance d'Otto Abetz, l'une des personnalités les plus difficiles à cerner qu'il me fut donné de connaître. Ancien professeur de biologie à Karlsruhe, cet amoureux de notre pays avait épousé une Française, Suzanne de Bruycker, auparavant secrétaire de son ami le journaliste proallemand Jean Luchaire. Dès le début des années 1920, il avait participé à des rassemblements pour l'Amitié franco-allemande, d'abord avec des anciens combattants, puis il avait noué des liens d'amitié avec un certain nombre d'intellectuels français. Il créa lui-même des réseaux germanophiles à Paris puis à Berlin, tels que la *Deutsch-Französische Gesellschaft* (DFG) puis le Comité France-Allemagne. C'était une manière d'esthète, comme il le montrera pendant l'Occupation, qui multipliait les contacts avec écrivains et artistes de notre pays. Il me disait : « Nous faisons la Grande Allemagne, il faut que vous fassiez la Grande France », sous-entendu une France soumise à l'Allemagne, comme la femme à son mari.

Au moment de l'Anschluss, c'est par son intermédiaire que j'obtins les autorisations nécessaires pour un voyage en Rhénanie. Au lendemain de l'annexion de l'Autriche, alors que l'Allemagne montrait son vrai visage aux yeux du monde, il éprouvait le besoin d'expliquer la politique de son pays. À ce jeu, il se montrait habile à excuser ses exactions les plus horribles. J'entends encore ses propos : « Je suis navré que cela se soit passé de façon aussi brutale... vous comprenez, n'est-ce pas ?... » Je restais interloqué. Je devais le revoir quelque temps plus tard en compagnie de son épouse, la seule nazie – d'un athéisme militant – avec laquelle je me sois sérieusement affronté. En intrépide soldat de l'idéologie hitlérienne, elle ne pouvait accepter l'idée que l'homme puisse avoir un Dieu pour créateur.

Je n'ai jamais réussi à détester Abetz. L'homme me paraissait redoutable, mais plus complexe, plus fin que ses acolytes nazis, et enfermé dans des contradictions et des scrupules. Aussi, en 1946, quand il fut arrêté dans la Forêt-Noire, je pris la liberté d'écrire une lettre au juge chargé de son cas pour lui signaler quelques faits qui plaidaient tout de même en sa faveur. La vérité m'oblige à dire que je ne sais pas si mon intervention eut quelque influence sur la clémence du tribunal : il fut condamné à vingt ans de prison.

Voyage en Rhénanie

Tant le père Omez que Henri Jourdan m'avaient vivement conseillé de me faire inviter à la *Deutsch-Französische Gesellschaft* afin d'étendre mes relations et de pénétrer le plus de milieux possibles. Au cours de l'été 1937, j'avais moi-même été aumônier de rencontres franco-allemandes entre jeunes gens, à Argentières, rencontres fructueuses en amitié que je réitérai en août 1938. Il n'y avait parmi eux aucun sympathisant nazi, et de vrais échanges avaient eu lieu. Tout autre était l'esprit et la visée des rencontres qu'organisait la DFG. Ainsi en novembre 1937, je fus accueilli très civilement par le représentant local de l'association à Cologne. Pour chaque visite, chaque promenade, deux ou trois fonctionnaires du parti, jamais les mêmes, étaient mis à ma disposition. Dans les hôtels, le personnel paraissait étonné d'un tel va-et-vient d'uniformes bruns et noirs à brassards rouges. On devait penser que j'étais un haut dignitaire pour être l'objet de tant de marques de déférence. Mes gardes du corps hitlériens, chargés de ma protection, mais sans doute encore plus de ma surveillance, faisaient preuve d'un dévouement et d'une cordialité extrêmes, mais sans rien d'obséquieux, en dépit des courbettes, bras levés et claquements de talons. On me montra un jardin d'enfants, modèle de propreté, style sobre, peu de coquetterie dans les décorations, un je-ne-sais-quoi de spartiate, ensuite une école pour infirmières, divers terrains de sport et salles de gymnastique, enfin une jolie maison – de repos – pour mères de famille fatiguées. Je visitai aussi une sorte de camp de travail volontaire où des jeunes femmes faisaient des stages de six mois et aidaient des mères de famille nombreuse dans les travaux domestiques ou au jardin. Un macaron à croix gammée surmontait la porte d'entrée de leur pensionnat et les jeunes filles, dont certaines étaient issues de milieux aisés voire aristocratiques, mais pas très avenantes à mes yeux, m'avaient paru assez fanatiques du nouveau régime. Encore plus signifiant pour moi, je fus invité dans une maison d'accueil pour les Jeunesses hitlériennes. On me fit même l'honneur d'une visite à l'administration centrale du Parti pour le district de Cologne. Le nazisme soignait ses relations publiques. Il s'agissait de ne pas lésiner. Partout, cependant, j'ai ressenti une même impression de « vide ».

Plus instructif fut le voyage dans les monts de l'Eifel. On m'avait promis une visite à l'*Ordensburg* de Vogelsang. Cette *Ordensburg* était un des centres d'instruction inspirés de la mythologie des chevaliers Teutoniques qui formaient les cadres du national-socialisme. J'en avais moi-même sollicité la visite quelque temps auparavant.

Nous partîmes donc plein ouest, en direction de la frontière avec la Belgique. À un tournant de la route, j'aperçus un château fort, perché comme un nid d'aigle à mi-pente d'une profonde vallée de l'Eifel. « C'est là, me dit-on, l'École des futurs Führer... On y fait d'importantes réparations..., c'est pourquoi aujourd'hui, exceptionnellement, nous ne pourrons pas visiter... Le directeur s'excuse beaucoup... » Le régime fourbissait là ses armes, et il fallait bien se garder d'en montrer quoi que ce soit à ce Français trop curieux.

J'eus droit, en revanche, à une visite de la région d'Eupen, ce que je n'avais pas demandé. Les nazis accordaient un soin particulier à ces zones frontalières, qui servaient de vitrine pour les étrangers. De pauvres villages avaient été admirablement nettoyés : fenêtres et volets repeints, balcons garnis de fleurs, murs chaulés, jardinets impeccables, tout cela par les soins d'une organisation très spéciale, le Service pour l'embellissement des villages – *Verschönerung der Dörfer*. Il faut reconnaître que l'aspect coquet de ces hameaux était attirant et faisait ressortir par contraste la malpropreté des villages d'Eupen-Malmédy, qui ne bénéficiaient pas des services sociaux du IIIe Reich, ayant été rattachés injustement à la Belgique après le traité de Versailles.

Une route « internationale » traversait de part en part ce territoire belge pour éviter aux Allemands domiciliés au Nord et au Sud d'avoir à contourner par un long chemin cette excroissance que constituaient les « cantons rédimés », rendus en 1919 à la Belgique. Nous nous engageâmes donc sur cette voie et fîmes halte dans un village, devant une auberge toute neuve. Nous étions bien en territoire belge, mais le propriétaire de l'hôtel était un fidèle Allemand qui nous accueillit par un tonitruant *Heil Hitler* ! Il portait à la boutonnière l'insigne à croix gammée ; c'était le type parfait du nazi rougeaud, un peu ventru, à la jovialité sonore et un peu lourde. On but tranquillement..., puis une conversation s'engagea, simplement interrompue par les *prosit* d'usage ! On parla du « droit des peuples à disposer d'eux-mêmes », de la « triste situation des minorités allemandes » en Tchécoslovaquie et en Pologne, et bien sûr de l'indispensable révision des frontières reconnues par le traité de Versailles... Jamais, bien entendu, il ne fut question que ce puisse être sous la menace des canons ! Le sens de tout cela : je vous demande la liberté au nom de vos principes, je vous la refuserai au nom des miens ! Plus d'une heure passa... Avant le départ, on me montra encore le livre d'or de la maison, inauguré par la signature du Dr Robert Ley, patron de la *Kraft durch Freude*, « la Force par la Joie ». Ley, un gros buveur lui aussi – ses compatriotes l'appelaient « *der Saüfer* », le « pochard » – avait inscrit sur la première page de ce livre d'or : « Le cœur d'un peuple bat sur ses frontières... » Sans commentaire !

Ce même jour, je rendis visite à une école de cadres de la *Hitler Jugend*, membres des AHS (*Adolf-Hitler Schulen*). À nouveau, la réception fut des plus « cordiales » : garde-à-vous impressionnants, mains largement tendues, regards droits. L'accueil fut accompagné de chants. Puis le jeune « Führer » ou chef du groupe me présenta chacun de ses jeunes élèves et les engagea à m'interroger sur mon propre pays et la jeunesse française :

– Comment la jeunesse française est-elle organisée ? demanda l'un d'eux.

– La jeunesse française n'est pas organisée, répondis-je. Ou plus exactement, elle préfère s'associer en groupes variés, assez nombreux, selon des sensibilités très diverses, plutôt qu'en une seule organisation.

Mon interlocuteur, apparemment indécis, se retira. Un autre élève enchaîna aussitôt :

– Est-il exact qu'il y a en France beaucoup de nègres ?

– Que dites-vous ? répondis-je, prenant l'air effaré.

– Puis-je vous demander s'il est vrai que la France est de plus en plus envahie par les nègres ?

Je reprends :

– Excusez-moi, je ne vous comprends pas...

On aurait entendu une mouche voler ! Cinquante paires d'yeux, bleus d'acier, braqués sur moi, semblaient vouloir lire sur mon visage ce que – pensaient-ils – je n'osais pas avouer. Je feignis de chercher mes mots, essayant d'introduire dans le bloc du mensonge officiel un début de doute... La question fut reformulée pour la troisième fois... Je repris, comme quelqu'un qui se jetterait enfin à l'eau :

– Je vois ! Vous me demandez si nous avons en France beaucoup de régiments coloniaux... En effet, une partie des « Noirs », originaires de nos territoires d'outre-mer, effectuent un temps de service dans l'armée française : soit par conscription, soit par engagement volontaire... Parce qu'ils supportent mal les conditions climatiques en France métropolitaine, ces régiments coloniaux sont pour la plupart stationnés en Afrique. Quelques bataillons cependant peuvent être cantonnés en métropole, plutôt dans le sud. Ils sont en petit nombre...

Un élève intervint alors :

– Mon camarade voulait parler de la négrification de la population française par ces éléments africains.

J'ouvris alors de grands yeux, foudroyant du regard l'interlocuteur :

– Négrification de QUI ?

S'installa alors un brouhaha général. Le chef de groupe me remercia, se félicita de cette rencontre, abonda en tous sens... et leva la séance, dans une atmosphère étrange. J'eus même l'impression que beaucoup de jeunes gens présents triomphaient intérieurement du démenti apporté par ma stupéfaction feinte. Mais aucun n'aurait osé l'exprimer.

J'ai pu constater, dans d'autres circonstances, cet emploi de la « langue de bois » nationale-socialiste nourrie des mêmes obsessions. J'avais fait la connaissance d'une famille allemande, à Berlin, les Dulk, qui recevaient volontiers des Français pour leur faire rencontrer des Allemands, à l'occasion d'un repas. En mon honneur, tandis que leur fille était rentrée récemment d'un séjour en France, ils organisèrent un déjeuner mais avaient été obligés d'inviter une voisine, membre officiel du parti nazi. Prétentieuse, parlant avec autorité et à tort et à travers, cette dernière m'expliqua longuement qu'elle connaissait Paris :

– Quelle impression avez-vous eue ? demandai-je poliment. Paris, c'est beau, n'est-ce pas ?

– Beau, oui... mais très « primitif ».

– Qu'est-ce qui vous a le plus frappée à Paris ?

– Beaucoup de nègres !

Dulk, manifestement furieux, essaya de détourner la conversation sur d'autres sujets. Les « nègres », c'était toujours la même obsession tirée des élucubrations de Hitler dans *Mein Kampf*. Ce racisme primaire se nourrissait de plus d'un vieux grief, entretenu par la propagande nazie, à l'encontre de la France : les troupes d'occupation de 1919, sur la rive gauche du Rhin, envoyées par nous à la suite du traité de Versailles, comprenaient des contingents coloniaux. Or les Allemands n'avaient aucune tradition de pays d'outre-mer, et les jeunes Rhénans découvrirent le voisin français en la personne de tirailleurs sénégalais ! Des incidents entre ces soldats et les populations occupées ne manquèrent pas d'éclater, frappant les esprits et faisant naître les rumeurs les plus folles. Les nazis s'en servirent sans vergogne : en mai 1940, les offices de propagande de Goebbels distribuaient des affiches représentant la France sous les traits de trois soldats noirs en train de torturer un civil allemand ! Durant la campagne de France, des troupes d'origine sénégalaise allaient être sauvagement massacrées au mépris des conventions militaires. L'écrivain Léopold Sédar Senghor ne dut d'être sauvé *in extremis* qu'au courage d'un officier français.

On avait donc tenté de me faire rougir d'une partie de mes compatriotes. J'avais garde de protester trop vivement en public. Ma stratégie consistait plutôt à écouter poliment, à feindre l'intérêt, pour en apprendre le plus possible. Je m'étais glissé un jour dans un groupe de Français invités à visiter une « communauté », l'*Ordensburg* de Krossinsee, en Poméranie. Un jeune instructeur dans cette organisation, un *Gemeinshaft-Führer* à l'allure martiale, nous servait de guide. Il nous fit voir les cellules où couchaient les pensionnaires : au-dessus des lits étroits, un portrait de Hitler et, posés sur les tables de chevet, *Mein Kampf*, ou encore *Le Mythe du XX*e *siècle* d'Alfred Rosenberg, le théoricien raciste du régime. Je demandai à rencontrer des élèves : on me répondit évasivement, et on me les montra de loin, s'entraînant au javelot. À l'issue de la visite, le *Gemeinshaft-Führer* offrit une collation, nous remerciant avec chaleur d'être venus visiter les grandes réalisations du national-socialisme. Tandis qu'il nous raccompagnait à nos voitures, je lui posai une question qui me brûlait les lèvres :

– Pour le genre de vie de cette école, ne vous êtes-vous pas inspiré des principes de formation en vigueur chez les jésuites – discipline spartiate, alternance du sport et de l'étude... ?

L'homme me jeta un regard de haine, sans rien répondre !

Dans d'autres circonstances, en 1938, on me fit visiter des propriétés agricoles d'une très grande étendue, en Poméranie orientale, organisées sur un mode industriel, mais les services de la propagande me proposèrent aussi de visiter dans la Ruhr les usines Krupp. C'est là, au cœur de ce symbole de la puissance économique de l'Allemagne, que j'entendis une critique acerbe à l'encontre du régime nazi. Alors que j'attendais d'être présenté au maître des lieux, Krupp von Bohlen, héritier de l'illustre Alfred Krupp, je tentai d'engager une conversation avec sa secrétaire. Celle-ci me questionna sur les grèves de 1936 qui avaient été très commentées en Allemagne. J'expliquai alors que ces grèves, après l'arrivée des socialistes au pouvoir, avaient été vécues comme une épreuve par la France, mais prouvaient du moins que les ouvriers étaient libres..., libres de s'exprimer. La jeune secrétaire se tourna vers moi et me lança dans un très bel allemand :

– *Mein Herr, die Freiheit steht über alles*. « Ah, monsieur, la liberté est à mettre au-dessus de tout. »

Je restai stupéfait, mais là s'arrêta notre conversation. La porte s'ouvrit : Krupp, aimable mais visiblement pressé, entra et me salua. La visite se poursuivit en sa compagnie. Dans une grande salle se trouvait quelques tableaux et au milieu, sur une grande table protégée par une vitrine, j'avisai une très élégante carabine de collection. Je lançai en forme de boutade :

– Tiens... tiens... Je ne savais pas que vous fabriquiez aussi des armes...

On ne peut pas dire que ma plaisanterie fut appréciée.

Je ne devais revoir Krupp qu'après la guerre, au voisinage d'Essen, en 1945. Quelques camarades et moi étions attendus dans un bureau de campagne anglais pour y recevoir des bons de ravitaillement, et diverses personnalités allemandes étaient là : elles venaient d'être arrêtées par la police militaire britannique. Parmi elles, un homme de grande taille, fort bien vêtu, au profil mince et au front haut que les hommes de troupe traitaient avec la même rudesse que les autres. Comme son visage retenait mon attention, je demandai à un soldat : « *Who is this gentleman ?* » Avant même qu'il ne me réponde, un des sous-officiers appela d'une voix forte : « *Krupp... Krupp... Kommen Sie !* » C'était le grand patron qui m'avait serré la main quelques années plus tôt, emporté maintenant dans le naufrage...

Des résistants allemands

Au fil des mois – finalement des années – passés en Allemagne, je parvins à une connaissance assez approfondie du pays et de son organisation politique. De toutes ces informations, je crois avoir fait bon usage, à chacun de mes retours en France. Jamais pourtant je ne me suis comporté comme un espion... Telle n'était pas ma vocation. Mais il me paraissait de mon devoir d'informer mes compatriotes de ce qui se tramait outre-Rhin.

Le nazisme persécutera l'Église, accusée de résister à l'asservissement des esprits, mais la population restait plutôt bienveillante à l'égard des membres du clergé. Mon costume de clergyman me servait de laissez-passer. Je m'étais enhardi. Un jour cependant, en Thuringe, alors que je marchais dans les environs de la ville de Weimar, je voulus gravir une colline afin de mieux contempler le paysage. Mon chemin, bordé de pierres blanches, aboutissait à une barrière de fil de fer. Suivant une habitude prise en montagne, je décidai de couper à travers champs directement vers un bois de sapins où... j'entendis des voix très proches. C'était des militaires en manœuvre. Je déguerpis à toute vitesse. Sans m'en rendre compte, je venais de franchir l'enceinte d'un poste de radar : en abandonnant le chemin, j'avais évité un poste de contrôle. Rétrospectivement, j'eus vraiment peur : on m'aurait arrêté, interrogé, peut-être surveillé par la suite.

Si je faisais de plus en plus d'observations, mon espace de liberté, lui, s'amenuisait au fil des mois. Chaque fois que je rentrais de vacances en France, il me semblait que l'air s'était de plus en plus raréfié. Les conversations se faisaient à voix plus basse, plus évasives aussi. Lorsqu'ils échangeaient des informations, les Allemands devaient prendre un luxe de précautions inconnues jusqu'alors. Curieusement c'est chez un masseur que j'ai trouvé un des derniers lieux où les discussions pouvaient se prolonger. Cet ami, le Dr Schmidt, avait étudié la médecine indienne, le yoga, et sa réputation était grande auprès de certains hauts responsables nazis ; ce qui explique peut-être l'indulgence dont son cabinet faisait évidemment l'objet. Henri Jourdan, qui m'y avait envoyé, racontait que, de la salle d'attente, on entendait parfois des hurlements : le masseur administrait de violentes claques à ses patients et... l'on voyait sortir des officiers de la Wehrmacht ou des SS ! De discrets sourires naissaient sur les lèvres.

Schmidt était un chrétien ardent. C'est allongé sur sa table de massage pour des douleurs dorsales récurrentes que j'acquis grâce à lui une connaissance plus précise du nazisme et de sa perversité. Je me liai d'amitié avec un de ses collègues, très religieux, qui prit un risque extraordinaire en me conviant à une réunion chez lui. Il y avait là une vingtaine de personnes. Nous avons d'abord prié ensemble ; puis il prit la parole : « Il y a dans le régime hitlérien quelque chose d'extrêmement grave, de profondément antichrétien, auquel nous devons toujours prendre garde. » Sa conclusion n'est pas prête de s'effacer de ma mémoire : « Ne vous tracassez pas trop ; la vérité et la justice finiront par resurgir. » Nous nous sommes séparés au bout d'une heure. Après quoi, dans la rue, j'ai souvent regardé derrière moi pour voir si j'étais suivi. J'hésite encore : avais-je rencontré – expérience rarissime – un « groupe » de vrais et courageux résistants ?

Il y avait plus grave que cette omniprésence de la surveillance policière. Bientôt l'antisémitisme apparut dans sa monstruosité. Dès 1935, les lois de Nuremberg lui avaient donné une forme précise et inquiétante. Pendant la nuit du 9 au 10 novembre 1938, celle qu'on appellera par la suite la « Nuit de cristal », je voyageais dans un train entre Stuttgart et Berlin. Dès mon arrivée, de bon matin, à l'Institut français, mes collègues m'informèrent que l'on venait de brûler des synagogues, d'assassiner plus d'une centaine de personnes, et d'interner quelque trente mille Juifs – certains seront libérés ensuite – dans des camps de concentration. La communauté juive se vit infliger une amende collective d'un milliard de marks. Ailleurs, une concierge, pour trente marks – les trente deniers de Judas –, avait livré les occupants juifs de son immeuble !

Sur le moment, il y eut évidemment peu de réactions publiques à ces exactions. L'Allemagne était comme pétrifiée. Beaucoup s'indignèrent dans les milieux les plus éclairés où la tolérance était une tradition, et même dans des milieux traditionnellement antisémites. La communauté catholique redoutait que les fanatiques nazis se mettent aussi à brûler les églises... Outre l'Autriche, Hitler venait de « rendre » à l'Allemagne les Sudètes, région allemande de la Tchécoslovaquie. Beaucoup d'Allemands crurent que cette horreur était le prix à payer pour la restauration de la grandeur de leur pays. Parmi les protestations qui toutefois s'élevèrent, il y eut celle, émouvante et courageuse, d'un prêtre de Berlin, le doyen Lichtenberg : il célébra publiquement une messe et demanda à ses paroissiens de prier « pour les chrétiens non aryens et pour les Juifs ». Ce prêtre, un esprit libre qui gênait les nazis par sa conduite, me raconta un jour qu'il venait de recevoir un coup de téléphone d'un fonctionnaire nazi. Celui-ci lui reprochait de ne pas assortir les documents qu'il signait du désormais officiel « Heil Hitler ». Il lui avait répondu qu'il préférait à cette formule celle de « *Grüss Gott* » – Dieu vous salue – plus adaptée à sa fonction. Il fut condamné, le 22 mai 1942, à deux ans de prison pour délits d'opinion, et mourut en 1943 au cours de son transfert à Dachau où étaient emprisonnés à cette date des milliers de religieux.

J'ai connu un autre prêtre ouvertement hostile au régime nazi : l'abbé Rademacher, professeur de théologie à l'université de Bonn ; son admirable visage de vieillard, irradiant la bonté, est resté dans ma mémoire. Nous parlions, un jour, de Max Scheler, un de ses auteurs favoris, et j'amenai la conversation sur la tyrannie hitlérienne. Il se leva, fit un geste de la main comme pour écarter un contact malpropre : « *Ach ! Das ist nichts...* », « Ah ! tout cela ne vaut rien ! »... Et il poursuivit, en français cette fois, pour écarter le risque d'oreilles indiscrètes : « Ce ne sont pas des hommes instruits. Ce ne sont que des ignorants. » Ce qui choquait cet homme fin et cultivé, c'était ce constat : le parti nazi s'était développé en enrôlant une cohorte de demi-soldes, issues des classes moyennes humiliées, d'anciens droit-commun ; et ces brutes parvenaient à mettre au service de leur dessein toute une armature intellectuelle, à faire fonctionner toute une machinerie administrative et technique. Il escomptait un fiasco qu'il souhaitait le plus rapide possible.

Mon état ecclésiastique semblait parfois faciliter les confidences. Certains de mes interlocuteurs se disaient qu'un homme de Dieu ne les trahirait jamais. Ils s'ouvraient donc à moi. Je me souviens, dans la Ruhr, d'un couvent de religieuses où je fus hébergé. Au mur j'aperçus un portrait de Hitler. Je ne fis aucun commentaire, mais c'est la supérieure qui tint à me rassurer : « C'est un paratonnerre », me dit-elle. Elle s'expliqua : « Chacune des sœurs de la Congrégation pourra vous le confirmer : nous avons toutes voté contre Hitler lors du dernier plébiscite d'août 1934. » Ce vote intervenait après la mort du Maréchal Président Hindenburg et devait faire ratifier par la population le titre de Reichsführer, cumul des fonctions de chancelier et de président par Hitler. Or contre toute attente, il y eut beaucoup de votes négatifs, à Hambourg, Berlin et dans les circonscriptions à majorité catholique. « Les nazis l'ont su, ajouta-t-elle, et c'est pour éviter de nouveaux internements que nous affichons ce portrait : il rassure les fonctionnaires du Parti qui nous rendent visite ! »

Aucun subterfuge toutefois n'a empêché le clergé allemand d'être persécuté à son tour. Comment les nazis n'auraient-ils pas détesté les chrétiens ? Entre eux et nous, il y avait un fossé. L'Évangile enseigne l'amour du pauvre tandis que Hitler prônait la force. Dans les *Béatitudes*, l'Église enseigne le triomphe de la faiblesse, alors que le nazisme la vomit. Il y avait autre chose...

Je me souviens du baron von Dem Bongart, qui m'avait fait inviter à la *Deutsch-Französische Gesellschaft*, me disant un jour avec feu : « Monsieur l'abbé, si le Christ revenait sur terre, il nous embrasserait, nous les nationaux-socialistes, parce que nous pratiquons l'amour du prochain... Voyez ce que le Führer fait pour la classe ouvrière... » On était loin de la finesse de ces personnalités marquantes qu'il m'avait été donné de connaître, comme Hermann Josef Schmitt, aumônier des étudiants, celui avec lequel, de tous les prêtres de Berlin, j'avais noué les relations les plus profondes : il avait écrit, dès avant 1938, une thèse sur la situation du chrétien en régime totalitaire.

DES RELIGIEUX ENGAGÉS

L'encyclique de Pie XI, du 14 mars 1937, condamnant la barbarie et le racisme contenus dans la doctrine nationale-socialiste, avait déchaîné la fureur des nazis. L'Église avait la prétention de répondre à l'hitlérisme. À la demande du nonce, Mgr Orsenigo, adressée au cardinal Bertram, l'encyclique *Mit brennender Sorge* (« Avec un souci brûlant ») fut diffusée et lue dans les églises le dimanche des Rameaux. Les nazis ne purent empêcher sa diffusion mais réagirent : les procès pour mœurs et trafic de devises se multiplièrent à l'encontre des catholiques. Faute de pouvoir attaquer l'Église, on tenta de la déshonorer.

Les mesures de vexation, puis les interdictions, se multiplièrent, selon une stratégie habilement organisée, sans affrontement frontal : telle organisation, tel mouvement confessionnel se trouvait interdit en Rhénanie, par exemple, mais la même institution restait autorisée en Silésie ! Telle revue catholique était supprimée en Bavière mais elle continuait d'être éditée et de paraître à Berlin. Sous ces apparences décousues, il s'agissait en réalité d'une véritable « mise au pas » (*Gleichschaltung*), progressant par paliers... inexorablement. À aucun moment, les atteintes à la liberté de conscience, de culte, d'expression n'étaient suffisamment violentes et générales pour susciter une protestation d'ensemble. Les ecclésiastiques et les fidèles pouvaient croire qu'ils étaient l'objet de mesures locales et temporaires. Ainsi, en 1941, Mgr von Galen, évêque de Münster, qui protesta publiquement contre les mesures d'euthanasie prises par le régime, ne fut pas inquiété. En revanche, de nombreux prêtres qui avaient fait connaître des déclarations de résistance de leurs évêques furent déportés au camp de concentration de Dachau.

Je voyais bien, jour après jour, les menaces se multiplier. À Düsseldorf, lors de mon passage en 1935, la Gestapo avait arrêté six catholiques dont trois prêtres. Plusieurs revues de cette ville émanant des organisations d'Action catholique de la région rhénane venaient d'être interdites. « Comment réagir, effectivement ? Comment venir en aide aux victimes ? », demandais-je à des militants catholiques. Ils tergiversaient, parlaient d'attendre une réaction collective des divers diocèses. Elle ne vint jamais.

Les églises protestantes ne furent pas épargnées. Certaines d'entre elles ne furent pas insensibles à la propagande nazie qui dissimulait ses racines païennes et se donnait par ailleurs des airs conservateurs et patriotes. Des « communautés nationales », dirigées par des pasteurs gagnés au national-socialisme, se créèrent, entretenant l'ambiguïté. Elles se recommandaient d'un idéal soi-disant enraciné dans le peuple, qui soutenait Hitler pour une résurrection de l'Allemagne. Bien entendu, certains pasteurs se sont élevés contre ces mensonges. Dès 1933, le célèbre pasteur Niemöller avait refusé d'exclure de son Église les pasteurs non aryens. Ce fut le premier acte d'une résistance chrétienne de grande ampleur. Dans le courant de l'année 1938, j'appris que Niemöller avait été arrêté et envoyé dans un camp de concentration non loin de Berlin. Ému par ce drame, je me fis indiquer l'endroit où habitait Mme Niemöller, son épouse. C'était à Dahlem, un faubourg du sud de la capitale. La maison devait être surveillée mais je passai outre mes craintes. Elle me reçut, aimablement mais sans chaleur, sans doute un peu craintive. Le malheur l'avait probablement rendue méfiante, surtout vis-à-vis d'un étranger qu'elle ne connaissait pas et dont elle pouvait redouter qu'il ne fasse connaître trop facilement sa démarche en divers milieux, alertant la Gestapo.

C'est par Mme Niemöller toutefois que j'appris quelques détails concernant la « résistance » de son mari et les circonstances qui avaient entouré son procès. Niemöller était un ancien officier de carrière, commandant de sous-marin, auteur de nombreux faits d'armes en 1914-1918. Il s'était distingué en torpillant plusieurs bâtiments alliés. C'est pourquoi les juges du tribunal tentèrent de le sauver, en essayant d'obtenir de lui une rétractation : « Ne pourriez-vous pas, simplement, vous incliner devant la volonté de notre Führer ? » La réponse de Niemöller fut sans appel : « Je ne me suis jamais incliné devant personne sauf devant Dieu et devant les bâtiments étrangers que je venais de torpiller. » Il fut donc envoyé au camp de concentration à Sachsenshausen, avec – modeste consolation – un statut de « prisonnier d'honneur ». J'eus l'occasion de le retrouver après la guerre, très amaigri, mais toujours rayonnant.

Les protestants français que j'ai connus sous l'Occupation en France, dont le pasteur Georges Casalis avec lequel j'aurai des échanges très enrichissants à Uriage en 1941, s'inspireront de cette résistance des protestants allemands – « l'Église confessante ». Spirituelle dans un premier temps, la résistance chrétienne saura plus tard s'engager dans une lutte ouverte : le jésuite Albert Delp (1907-1945), auteur d'une étude sur la philosophie de Heidegger, ou le grand théologien protestant Dietrich Bonhoeffer (1906-1945) feront partie des résistants de toutes opinions politiques, de la droite à la gauche, qui se réunissaient entre 1941 et 1943 dans la propriété du comte Helmuth James von Moltke, à Kreisau, où se préparera l'attentat du 20 juillet 1944 contre Hitler. Tous deux seront exécutés comme « conjurés » par Hitler en 1945. Jacob Kaiser, relieur de son métier, était aussi très engagé dans cette résistance comme syndicaliste chrétien. Quand nous nous sommes revus en 1946, il m'offrit un tirage, sur un très mauvais papier de cette époque, d'une gravure qu'il avait faite : la bête immonde s'apprêtant à broyer dans sa gueule grande ouverte l'agneau de la foi.

La terreur déjà là

En 1938, alors que j'habitais encore au presbytère de la paroisse française de Berlin, le RP Omez me confia un jour qu'il allait recevoir la visite d'un ancien interné du camp de Sachsenshausen. Je crois me rappeler qu'il s'agissait d'une personnalité juive, en faveur de laquelle une ambassade étrangère, belge ou hollandaise, était intervenue auprès des plus hautes autorités de la police allemande. Le père Omez ajouta : « Cet homme a été libéré, mais il ne doit pas demeurer plus de quelques jours à Berlin... sinon il sera de nouveau arrêté. Je dois lui faire passer la frontière au plus vite. » J'attendis donc dans l'entrée. À l'heure dite, la sonnette retentit et je vis un homme encore jeune, devenu presque un cadavre vivant, affreusement amaigri, au teint de cire, et à la chevelure entièrement blanchie. Le même soir, au dîner, j'interrogeai le père Omez. Le visiteur lui avait raconté les conditions de vie dans le camp, le régime des insultes, des coups, des humiliations. Un détail l'avait frappé qu'il me rapporta : les SS forçaient des détenus à lécher, avec leur langue, les parois des fosses d'aisances. Ce qu'ils refusaient à leurs victimes, c'était leur dignité d'hommes.

D'autres occasions se présentèrent de rencontrer des rescapés. En avril 1938, dans un restaurant de Duisbourg, je fus mis en présence d'un homme très maigre et pauvrement vêtu. Nous engageâmes une conversation. Modeste ouvrier, il essaya de me convaincre de l'anti-socialisme du régime. Pour se protéger des oreilles indiscrètes, il m'entraîna chez lui où je passai un moment à converser dans un appartement misérable. Trois enfants dormaient dans une pièce voisine. Je demandai l'autorisation de les bénir. Soudain, mon interlocuteur s'absenta, pour fouiller dans un tiroir et me montrer des documents relatifs à ses deux séjours en camp de concentration. Il me raconta comment, assujetti à un travail continu – plus de cinquante heures par semaine – il ne se nourrissait guère que de pommes de terre. Il ne voulut pas me donner davantage de détails.

À plusieurs reprises, chez des personnes à peine libérées de captivité, je notai à la fois une propension à critiquer le régime et une incapacité ou un refus de raconter quoi que ce soit sur leur expérience carcérale. En 1938-1939, j'ai logé au cœur des quartiers pauvres à l'est de Berlin, dans une sorte d'hospice pour vieillards où j'avais une chambre. J'invitai là un autre témoin du monde concentrationnaire ; c'était un ouvrier ex-communiste, d'une trentaine d'années, bâti en travailleur de force, mais dont les traits ravagés montraient à quel point il avait souffert. Lui aussi refusa de parler tant que nous étions dans l'hospice. Il m'envoya plus tard un message sous le pseudonyme de « Blanc » (Weiss, son nom, en allemand) pour me donner rendez-vous en pleine ville, à un carrefour où se pressaient passants et autobus, seule façon de ne pas risquer d'être entendu de la police ou de ces espions du régime qui traînaient partout. Je pus lui demander très librement : « Selon vous, est-ce Hitler qui donne ses ordres aux grands capitalistes de la Ruhr ? Ou bien les nazis qui se servent de lui comme d'une marionnette ? » Sa réponse fusa : « C'est Hitler qui commande » – ce qui allait à l'encontre de la thèse classique des communistes. Un autre jour, en confiance, cet ancien prisonnier consentit à témoigner de la brutalité des SS, de leurs grossièretés et de leurs matraquages. Il ne me raconta pas ce qu'on lui avait fait subir – sans doute s'était-il engagé sous serment à ne jamais en parler – mais il ouvrit le col de sa chemise, en me montrant, muet, les cicatrices sous son vêtement. Je rentrai chez moi bouleversé de tant de malheur et de souffrance. Dans les rues de ce Berlin que j'avais appris à aimer, soudainement, je sentis de manière palpable, sur le crépi des murs et le ciment entre les briques, suinter l'insécurité, la dénonciation, la traque, toute cette cruauté sadique érigée en système.

J'étais en Allemagne au moment du coup d'État déguisé survenu dans l'armée. À la fin du mois de janvier et au début du mois de février 1938, Hitler se débarrasse des derniers militaires qui s'opposent à une politique d'expansion : il accule à la démission le maréchal von Blomberg, ministre allemand de la Guerre, et le général von Fritsch, sous prétexte d'affaires de mœurs. Le général Beck, qui participera plus tard au complot du 20 juillet 1944 contre Hitler, démissionne lui aussi de ses fonctions de commandant en chef des forces armées. Comme à beaucoup d'Allemands eux-mêmes, le coup m'apparut monté d'avance. Le souvenir de la « Nuit des longs couteaux » me revint en mémoire. Mais la population ne broncha pas, figée dans la peur et l'attentisme. Se sentait-elle concernée ? Elle regarda faire les milices en silence, impuissante à réagir. Chacun espérait en réchapper. L'Allemagne s'habituait à la violence d'État, aux arrestations arbitraires. Rares étaient ceux capables encore de réfléchir avec lucidité, de dépasser la rengaine qui martelait : « Notre pays recouvre sa fierté. » Les plus clairvoyants commençaient à penser que cela finirait par une nouvelle guerre, que l'Allemagne perdrait. J'ai entendu ces propos, mais chuchotés à mon oreille. Une conversation à trois était devenue dangereuse dans cette société policière.

Au moment où j'écris ces lignes me revient pourtant en mémoire un acte de résistance passive des Berlinois. En septembre 1938, au moment où ses plans d'invasion de la Tchécoslovaquie se précisaient, Hitler fit traverser la capitale à une division motorisée afin de susciter l'enthousiasme des Berlinois. Ces derniers répliquèrent en s'engouffrant dans le métro. C'était bien peu de chose, un geste dérisoire d'une poignée d'Allemands pour dire au tyran leur dégoût de la guerre inéluctable.

Comment interpréter l'attitude majoritairement résignée des Allemands ? Une partie de la réponse m'avait déjà été fournie en 1935, par une jeune Allemande qui me servait de guide. Je voulus savoir quelles motivations avaient été les siennes pour rejoindre le camp hitlérien et me décidai à l'interroger. Elle me répondit textuellement : « Hitler nous a déchargés. » Après les années de la Première Guerre mondiale, les coups d'État révolutionnaires, à Berlin et à Munich, la guerre civile qui s'ensuivit, après dix ans d'élections à répétition, Hitler avait proposé aux Allemands un bien funeste marché : échanger leur liberté contre la tranquillité. Les Allemands avaient renoncé à réfléchir, à choisir. Je n'ai pas voulu accabler davantage cette pauvre fille devenue nazie en partie pour gagner sa vie, pour pouvoir vivre. Mais sa réponse m'a beaucoup frappé tant elle renvoyait l'homme à une région obscure de sa nature, celle de la passivité et du grégarisme. Cette fatalité a pour autre explication le tempérament des Allemands et la valeur excessive accordée à la notion d'obéissance, notamment dans la tradition luthérienne. J'ai revu après la guerre le cardinal von Preysing, l'évêque de Berlin. Nous étions en 1945, l'Allemagne ouvrait les yeux sur un champ de ruines, de désolation et de souffrance, et sur la réalité des camps de concentration. Il m'a confié dans un assez bon français : « Nous autres Allemands, nous allons être obligés de revoir notre théologie du régicide et de la révolte contre la tyrannie. » Ce prélat était le cousin du colonel von Stauffenberg, l'auteur du complot qui faillit coûter la vie à Hitler le 20 juillet 1944. Lui-même avait été en contact avec le cercle de Kreisau ; mais le cardinal ne s'était pas autorisé à justifier une action violente contre la dictature hitlérienne.

Pour les Français présents en Allemagne dans ces années d'immédiat avant-guerre, le problème était de comprendre que tout ce qui se tramait se faisait à l'encontre de l'intérêt des Allemands bien sûr, mais aussi de celui de la France. Il s'agissait également de convaincre nos compatriotes. L'ambassadeur André François-Poncet, un jour que je lui rendais une nouvelle fois visite, me montra un long rapport sur l'armée allemande et, après m'en avoir fait la lecture, dans un geste d'exaspération, le jeta à l'autre bout de son bureau, en disant : « Vous savez, à Paris, cela tombe dans un puits ! »

À l'Institut français de Berlin, le sujet du totalitarisme nazi revenait périodiquement dans les conversations. Tel prenait un air fataliste, tel autre un air désespéré. Un troisième lâcha une phrase au mieux imprudente : « J'aime mieux être gouverné par des Juifs – référence à Léon Blum et au Front populaire – que par des gangsters, c'est-à-dire Hitler. » Sa phrase tomba dans l'oreille d'un Allemand et je crois qu'il fut expulsé.

Moi-même, j'inondais littéralement Mgr Saliège, mon évêque, de rapports expédiés par la valise diplomatique. Je sais qu'il recevait aussi des renseignements par d'autres sources, notamment par des lettres de protestants allemands. Rien ne lui était caché, notamment les vexations, les arrestations, les camps de concentration. En 1937, Saliège percevait le danger nazi comme prioritaire devant le péril bolchevique. Ce n'était pas l'opinion la mieux partagée dans les milieux catholiques. En 1938 – je l'ai lu après la guerre, je dois dire douloureusement, dans un volume de *Correspondances* –, un chrétien comme François Mauriac, lucide en d'autres domaines, écrivait à Jacques-Émile Blanche (je cite de mémoire) : « Notre dernier rempart contre le communisme, hélas, est Hitler. »

L'autre personne que je tenais scrupuleusement au courant de ce que je vivais et voyais était mon cousin Bruno de Solages. Je l'ai dit, des liens d'affection et d'admiration m'unissaient à lui. J'ai rarement connu en France un homme aussi fin connaisseur de l'Allemagne, alors que son ministère ne le prédisposait pas à se tenir au courant de ces questions. Mais il avait l'intuition qu'un « pasteur » qui voulait rester en phase avec son temps ne pouvait se tenir éloigné de ce qui faisait l'histoire. Son collègue François Perroux, dès 1937, avait publié *Les Mythes hitlériens* qui l'avaient aussi beaucoup éclairé. J'avais moi-même lu, à sa parution en 1936,

L'Évangile de la force de Robert d'Harcourt, l'un des meilleurs ouvrages d'avant-guerre sur le IIIe Reich. Bruno avait appris l'allemand dans sa famille, grâce à des gouvernantes, et le lisait couramment. Toute l'année, nous échangions une correspondance et, l'été, nous nous retrouvions en vacances et passions des heures à parler de cette métamorphose consentie de l'Allemagne en une dictature. Je me souviens d'une conversation au moment de l'invasion de l'Autriche. Bruno était avide de savoir, de comprendre le mécanisme qui conduisait Hitler à prendre l'offensive. Je lui expliquai la subtilité des manœuvres, analysées dans la presse allemande, même si c'était déjà dans un sens favorable au Führer. Une nouvelle fois le Chancelier s'appuyait sur la partie de la population qui lui était favorable, jouant la comédie d'un principe démocratique. L'Autrichien Seyss-Inquart, avocat nazi, fut le loup dans la bergerie : après l'assassinat du président Dollfuss en juillet 1934, peu après la fameuse « Nuit des longs couteaux », il fut promu comme ministre de l'Intérieur et de la Sécurité – tout un programme ! – et Chancelier d'Autriche en mars 1938. De même Konrad Heinlein, le meneur des Sudètes germanophones, géra l'entrée des soldats allemands en « libérateurs » le lendemain de l'accord de Munich. En procédant ainsi, Hitler mettait la France et l'Angleterre en porte-à-faux : il les paralysait par ce principe du « droit des peuples à disposer d'eux-mêmes » dont il se réclamait pour justifier l'Anschluss ! Le chancelier allemand se donnait un semblant de légalité en face duquel Daladier et Chamberlain se retrouveraient impuissants au moment de la signature du traité de Munich.

Je ne manquais jamais une occasion de témoigner. Comment en aurait-il été autrement : la situation de l'Allemagne avant 1939 était tellement exceptionnelle qu'elle ne pouvait pas ne pas avoir d'incidence sur le destin de ses voisins. Au début de l'année, je fus chargé de ramener à Paris un étudiant français de Berlin, tuberculeux au dernier degré. Il devait mourir quelques mois plus tard. J'ai donc accompagné ce garçon en wagon-lit, à la demande de Henri Jourdan. À Paris, je fus invité à déjeuner chez Mgr Chevrot, ancien aumônier militaire en 1914-1918, puis curé de Saint-François-Xavier. Nous avons parlé de l'Allemagne et l'on me questionna à table sur tout ce que j'y avais vu à Berlin. Une nouvelle fois, je n'hésitai pas à tout raconter : la Gestapo, les arrestations arbitraires, les camps de concentration. Cela les a-t-il rendus lucides pour autant ? Il régnait en France un étrange préjugé, le refus de croire à la guerre, une manière de cécité née dans les tranchées de 14-18 : tout plutôt que la guerre. Quelques jours plus tard, je reçus une lettre d'un prêtre, l'abbé Desgranges, qui était à cette table ce jour-là. Je la relis aujourd'hui avec effarement. Elle témoigne de l'état d'esprit d'un Français, six mois avant la déclaration des hostilités. De son confortable presbytère parisien, voilà ce qu'écrivait mon confrère en réponse aux éléments que j'avais apportés : « Les provocations de Hitler ont le meilleur effet sur le moral français. La guerre nous retrouvera unanimes et il n'est pas douteux que l'Angleterre et l'Amérique donneront à fond. La Grande-Bretagne se prépare avec une intense activité... Je crois que la guerre recule. Ce serait triste, trop effroyablement triste. Nul homme sensé ne peut croire aujourd'hui à une guerre qui serait joyeuse et courte. La dictature elle-même s'effondrerait au cours d'un conflit forcément mêlé de succès et de revers. Le chancelier Hitler ne peut pas ne pas s'en rendre compte. Ce serait à désespérer de l'humanité si la force devait prévaloir sur le droit. » Ce clerc de bonne volonté exprimait là une vieille idée fausse, trop répandue dans nos sociétés légalistes : l'horreur ne peut pas venir de l'autorité ; elle ne peut que résulter d'un manque d'ordre. Dieu sait pourtant que Mgr Chevrot et l'abbé Desgranges n'ont pas été les prêtres les moins lucides sous l'Occupation.

Fréquemment invité à faire des conférences lors de mes séjours en France, j'étais plus convaincant. J'en avais fait une à Brive-la-Gaillarde en 1937, pour la paroisse universitaire du lycée : une des auditrices, alors jeune professeur de lettres en premier poste, Denise Roche, avait si bien compris le sens de mon témoignage sur les dangers de l'idéologie hitlérienne, qu'elle rejoignit un mouvement de résistance dès 1940. C'est elle-même qui, m'ayant retrouvé par des amis communs, m'a rappelé cet épisode dans une lettre. Elle y souligne aussi qu'elle fut probablement la seule parmi ses collègues à mesurer l'importance des renseignements que j'apportais sur le nazisme, la Gestapo, les camps de concentration. Je fis d'autres conférences sur ces thèmes, à Toulouse, à Paris, dont une à l'École normale supérieure, à l'initiative de Raymond Aron, ainsi que devant le groupe catholique à l'École normale supérieure de jeunes filles de Sèvres, invité par un sulpicien, l'abbé Paris. Ces conférences suscitaient un intérêt, mais il ne s'agissait que de quelques gouttes d'eau. En fait le nazisme restait un problème lointain malgré une longue frontière commune avec l'Allemagne. Cette ignorance – peut-être une volonté d'ignorer – fut le prélude à l'effondrement de 1940.

Je quittai l'Allemagne au moment de la déclaration de guerre avec une image qui hanta longtemps ma mémoire : celle de la messe que j'avais célébrée en mars 1939, au lendemain de l'invasion de la Tchécoslovaquie. Dans mon homélie, alors que je citais et commentais avec force des passages du prophète Job, au premier rang je voyais la femme de l'ambassadeur, Mme François-Poncet, qui pleurait.

3

Journal du désastre

Septembre 1939-juillet 1940

La « drôle de guerre »

J'étais à Saint-Maurice, le 1er septembre – ayant quitté Berlin fin juillet – lorsque l'ordre de mobilisation arriva – pour moi comme pour mes deux frères, Antoine et Patrice. Philippe était alors déjà en Indochine comme officier de carrière : il y fera la guerre dans le renseignement contre les Japonais. Je rejoignis Grenoble où j'étais appelé comme lieutenant de réserve. La Déclaration de guerre, le 3 septembre 1939, devait me précipiter dans l'action, mais par degrés, avec parfois au cours des premières semaines un sentiment exaspérant d'inaction et d'impuissance. Quelques entrées de mon journal d'alors donnent bien l'atmosphère de ce début de guerre, ce que confirment les lettres que j'envoyais alors régulièrement à mon père et à ma mère.

À Grenoble. Dimanche 3 septembre 1939

Ça y est ! La guerre est déclarée ! Je viens d'entendre, à la radio, le discours de Daladier. Je suppose que les Allemands ont déjà attaqué sur le front de l'Est, à la frontière germano-polonaise. Rien n'est signalé du côté de l'Italie.

Irrésistiblement, nos pensées vont vers nos camarades à la frontière, face à l'ennemi. Pour eux, l'heure H a sonné à 17 heures, ce 3 septembre 1939... J'enrage d'être ici, incapable d'agir !

Le moral de la troupe est élevé. Avec une tension contenue, cependant, par un effort sur soi et une certaine pudeur. Bien sûr, quand nous serons au combat, nous aurons peur ; du moins saurons-nous aussi que jamais une guerre n'a été plus « juste » !

Vendredi 8 septembre

Nous sommes sur les dents. Notre capitaine – qui a vécu la « Grande Guerre » de 1914-1918 – est un homme intelligent, bon pour les hommes, affable pour nous. Quant aux hommes, le temps manque évidemment pour vraiment les connaître. À toute heure ils arrivent, amenés par les trains et autobus. On les nourrit, les interroge et les classe par catégories puis ils repartent après deux, trois jours, vers les unités auxquelles ils sont affectés. Ainsi travaillons-nous dans une hâte un peu fébrile ; mais la variété de ces contacts humains, avec la possibilité de pénétrer parfois jusqu'à l'intime des êtres, rend la tâche exaltante. Je me préoccupe surtout de l'état de santé de ces recrues, de leur équilibre moral comme de leur santé physique, ce qui implique des réunions toujours utiles avec les médecins militaires ; et cette collaboration m'apporte un sentiment de plénitude. La guerre est destruction, et voilà pourtant qu'elle est déjà une occasion de construire, réparer, œuvrer de façon très positive !

Souvent invité dans les familles grenobloises que j'ai connues dix ans plus tôt, j'obtiens des nouvelles... Mon vieil ami Henri Ripert est déjà sur la frontière italienne, où il commande une batterie, du côté de Briançon, face au fort du Chaberton. Prêt à entrer en action !

10 septembre

On ne reçoit encore aucun courrier, aucune nouvelle de Saint-Maurice... Les nouvelles officielles ne sont données qu'au compte-gouttes. Où et quand va-t-on se battre pour de bon ? Deux fois par jour, je demande qu'on m'arrête pour deux minutes devant l'agence d'information du *Petit Dauphinois*. Les nouvelles de Pologne sont mauvaises ! Pauvres gens ! Prépareraient-ils une bataille sur la Vistule comme nous, Français, avons amené sur la Marne l'armée allemande de 1914 ?

Les effectifs de notre batterie de passage passent de 200 à 1200 hommes en vingt-quatre heures – pour retomber ensuite à 300... Sur les tableaux d'effectifs, j'ai remarqué plusieurs cas étranges : un nommé X., bardé de diplômes universitaires, rapatrié d'Asie Mineure ; je l'ai fait appeler. Il parle le turc ainsi que diverses langues orientales... Je prends le téléphone : ne serait-il pas opportun d'affecter ailleurs cet homme et de priver de ses services nos corvées de pommes de terre... ? Autre cas curieux : « un monsieur » fort bien vêtu venant de Lisbonne qui « refuse de travailler »... Tout ce que l'on voudra mais pas ça ! Moi, travailler ? « Que faites-vous dans le civil ? » – la réponse tarde à venir – « J'ai un hôtel... » Je l'ai d'abord regardé d'un air incrédule ; il parlait d'une voix lente, presque confidentielle... C'est le consul de France à Lisbonne qui l'aurait en quelque sorte « arraché » à sa « profession » ! Je suis lent à comprendre, espérant qu'il aura affaire, dans son unité, à des supérieurs moins évangéliquement naïfs que le lieutenant de Naurois !

19 septembre (aux environs de Fontaine, près de Grenoble)

Grand changement. Je suis affecté à la 111e batterie du 93e RAM (régiment d'artillerie de montagne). C'est une unité de *réserve générale*. Nous sommes 200 hommes cantonnés – un peu à l'étroit – dans une maison bourgeoise et divers bâtiments annexes.

J'ai ici un camarade charmant, plein de jeunesse et d'idéal, le lieutenant Ancelin ; et pour capitaine un ancien combattant de la campagne des Balkans en 1918, légèrement handicapé par d'anciennes blessures, dont on apprécie le calme et le souci du détail. Il nous fait confiance et nous aimons en lui l'intérêt réel et efficace qu'il porte à nos canonniers, son souci de leur « moral » et de leur confort.

Ancelin et moi sommes chargés en particulier de l'instruction de nos hommes de troupe. Chaque jour qui passe apporte une amélioration à nos conditions de vie en même temps que d'importantes connaissances pour la formation des hommes et des officiers. En effet, nous avons pour commandant de « groupe » un chef d'escadron extrêmement compétent et exigeant. Il nous effraie un peu, mais c'est bien ainsi !

Reçu enfin une longue lettre de Rou (ma mère) : je me demande si les ouvriers polonais et ukrainiens que mon père emploie sur ses terres seront mobilisés... Hélas, les nouvelles de Pologne sont désastreuses ! On connaît pourtant le courage des Polonais. Que se passe-t-il ? Aucune explication... Quant au front français, il semble qu'il ne s'y passe rien. Raisons de ce silence ?

23 septembre (toujours à Fontaine)

Le désastre polonais est maintenant consommé. Les journaux parlent des cruautés allemandes. Aucun moyen de vérifier quoi que ce soit, mais rien de ce que l'on raconte ne m'étonne... Ai-je jamais prévu autre chose pendant ces cinq années passées en Allemagne ?

Chez nous, c'est-à-dire à la batterie, le moral reste assez haut. Ancelin et moi nous entendons à merveille pour organiser la vie de l'unité, faire l'instruction, punir avec modération et récompenser. Ensemble, nous relisons patiemment nos cours de tir... pensant au jour où nous-mêmes aurons à « ouvrir le feu ».

Pourtant, une chose nous inquiète de plus en plus sérieusement. Pour l'instruction des canonniers, on nous a promis du matériel : au moins une pièce de 75 de montagne et une pièce de 155 court... Or rien n'arrive ! Nous réclamons, on nous répond par des promesses. Tout comme leurs chefs et sous-officiers, nos hommes ne comprennent pas : ils sont artilleurs et fiers de l'être, ils voudraient des armes ! Pour l'instruction sur le matériel, nous devons les conduire à Grenoble, à cinq kilomètres du cantonnement, à pied et en colonne par trois. Perte de temps ! Et nous ne trouvons dans la cour du quartier qu'une ou deux vieilles pièces au rebut autour desquelles nos hommes ne peuvent que s'entasser, en se gênant les uns les autres... L'instruction est mal faite...

Il me tarde terriblement de recevoir des nouvelles de mes deux frères, Antoine et Patrice, affectés depuis la fin d'août à des GR (groupes de reconnaissance de cavalerie). Ils seront au front avant moi.

28 septembre 1939

Sommes au régime de cinq heures de cours par jour – cours qu'il faut soit subir soi-même, soit faire subir aux camarades. Pas assez de temps pour le travail personnel. Surtout trop peu pour le travail de batterie : manœuvre des pièces, exercices de pointages, manœuvres (fictives) de tir...

La vie de l'unité nous occupe fort : administration, situations personnelles des canonniers, corvées, consignes, soins aux animaux... J'ai dû rédiger hier une note de service draconienne pour imposer – strictement – l'usage des « feuillées »... C'est ça le métier ! Ce matin, un homme a perdu le talon de son soulier. Grosse affaire, stupide, car pour « toucher » une nouvelle paire de chaussures, il faudra remonter haut dans la hiérarchie, parcourir plusieurs kilomètres d'un bureau à l'autre... C'est exaspérant !

Plus grave, pour l'instruction de la troupe – la principale de nos responsabilités –, nous ne pouvons nous contenter de montrer aux hommes les quelques pièces qui se trouvent au quartier, à cinq kilomètres du cantonnement ! Comme les pièces promises pour l'usage de notre batterie n'arrivent toujours pas, Ancelin et moi avons imaginé d'utiliser une « batterie fictive » : la pièce de droite est figurée par un tuyau de poêle posé sur une vieille charrette anglaise déglinguée, les autres sont faites de vilaines tables sur lesquelles nous avons couché des trépieds et des planchettes. Des bouteilles vides font office d'obus. Au début, les hommes ont rigolé... mais pas longtemps ! Si l'on s'en donne la peine, on peut faire exécuter presque tous les mouvements... Seuls le « pointeur » et le chargeur apprennent peu de choses, faute de tambours, molettes et graduations sur lesquels inscrire les angles de tir... Du moins les chargeurs peuvent-ils aider à calculer de tête et à exécuter fictivement les ordres lancés par les chefs de pièces.

4 octobre 1939

Quelle chance d'avoir pour capitaine un vieux soldat qui fait confiance à ses lieutenants ! Mais pourquoi faut-il dépenser tant de temps et d'énergie, et surtout tant de « culot » pour obtenir le nécessaire ? Il pleut beaucoup et, pour éviter la boue, nous avons dû effectuer d'importants travaux de terrassement. De notre propre autorité, il a fallu chercher du bois et des cailloux dans des carrières. Une usine nous a cédé du mâchefer en contrepartie de je ne sais plus quel service.

Nouveau sujet de souci et de légitime inquiétude : l'éventualité d'attaque par des parachutistes ennemis. Nous venons de recevoir quantité de notes prescrivant les mesures de protection à prendre et précisant les méthodes de combat. De fait, nous avons déjà constitué des pelotons antiparachutistes, mais avec quels fusils et quelles cartouches faudra-t-il combattre ? Nous ne disposons pas même d'une arme pour cinq hommes !

Deux généraux de brigade sont venus nous inspecter ces jours derniers. Le premier a passé en revue la batterie au grand complet. Détail remarquable et édifiant : il a tenu à examiner soigneusement nos cantonnements, nos cuisines et jusqu'aux lieux d'aisances : « pas de traces de sang..., donc pas de dysenterie, c'est bien ! » Sur les rangs, au garde-à-vous, il m'a serré la main en disant : « Vous connaissez les Boches, monsieur, vous êtes bien placé pour détruire beaucoup de "bobards" qui courent à travers ce pays. » Quant au second, quelques jours plus tard, il me fit appeler à Grenoble, à son bureau, et me questionna longuement sur l'Allemagne nationale-socialiste. De quoi pouvait-il s'agir au juste ? Je savais que la légitimité et la nécessité de cette guerre étaient contestées, qu'il y avait des gens voulant croire et faire croire à la bonne foi de Hitler, ou s'imaginant que, une fois vainqueurs de la Pologne, les nazis se déclareraient satisfaits ! Comme si l'enjeu de cette guerre ne consistait que dans l'affaire de Dantzig et du « couloir » polonais !

Nos hommes sont de bons bougres. Nombreux sont ceux qui viennent demander conseil, parler de leur famille, de leur maison. On leur accorde des permissions de vingt-quatre heures. Malheureusement, on ne fait pas assez d'efforts pour expliquer ce qui se passe, les raisons de cette guerre. Pour des motifs obscurs, on semble voir d'un mauvais œil, en haut lieu, que les officiers entretiennent publiquement la troupe de ce que sont nos buts de guerre.

J'ai déposé aujourd'hui entre les mains du chef d'escadron une demande d'affectation à une unité ou un état-major sur le front de l'Est.

18 octobre 1939 (à Grenoble)

Il est fortement question de départ. Nous serions envoyés ailleurs, mais où ? Peut-être dans l'Est, peut-être seulement à dix kilomètres de Grenoble... ? Pour nous, artilleurs de montagne, si Mussolini nous est hostile, ce sera, jusqu'au printemps, la morne perspective d'un long hivernage sur place !

Envoyé au Havre pour une mission officielle en faveur d'un camarade, le chef d'escadron m'a autorisé à passer une journée à Paris. Revu quelques amis au ministère : Henri Jourdan, notre ancien directeur de l'Institut français de Berlin et le général de Geffrier, ancien attaché militaire (armée de l'air), tous deux très actifs et engagés... Appris pas mal de choses intéressantes : nos pertes, jusqu'à présent, là où on se bat, sont très réduites (quelques centaines d'hommes). L'attaque allemande, à laquelle on se prépare, semble devoir se déclencher, ce qui permettrait de rechercher une « décision » quelque part. Il faut aussi s'attendre à une offensive de propagande de la part de l'ennemi dans le genre : « cette guerre n'a pas de sens, nous n'avons pas d'ambitions à l'Ouest, nous offrons la paix. » Plaise au ciel que personne ne s'y laisse prendre, qu'on ne cherche pas à faire croire que la France aurait besoin de l'Allemagne contre la Russie soviétique ! Il ne dépend que de nous d'être forts contre la propagande de Moscou, mais la menace allemande, elle, est immédiate ; elle est et restera terrible. Que vont faire les neutres, Belges et Hollandais ? On essaie bien de constituer chez eux aussi une résistance. Enfin, on le répète à satiété : « on les aura ! »

J'abrège les détails de ce journal d'une guerre qui n'est pas encore la guerre. Je devais finalement quitter Grenoble pour le front du nord de la France. Je me rappelle avec émotion ces campagnes françaises traversées en partant rejoindre la 111e batterie de *Réserve générale*, à Courtavent, près de Troyes : long voyage – deux jours – en chemin de fer à vitesse réduite – cinquante kilomètres à l'heure, en contournant les villes importantes et avec de longs arrêts... Du train, j'ai regardé défiler ces paysages : la région lyonnaise, la Bourgogne, puis ces grandes plaines avec leurs vastes fermes, leurs champs bien cultivés... C'était cette France que nous allions défendre. Un ordre de mutation à l'état-major de la 1re armée, 1er bureau, me parvint alors, et je quittai le hameau de Courtavent – triste expérience à nouveau de scènes d'indiscipline ou de la difficulté de préparer les hommes – pour rejoindre Bohain, dans le Nord.

J'étais dans le même état d'esprit depuis la mobilisation : nous allions nous installer, pensais-je, dans une guerre de position, avec ses systèmes de profondes tranchées qu'il allait falloir creuser et où la tâche, pendant des années, serait de combattre pied à pied, dans la

1. Jacques de Naurois (1880-1963), père de René de Naurois, séjourne et travaille en Russie avant son mariage. Photographié sous les bouleaux, dans la datcha de la famille Linke qui l'a accueilli près de Moscou.

2. La mère de René de Naurois que ses enfants ont appelée Rou toute leur vie. Ici vers 1910. Elle était née Marie-Germaine Monnerot-Dumaine, en Guadeloupe, en 1876. Elle meurt (en 1967) à Saint-Maurice.

3. Saint-Maurice sous la neige en 1905

4. René de Naurois à 16 mois, 1908.

5. Château de la Barbazanié, près de Brassac, où René de Naurois passe ses vacances auprès de sa grand-mère Monnerot-Dumaine, et d'où il regarde partir les conscrits pour le front en 1914.

6. 1923, retour de chasse dans la propriété de Saint-Maurice. Trophée : un milan. Les cinq frères, avec les sabres et les fusils des ancêtres. De gauche à droite : Antoine, Philippe (assis), Patrice, René, Louis.

7. Les cinq frères Naurois en 1924. Assis, au centre, René, à gauche Philippe, à droite Antoine ; à l'arrière : à gauche Patrice, à droite Louis.

8. René de Naurois, 1930. École d'escalade dans les Pyrénées.

Der Stürmer

Deutsches Wochenblatt zum Kampfe um die Wahrheit

HERAUSGEBER : JULIUS STREICHER

Nummer 43 — Nürnberg, im Oktober 1936 — 14. Jahr 1936

Warnruf

An die deutschen Artistinnen und Tänzerinnen!

Die Landesfachschaft VII der Fachschaft Artistik in der Reichstheaterkammer sendet dem Stürmer einen erschütternden Warnungsruf zu.

Achtung! Warnung!

Deutsche Artistinnen und Tänzerinnen! Deutsche Mütter und Mädchen!

Seid vorsichtig bei Abschlüssen mit dem Ausland! Deutsche Mütter! In den ausländischen Kabaretts und Tanzsälen warten die Juden auf Eure deutschen Töchter, auf Euch, deutsche Artistinnen, um ungestört ihr Zerstörungswerk und ihre Rassenschande an deutschen Frauen und Mädchen fortzusetzen. Nachdem den Juden ihr Handwerk hier in Deutschland gelegt wurde, nahmen sie Zuflucht ins Ausland und beherrschen jetzt in den verschiedenen Ländern zu 90 % als Unternehmer, Artisten und Agenten die Tanzsäle, Kabaretts und Varietes. Diese jüdischen Agenten suchen hübsche, blonde, nichtjüdische Mädchen auf der ganzen Welt, um den Bedarf für ihre jüdische Kundschaft zu decken. Wie die Aasgeier sitzen hier in den Tanzsälen und Kabaretts diese Juden, jung und alt, um sich ihre Opfer zu suchen. Erfahrene Artisten haben dieses System der Juden an den Tanzsälen und Kabaretts längst erkannt. Sie können von grauenhaften Zuständen in derartigen Betrieben berichten, wo nichtjüdische Mädchen diesen fremdrassigen Unholden preisgegeben sind.

Mit welchen raffinierten Mitteln diese Rassenschänder zu Werke gehen, um ihre Opfer in ihre Netze zu bringen, soll Euch deutschen Mädchen und Frauen gesagt werden. Zu jedem Programmwechsel sieht man in dem Zuschauerraum die Juden sich herumtreiben. Sie leisten die Vorarbeit durch falsche Liebeskunst und

Aus dem Inhalt

Rasseschändungsskandal in Polen
In Prag
Die Talmudereien der Jüdin Berta Stein
Kommunistischer Unterricht in einer jüdischen Schule
Pastor Hollermann
Der kleine Talmudspiegel

Sowjetjude

Das Todesurteil Europas ist unterzeichnet, frägt sich bloß, ob mer noch Gelegenheit kriegen es zu vollstrecken

Die Juden sind unser Unglück!

9. Page de journal allemand d'octobre 1936, lors de son séjour à Berlin, conservée par René de Naurois dans ses archives.

10. 20 avril 1938. Berlin. Photo prise par René de Naurois du balcon de l'Ambassade de France.

11. Berlin. Avril 1938.
Visite à la direction centrale de l'Arbeitsdienst (service du Travail) à Berlin-Grunewald.

12. Camp de travail féminin. avril 1938. Les jeunes filles, nazies assez fanatiques, vont chaque jour aider les paysannes des environs dans les travaux de la maison ou du jardin. Les stages sont de six mois.

20. Instruction à Uriage, 1940-1941. Debout, René de Naurois.

URIAGE

21. Uriage. Stagiaires, 1940-1941.

22. Juillet 1942. Messe de René de Naurois au col de Balme comme aumônier d'étudiantes catholiques campant à Argentières. Quelques jours plus tard, avec quelques-unes de ces jeunes étudiantes, il conduira une famille juive vers ce col pour l'aider à passer en Suisse.

23. Toulouse. Le couvent de Notre-Dame-de-la-Compassion dont René de Naurois devient l'aumônier en 1941 après avoir été expulsé d'Uriage. La topographie des lieux va favoriser l'accueil des clandestins et les visites de réfugiés chez l'aumônier. Sous le même toit habite Salvador, qui fera passer des réfugiés ou fuyards en Espagne.

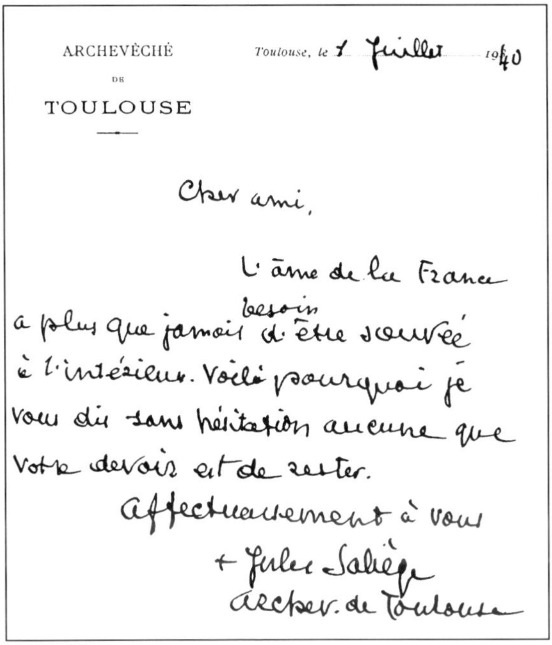

ARCHEVÊCHÉ
DE
TOULOUSE

Toulouse, le 1 Juillet 1940

Cher ami,

L'âme de la France a plus que jamais besoin d'être sauvée à l'intérieur. Voilà pourquoi je vous dis sans hésitation aucune que votre devoir est de rester.

Affectueusement à vous
+ Jules Saliège
Archev. de Toulouse

24. Réponse autographe de Mgr J. G. Saliège à la lettre de René de Naurois écrite le 26 ou 27 juin 1940 à l'état-major de Pau, demandant à être autorisé à passer la frontière des Pyrénées pour gagner Londres.

Un rouge-chrétien

Il y a des prêtres admirables qui se sont mis de toute leur âme au service de la Révolution nationale...

Et puis il y en a d'autres, beaucoup moins admirables.

Cet aristocratique prélat était l'aumônier de l'ambassade de France à Berlin. Là il s'était lié d'amitié avec le général von Schleicher. Est-ce le général qui fit de l'abbé un fervent républicain ?

Toujours est-il qu'après la guerre, l'abbé de Nauroy fut nommé aumônier de l'Ecole de chefs d'Uriage et qu'il s'y fit si vite remarquer par son hostilité contre le Maréchal qu'on ne put le maintenir à ce poste.

Mais, hélas ! l'abbé de Nauroy n'a pas compris la leçon. Au lieu de se faire oublier, il donne aux étudiants catholiques de l'autre zone des conférences violemment antifascistes et, sous prétexte de défendre le christianisme, il appelle de ses vœux la victoire des « sauveurs » bolcheviks...

25. Un article paraît dans le le journal collaborationniste *Je suis partout* (18 avril 1942) commentant le départ d'Uriage de l'abbé de Nauroy (*sic*). René de Naurois y fait référence dans une lettre du 13 décembre 1943 à l'amiral d'Argenlieu dans laquelle il proteste contre une note diffamatoire d'un journaliste mettant en cause Dunoyer de Segonzac et « l'aumônier d'Uriage ».

26. René de Naurois, habillé en « frère quatre bras » (frère des Écoles chrétiennes) et portant le tricorne de ces prêtres espagnols, s'apprête à traverser l'Espagne pour fuir la Gestapo qui le recherche à Toulouse et tenter de rejoindre Gibraltar puis Londres. 26 décembre 1942.

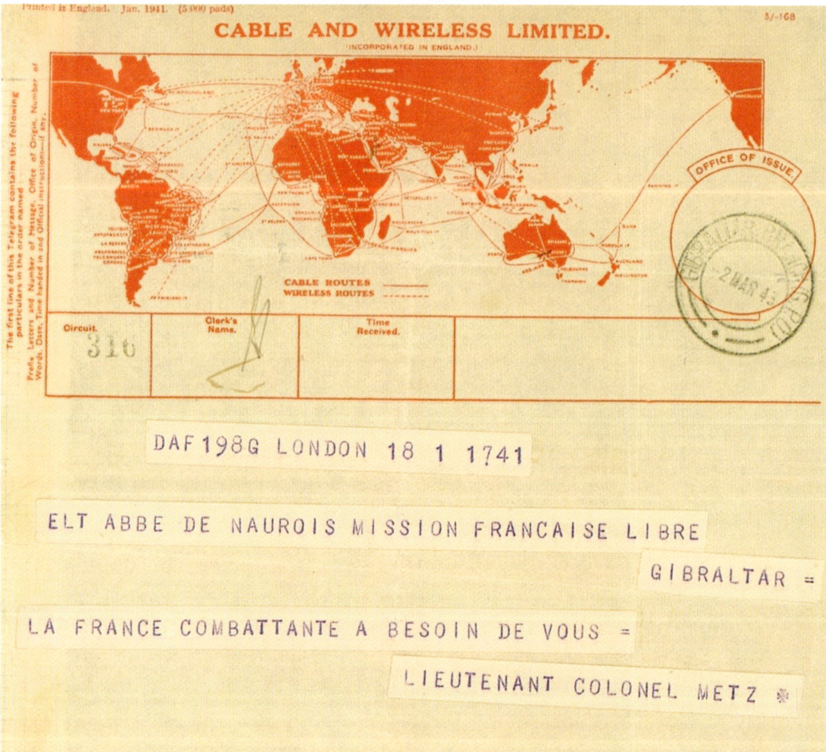

Printed in England. Jan. 1941. (5,000 pads)

CABLE AND WIRELESS LIMITED.

(INCORPORATED IN ENGLAND.)

The first line of this Telegram contains the following particulars in the order named: Prefix, Letters and Number of Message, Office of Origin, Number of Words, Date, Time handed in and Official instructions—if any.

CABLE ROUTES
WIRELESS ROUTES

OFFICE OF ISSUE

2 MAR 43

Circuit.	Clerk's Name.	Time Received.	
316			

DAF 198G LONDON 18 1 1741

ELT ABBE DE NAUROIS MISSION FRANCAISE LIBRE GIBRALTAR =

LA FRANCE COMBATTANTE A BESOIN DE VOUS =

LIEUTENANT COLONEL METZ

27. Télégramme du lieutenant-colonel Metz demandant à René de Naurois, alors arrivé à Gibraltar, de rejoindre la France Libre à Londres (début mars 1943). Metz avait traversé les Pyrénées puis l'Espagne en clandestin l'année précédente avec son jeune fils.

28. René de Naurois, arrivé à Londres en mars 1943, devient aumônier des Forces Navales Françaises Libres.

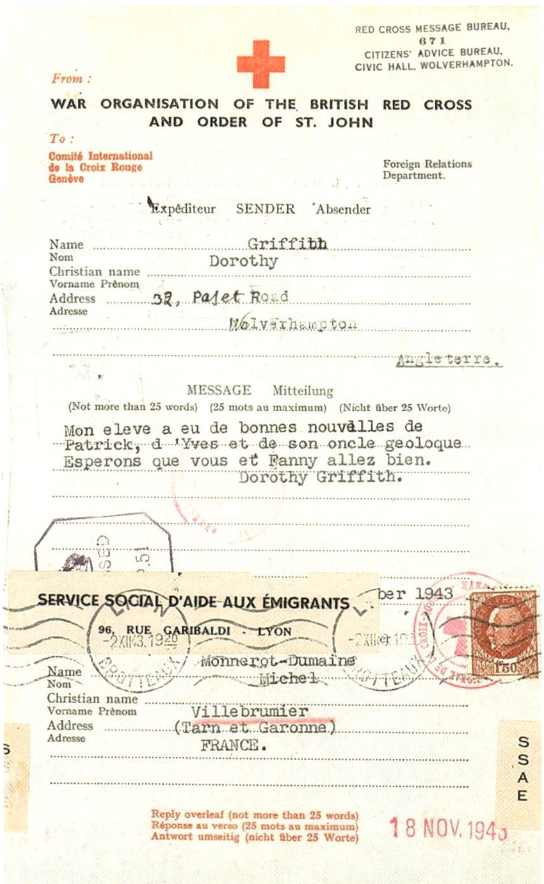

RED CROSS MESSAGE BUREAU,
671
CITIZENS' ADVICE BUREAU,
CIVIC HALL, WOLVERHAMPTON.

From :

WAR ORGANISATION OF THE BRITISH RED CROSS AND ORDER OF ST. JOHN

To :

Comité International de la Croix Rouge Genève

Foreign Relations Department.

Expéditeur SENDER Absender

Name / Nom: Griffith
Christian name / Vorname Prènom: Dorothy
Address / Adresse: 32, Pajet Road
Wolverhampton
Angleterre.

MESSAGE Mitteilung
(Not more than 25 words) (25 mots au maximum) (Nicht über 25 Worte)

Mon eleve a eu de bonnes nouvelles de Patrick, d 'Yves et de son oncle geoloque
Esperons que vous et Fanny allez bien.
Dorothy Griffith.

...ber 1943

SERVICE SOCIAL D'AIDE AUX ÉMIGRANTS
96, RUE GARIBALDI - LYON

Name / Nom: Monnerot-Dumaine
Christian name / Vorname Prènom: Michel
Address / Adresse: Villebrumier
(Tarn et Garonne)
FRANCE.

SSAE

Reply overleaf (not more than 25 words)
Réponse au verso (25 mots au maximum)
Antwort umseitig (nicht über 25 Worte)

18 NOV. 1943

29. Message « codé » pour donner des nouvelles de René de Naurois à ses parents, envoyé par une ancienne institutrice anglaise de la famille.

30. 3 juin 1944. Avant le départ pour la France, dernière inspection des commandos Kieffer par le major général Laycock et Lord Lovat.

31. Octobre 1943. La section du lieutenant Hulot (Troop 8) défilant à Eastbourne devant l'amiral Thierry d'Argenlieu.

32. Octobre 1943, Eastbourne, Grande-Bretagne. Philippe Kieffer (au centre) présente ses hommes (ici Francis Vourch) à l'amiral Thierry d'Argenlieu, chef des Forces Navales Françaises Libres (FNFL) en Grande-Bretagne.

33. 4 juin 1944. Lord Lovat s'adresse aux hommes de la 1e brigade commando. La mère de Lord Lovat fut la « marraine de guerre » de René de Naurois qui restera toujours lié très étroitement à la famille Fraser dont « The Lord Lovat » est le chef de clan.

34. Carte reçue par René de Naurois la veille du 6 juin 1944. Des combats très violents auront lieu à Amfreville, Bréville, Le Plein.

35. Lord Lovat, commandant de 1e brigade, où est incorporé le 1er bataillon de commandos déjà dans l'eau, et son joueur de cornemuse, Bill Millin, s'apprête à s'engager sur la passerelle et à débarquer. *Photo IWM.*

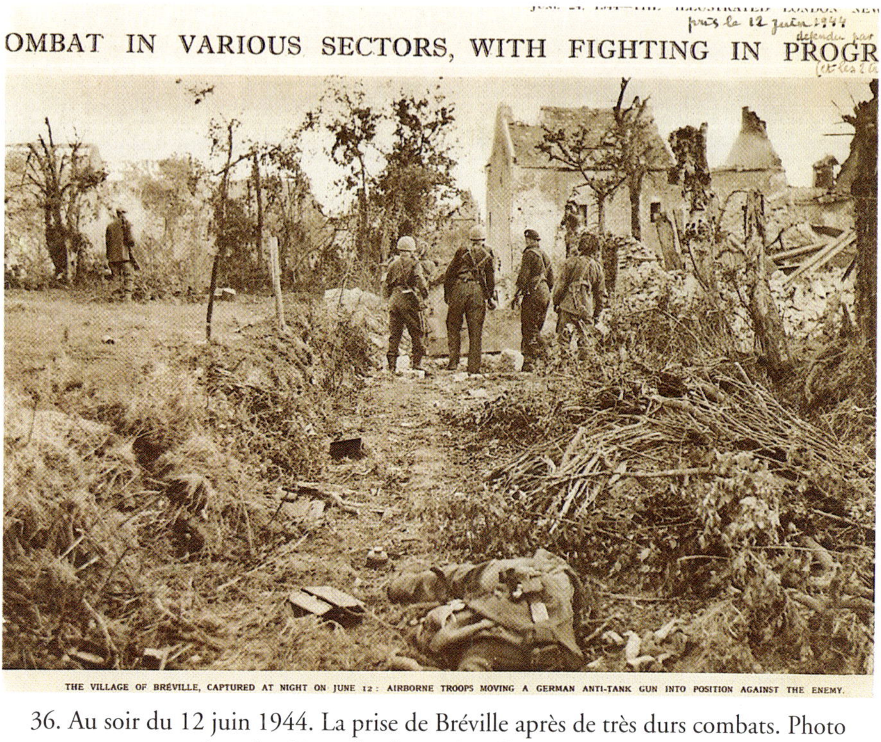

36. Au soir du 12 juin 1944. La prise de Bréville après de très durs combats. Photo parue dans *Les Nouvelles de Londres illustrées* du 24 juin 1944.

boue et sous les obus : un prolongement de 1914-1918 dont cette nouvelle guerre allait être un recommencement, ou plutôt un prolongement. À mesure que nous traversions toutes ces régions, remontaient en moi les souvenirs de tant de récits écoutés ou lus qui avaient si fortement, si douloureusement, marqué notre enfance. J'étais encore ignorant, à cette époque, des extravagantes faiblesses de notre armée, malgré les expériences à Grenoble, que je m'obstinais à croire locales et momentanées ; ignorant aussi de la formidable puissance acquise en quelques années seulement par l'armée allemande ; et je n'imaginais même pas la possibilité d'un désastre !

Leçons de tous ces incidents :

Un laisser-aller bien inquiétant, chez les cadres comme dans la troupe. Une inconscience et plus précisément une IGNORANCE FONCIÈRE de la gravité de l'heure, où se jouait l'existence même du pays, NOTRE PROPRE EXISTENCE. Et pourtant, en même temps, un si bon peuple, de si braves gens !

Rien n'est jamais simple...

Le front

Je fus donc affecté en décembre à Bohain, dans le Nord, où cantonnait l'état-major de la Ire armée commandée par le général Blanchard. Je fus versé au 1er bureau, installé dans les locaux d'une école primaire ressemblant à toutes les écoles de France. Cour de récréation garnie de gravier, où nous pouvions – rarement, faute de temps – tourner en rond, les yeux au sol et nous dégourdir les jambes en devisant...

Depuis mon service militaire, j'avais le grade de lieutenant d'artillerie de réserve. C'est à ce titre que je fus envoyé à l'état-major. Le 1er bureau s'occupait des personnels. Imaginez la masse de paperasserie en tout genre : tableaux d'effectifs, état civil des militaires, autorisations de mariage, permissions, sépultures, affectations spéciales... Très important, ces « affectations spéciales », très demandées, et toujours accordées de mauvais gré...

Aussi incroyable que cela puisse paraître, les officiers de l'état-major étaient désarmés. Pas plus que d'exercice à cheval, il n'était envisagé d'entraînement au tir sur des cibles ou sur des corbeaux ! En revanche, les cantines étaient convenablement approvisionnées, notamment en... boissons alcoolisées. Sans commentaires. Avec nos collègues du 2e bureau (renseignement), nous n'avions aucun rapport. À quoi bon se rencontrer si nous n'avions pas le droit de demander la moindre information ? C'était la règle du silence. Il n'existait pas de « conférence » commune hebdomadaire comme j'en ai connu par la suite en Normandie... Sur le développement de la guerre, les leçons de l'effondrement polonais, l'armement ennemi ou les matériels nouveaux qu'on nous annonçait et qui n'arriveront pas, nous n'apprendrons rien...

Je croyais que la guerre serait une course entre les tranchées et les barbelés : elle serait d'abord un bureau d'où me parviendrait la lettre du canonnier Untel sollicitant de notre haute bienveillance l'autorisation d'épouser Mlle Unetelle... L'autre guerre, la vraie, celle qui éclata le 10 mai 1940, quelque part du côté de Sedan, j'en pris d'abord connaissance par les communiqués, alarmants puis désespérés, qui me parvinrent.

Très vite après le déclenchement de l'attaque allemande, ce fut l'effondrement. Les Allemands – on le sait – ne pénétrèrent pas en force sur le front de la ligne Maginot, comme l'attendaient les généraux français, mais attaquèrent dans les Ardennes. La Ire armée, où je servais, était disposée autour d'un axe Lille-Bruxelles. Le 12 mai, une mission me fut confiée qui me permit d'avoir *de visu* un aperçu de la situation. Il s'agissait de porter des ordres à l'un des corps d'armée de blindés, composé de divisions légères mécaniques, qui allaient se battre en Belgique. J'y arrivai assez difficilement, en plein bombardement ennemi. L'officier qui me reçut me cria : « Ça tombe de partout. Ils visent bien, ces cochons... » Si l'aller n'avait pas été une partie de plaisir, le retour non plus ne fut pas facile. Je mis beaucoup de temps à regagner mon corps. À la sortie d'un village, je fus subitement mis en présence de ce que l'on nommera l'« Exode ». Les images de cette transhumance sont désormais connues : routes encombrées par une foule de fuyards, poussant des charrettes surchargées, automobiles tentant de se frayer un passage... C'était effrayant ! La révélation de la défaite m'apparut dès que je franchis la frontière : je compris qu'il s'agissait d'une fuite éperdue du peuple belge devant l'offensive allemande.

Je fus de retour le soir à l'état-major ; je transmis les réponses que l'on m'avait confiées et allai me coucher. Le lendemain matin, un incident me frappa. Me rendant d'un bureau à un autre, j'avisai un officier très apprécié, le colonel Montjean : il était en train de brûler des papiers dans une petite prairie, les attisant avec un bâton. Je notai qu'il faisait cela lui-même. En d'autres temps, il eût confié cette tâche subalterne à un militaire du rang. Je m'approchai, me mis au garde-à-vous, et vis aussitôt l'expression anxieuse de son visage. Je lui dis : « Mon colonel, il me semble que la situation en Belgique n'est pas bonne... » Il me déclara alors : « Naurois, vous êtes prêtre, je vais vous dire la vérité... Un front enfoncé sur une longueur de cent kilomètres, cela ne se rattrape pas... La guerre est perdue. Il faut demander l'armistice. » Nous étions le 13 mai.

L'offensive n'avait commencé que trois jours auparavant. Quelques semaines plus tôt, alors que j'avais invité deux sous-officiers à m'accompagner dans une marche amicale aux environs de Bohain, parlant de choses et d'autres, nous en étions finalement venus à mentionner cette « drôle de guerre » dans laquelle nous semblions enlisés. À ma grande stupeur – et en même temps sans me surprendre outre mesure – je les entendis me déclarer qu'ils ne comprenaient pas les enjeux de ces combats, que les torts étaient de notre côté, et que cette guerre contre Hitler était inopportune à leur sens...

J'ai encore dans mes dossiers le détail des ordres d'opérations décidés par l'état-major, au jour le jour, entre le 24 mai et le 4 juin. On peut suivre les tentatives désespérées pour répondre aux vues du grand quartier général : garder dans le Nord la tête de pont la plus étendue possible. Mais on y lit surtout les repliements successifs des différentes divisions, tant qu'il resta encore une couverture britannique face à l'est, du côté de Béthune, Lens, Hazebrouck... Dès le 27 mai, la possibilité de garder une tête de pont selon les vœux de Weygand se réduisit à protéger Calais et Dunkerque ; et le soir même les Britanniques firent sauter le central téléphonique de Lille, les communications se faisant désormais par TSF. C'est sur un de ces postes de campagne que j'entendis, dans la matinée du 28 mai, la voix du roi des Belges donner l'ordre à ses troupes de déposer les armes.

Ce même jour, la débâcle s'accéléra, et tout fut tenté pour répondre à l'un des derniers ordres de Weygand : sauver ce qui pouvait l'être « dans l'honneur ». Déjà, sept divisions étaient encerclées par les Allemands, avec ordre de continuer à tirer pour fixer l'ennemi ; et les Britanniques commençaient à embarquer à Dunkerque. J'y embarquai moi-même le 31 mai, sur un bateau norvégien, avec des officiers et des hommes de troupe français. On nous conduisit à Cherbourg, après un détour dans la mer du Nord destiné à tromper l'ennemi, et en suivant la côte d'Angleterre. Ai-je alors pensé que cette île jouerait quelques mois plus tard un rôle capital dans ma vie ? Je savais que les Anglais continuaient à se battre avec opiniâtreté et leur endurance me réchauffait le cœur. Mille pensées me venaient à l'esprit, dont cette idée saugrenue : « Si les Anglais devaient renoncer à se battre, j'irais m'engager dans l'armée américaine. Et si eux aussi renonçaient, j'irais jusque dans l'armée mexicaine, s'il le fallait, pour trouver des soldats qui acceptent de continuer le combat ! »

Je pensais aussi à mes amis allemands qui, quelques mois plus tôt, se berçaient encore d'illusions sur la France et sa « première armée du monde ». Gamelin ou Dentz développaient des théories brillantes sur la distance réglementaire entre deux divisions pour créer des têtes de pont – on se serait cru à l'École militaire – alors que l'ennemi avançait inexorablement. L'idée qu'une division blindée ennemie crève le front sur cent kilomètres grâce à l'appui de l'aviation leur était, comme à nous, étrangère.

Dans le désastre de 1940, la IIIe république n'était pas seule en cause comme aurait voulu le faire croire le procès de Riom : l'état-major portait une part de responsabilité considérable, même si une fois sur le terrain, certains généraux se soient sacrifiés pour rester avec leurs hommes, sachant qu'ils allaient être encerclés.

À bord du bateau norvégien se trouvait un jeune prisonnier allemand. J'échangeai quelques mots avec lui : « Cette guerre va être très longue... » Il me répondit : « Je ne crois pas... » Bien que prisonnier, il savait que la France était bel et bien battue, que ce n'était plus qu'une question de jours. Il avait raison...

De Cherbourg, un train nous emmena vers Paris où j'arrivai le 5 juin. C'est peu dire que la confusion régnait. Je demandai à rejoindre l'état-major de la Région de Paris. On m'installa dans une chambre, un bureau aménagé aux Invalides.

Paris « ville ouverte »

Le 12 juin 1940 est un souvenir resté particulièrement vif et poignant dans ma mémoire. Les rues de Paris étaient pleines de voitures, de charrettes, de bicyclettes, chargées de valises et de paquets. Dans le même temps, les magasins fermaient, rideaux de fer baissés, fenêtres bouclées. Des chiens rôdaient au milieu des papiers épars que le vent soulevait avec la paille des déménagements. C'était la panique. Les bureaux de l'état-major organisaient leur repliement vers « l'arrière ». On hissait les caisses sur les voitures réquisitionnées : tout faisait l'affaire – fourgons de déménagement ou de pompes funèbres. Comme toujours en pareil cas, ordres et contre-ordres se succédaient. Dans les couloirs, à la porte des bureaux, des gens faisaient la queue, suppliant qu'on les introduise : des officiers supérieurs, des hommes politiques, de simples secrétaires... Un détail : beaucoup d'entre eux parlaient à voix basse, comme dans l'antichambre d'un mort. On ne saurait mieux décrire la France de ces jours-là. Tous demandaient qu'on leur fournisse des moyens de transport, des camions, ou tout au moins de l'essence. Il s'agissait de « replier » des machines-outils, le matériel d'une station d'essais, ou un laboratoire de recherche scientifique. Une dactylo m'expliqua : « Vous comprenez, mes patrons ont foutu le camp cette nuit : on ne peut pas laisser les Allemands mettre la main sur nos appareils de précision, nos dossiers... » Au milieu de l'agitation, j'avisai un homme dont le calme tranchait. C'était un lieutenant-colonel du génie de l'armée polonaise, plein d'espoir. Il voulait informer l'armée française de l'existence de deux divisions polonaises qui, précisait-il, n'avaient pas encore été engagées : « Alors, on verra ce qu'on verra ! », répétait-il. Ses yeux brillaient, de fatigue et d'humiliation. Les miens aussi sans doute. Nous nous sommes serré la main longuement.

Comme nous n'avions rien à offrir, ni camion, ni essence, ni pneus, la consigne était simple : décourager les demandeurs. Mais chaque cas paraissait si digne d'intérêt, si exceptionnel, et il y avait chez ces Français tant de résolution que nous tentions de leur donner une lueur d'espoir... « Téléphonez au ministère de la Guerre, 4e bureau... Toujours occupé ? Essayez la gare d'Austerlitz... Pas de réponse... ? Réessayez au ministère, passez par la rue Saint-Dominique... » Mais nous savions très bien que ni le ministère ni la gare d'Austerlitz ne détenaient aucun moyen. Alors, à quoi bon tromper ces hommes et ces femmes, leur faire gaspiller leur temps et leurs forces ? Ne valait-il pas mieux finir au plus tôt ce jeu cruel ? Vers le soir, la situation empira. Chacun ressentit cette gravité avec un mélange d'intense émotion et de consternation.

Le départ de l'état-major fut fixé au lendemain matin vers 7 heures. Vers 9 heures du soir, nous vîmes arriver une cohorte d'officiers généraux et d'officiers supérieurs, chefs de service de la Région de Paris et du gouvernement militaire de Paris pour une conférence présidée par le général Dentz. La nuit descendait sur la ville, lourde comme notre immense infortune.

Le 13 juin 1940, nous fîmes nos adieux à ceux de nos camarades qui faisaient partie des éléments en voie de repliement. Ils étaient l'énorme majorité. Des civils, des femmes, venaient les supplier de leur ménager une place dans les voitures déjà bondées. Les nerfs de tous étaient à bout. On voyait couler des larmes.

À l'occasion d'une démarche au ministère de la Guerre, je pénétrai sans difficulté dans le vieil édifice. Un spectacle de désolation y régnait ! Les portes grandes ouvertes montraient des bureaux vides, des armoires entrebâillées, des paperasses éparses sur les tables et sur le sol. Il flottait un air d'internat au lendemain d'un départ en vacances. La joie en moins ! Dans le grand couloir sombre du rez-de-chaussée, j'avisai une porte aux vitres dépolies où l'on voyait toujours de la lumière et le mot « Chiffre » en lettres noires. Au temps où la France était quelqu'un, ce Chiffre était comme le secret de sa conscience. Aujourd'hui, c'était une pièce vide encombrée de papiers. Plus loin je fus témoin d'un spectacle qui eût été comique si j'avais eu le cœur à rire : un malheureux officier courait à travers la pièce d'un téléphone à l'autre. Impossible de lui exposer quoi que ce soit : les sonneries n'arrêtaient pas ! D'ailleurs, il ne savait rien, n'avait aucun moyen à me proposer... C'était vraiment la fin.

De retour à mon bureau, aux Invalides, j'appris que le général Dentz venait d'être nommé gouverneur militaire de Paris et que l'on demandait des officiers volontaires pour constituer son état-major. L'image de Varsovie passa devant mes yeux... Je signai une demande d'affectation, puis me présentai au chef du 1er bureau, pour lui faire mes adieux et recevoir des instructions. Le commandant me reçut avec une extrême cordialité :

– Vous avez une belle mission à remplir... Paris vient d'être déclarée « ville ouverte » par le général Weygand. Vous conserverez vos armes...

– Mon commandant, je ne comprends pas... Paris ne sera donc pas défendu ?

– Vous avez bien entendu. Paris vient d'être déclarée « ville ouverte ».

La décision de Weygand remettait en question tous mes plans. J'avais accepté de rester pour me battre dans un Paris retranché. Mais mon chef me fit valoir qu'il était trop tard pour revenir sur ma demande. Du reste, étant l'officier le moins « ancien », je serais désigné d'office :

– Paris sera peut-être bombardée et les habitants auront à souffrir. Vous êtes prêtre et officier, vous garderez le droit de circuler librement. Vous allez vite pouvoir vous rendre utile...

De fait, le lendemain 14 juin, le général Dentz fit publier la note suivante : « Les troupes défendant Paris se sont repliées vers le sud. La ville de Paris est déclarée ville ouverte. Le gouverneur demande à la population parisienne de conserver le calme et le sang-froid qui s'imposent. »

La canonnade se rapprochait de Paris. Au loin, vers l'ouest, une énorme colonne de fumée montait dans le ciel. Une explosion, pensai-je. Un calme étrange, inquiétant, remplaçait l'agitation de la veille. Il ne restait en ville que les chiens et les chats. Vers le soir, la colonne de fumée se transforma en un immense nuage. Une sorte de brouillard descendit sur nous, se mêlant à la sueur de nos visages et dessinant sur eux des traînées noires. Le feu avait été mis à un dépôt d'essence, pour empêcher qu'il ne tombât aux mains de l'ennemi.

Les Allemands aux Invalides

Au milieu de la nuit, le commandant Devouge et le lieutenant Holtzer reçurent l'ordre de se rendre aux environs de Paris, à Sarcelles, en parlementaires. Ils devaient y rencontrer vers 5 heures du matin les autorités allemandes habilitées à communiquer au gouvernement militaire de Paris les instructions relatives à l'entrée des troupes allemandes dans la capitale. Vers quelle heure ? Nous ne le savions pas.

Nous avions reçu l'ordre de nous regrouper au premier étage, et des lits avaient été apportés dans le bureau que je partageais avec le capitaine Leniaux. Le lendemain matin, vers 6 heures, Leniaux, sur le lit voisin du mien, repoussa ses couvertures, s'assit et regarda par la fenêtre. « Les voilà ! » dit-il simplement. Je me levai d'un bond, et pieds nus, gagnai la fenêtre, la première à droite du grand porche des Invalides – je ne peux jamais regarder cette façade sans y penser : les Allemands étaient là.

Ils descendirent de voiture, s'approchèrent de la grande grille où les gardes mobiles les saluèrent. Quelques minutes s'écoulèrent. On parlementa. Puis les voitures entrèrent lentement, et s'engouffrèrent sous la voûte pour gagner la cour d'honneur. De cette même fenêtre, j'avais assisté, onze ans plus tôt, aux funérailles du maréchal Foch.

Au loin, sur l'esplanade, venant du pont de la Concorde, les voitures allemandes continuaient de défiler. Déjà, les gendarmes routiers, avec leur croissant blanc, s'étaient installés aux carrefours, et de leurs gestes saccadés réglaient la circulation.

Je regardai défiler des troupes allemandes dans un écoulement régulier, silencieux, presque lent. Les hommes ne semblaient nullement fatigués. Peut-être n'avaient-ils pas même combattu. Leur équipement et leurs vêtements paraissaient neufs. Ils avaient une mine superbe, hâlée. Une mine de vainqueurs.

Plus tard, les civils commencèrent à réapparaître. On en vit quelques-uns se risquer à faire quelques pas dans les rues. Des réfugiés, après avoir quitté la ville vers le sud, quelques jours plus tôt, revenaient, épuisés et hagards. Çà et là, quelques jeunes filles s'entretenaient avec les soldats allemands. Déjà ?

Le dimanche 16 juin, je décidai d'aller rendre visite à l'archevêque de Paris, le cardinal Suhard, rue Barbey-de-Jouy, à deux pas des Invalides. Je sortis sur l'esplanade, en uniforme et sans arme. Rue Saint-Dominique, je fus témoin d'un incident très parisien qui m'est resté en mémoire. D'une boutique, me parvinrent de forts éclats de voix ; une femme sortit, presque en courant, un bras en l'air, et braillant : « ... Et puis, on les aura... M... alors ! » Dernière naïveté de Français trop sûr de soi, ou premier acte de résistance ?

Le cardinal me reçut, tout étonné de voir arriver chez lui un officier français, encore plus un prêtre. J'ai trouvé un homme écrasé de fatigue et de chagrin qui visiblement ne dormait plus. Nous avons parlé pendant deux heures. Apprenant quelles avaient été mes activités avant la guerre, il me questionna longuement sur l'Allemagne nazie. Une nouvelle fois, je fis une conférence sur le caractère allemand, ses profondeurs obscures, son absence de sens du péché, sa dureté. Il me sembla avide d'entendre mon témoignage, et se montra plus choqué par la politique eugéniste pratiquée par les nazis que par les camps de concentration. De retour aux Invalides par la rue de Varenne, le trajet est court. Néanmoins, les passants me regardaient avec stupeur : « Vous êtes prisonnier ? demandaient-ils. – Non, répondais-je alors avec assurance, je fais partie de l'état-major du général Dentz. » La subtile différence entre « internés » comme parlementaires et prisonniers leur aurait échappé si j'avais tenté d'expliquer.

Ce dimanche, je célébrai la messe – pour la dernière fois – dans l'un des salons du gouverneur des Invalides, pour tous les officiers, ceux du moins qui n'étaient pas retenus à portée de leur téléphone. Une console entre deux fenêtres tenait lieu d'autel ; le médecin-colonel, chef du service de santé, faisait fonction d'enfant de chœur. Au-dessus de nos têtes, les avions allemands continuaient de vrombir. L'après-midi, dans cette atmosphère lourde, nous fîmes quelques pas pour nous détendre dans le petit jardin intérieur du gouverneur. C'était aussi la dernière fois...

Maisons-Laffitte

Le 18 juin, le commandement allemand décida de nous déplacer des Invalides à Maisons-Laffitte. Le lendemain, aux abords de l'Arc de triomphe, nous pûmes constater que le goût touristique des soldats allemands pour notre capitale allait croissant : nous les avions vus, déjà, s'affairer autour du tombeau de Napoléon, premier monument que visitera Hitler. De la voiture qui nous emmenait, je remarquai aussi que la flamme du Soldat inconnu brûlait toujours. Tout au long de la route, avant d'arriver à Maisons-Laffitte, nous traversâmes des villages écrasés par les bombardements et croisâmes des paysans conduisant des voitures surchargées, des charrettes pleines d'enfants, de meubles et d'oripeaux. Ils rentraient chez eux, las et ahuris.

À Maisons-Laffitte, la villa de l'Agha Khan, en lisière de la forêt de Saint-Germain, nous fut affectée – plusieurs officiers allemands se trouvaient sur le perron à notre arrivée. Le général Dentz y logerait. Nous étions installés dans des villas voisines réquisitionnées. Autour de nous fut organisé un système étroit de plantons, de sentinelles, d'escortes. Le soir, après le dîner avec Dentz, nous devions franchir plusieurs postes de gardes pour rentrer dans nos villas. Les factionnaires chargés de notre surveillance avaient été curieusement choisis.

Je me souviens de leurs figures revêches, rébarbatives, presque repoussantes. Quand le général Dentz s'étonna de la densité du dispositif devant sa villa, les autorités allemandes lui répondirent : « C'est pour vous rendre les honneurs, mon général. » Il fit comprendre qu'il préférait se passer de ces honneurs.

Je commençais à me demander si la remarque des Parisiens s'inquiétant de savoir si j'étais prisonnier n'était pas fondée. Libre mais sous la surveillance des Allemands, ce serait au fond le lot de la plupart des Français. Certains s'en accommoderont. D'autres n'eurent de cesse de s'y soustraire. Affaire de tempérament. Autour de moi, certains commençaient à rêver d'évasion. J'y pensais moi aussi, surtout après un bref échange de paroles avec le colonel Groussard, notre chef d'état-major. Depuis quelques jours, il ne paraissait plus aux repas. Je tirai prétexte d'une visite d'amitié et le trouvai en robe de chambre, le teint cireux. Nous discutâmes de la conduite à tenir. Il me déclara qu'il avait chargé son ordonnance de lui acheter un complet civil. Il fourmillait de projets pour continuer la guerre et, à le voir si alerte, je me demandai s'il ne s'était pas badigeonné le visage avec une lotion jaunâtre pour laisser croire à une maladie.

De bon matin, le 20 juin, sous un ciel toujours sans nuage, la forêt proche était pleine de chants d'oiseaux. En même temps, triste contraste, éclataient, admirablement timbrés, les chants de jeunes soldats allemands allant ou revenant de quelque marche en forêt... Ces voix fraîches et puissantes – la jeunesse de Siegfried – me déchiraient entre le rappel de mes anciens séjours en Allemagne et la réalité du présent.

En route vers Pau

Le 25 juin, alors que nous apprenions la signature de l'armistice, on nous annonça que nous serions conduits sous bonne escorte à la ligne de démarcation non loin de Bordeaux où se trouvait le gouvernement français. Le lendemain à 6 heures, les voitures allemandes vinrent se ranger devant le perron.

Versailles, Chartres, Tours, enfin Poitiers. C'est là que nous avons passé notre première nuit sur la route de l'exode. Étrange impression : c'était la ville où j'avais suivi les cours de l'École d'artillerie. L'officier allemand désigné pour nous escorter dut mener de longs pourparlers avec les officiers d'une division SS qui occupait la ville. L'officier des SS chargé de notre cantonnement était un homme superbe, aux gestes mesurés et au regard à la fois calme et sûr de soi. Dans ses yeux, aucune trace de haine, de mépris ou d'insolence. Il s'appliqua à trouver le logement le plus convenable et s'évertua à obtenir de l'autorité supérieure une décision. Enfin après plusieurs coups de téléphone et de longs palabres, il fut convenu que nous passerions la nuit « aux Dunes » c'est-à-dire à l'École d'artillerie elle-même. Nous descendîmes donc vers la rivière, le Clain. Je reconnus les croisements, les façades de chaque vieille maison, la flèche de l'admirable église, la longue rue tortueuse, si souvent empruntée autrefois, qui mène vers l'École. Je retrouvai jusqu'à l'endroit précis où, à ma première sortie, je fus arrêté par une patrouille parce que je n'avais pas salué, trop absorbé par l'admirable paysage de cette vieille France. À l'époque flottait au-dessus du portail un large drapeau français. Désormais, c'était le drapeau rouge à croix gammée. Neuf ans déjà depuis ce temps où nous entrions à l'École vêtus de drap bleu horizon, avec au col un étroit galon d'argent tressé de fil rouge, insigne de l'élève officier ; huit ans depuis le jour où nous étions sortis jeunes et joyeux portant le képi noir à galon d'or des sous-lieutenants d'artillerie. Comme nous étions confiants dans notre force ! La France était la grande victorieuse de la Première Guerre et nous n'imaginions même pas le renversement fantastique des rapports : la France victorieuse d'hier vaincue aujourd'hui !

Le lendemain nous reprîmes la route pour Bordeaux. Les Allemands nous accompagnèrent jusqu'à la ligne de démarcation. Un de nos officiers parti en avant rapporta un contre-ordre : Bordeaux était occupé par les Allemands, et le gouvernement s'était transporté à Vichy. Nous repartîmes donc pour Pau où se trouvait l'état-major de la 18e région, ville intacte et élégante, grouillante de réfugiés et de militaires de toutes armes, tristes et désaffectés.

Nous avions fait halte à Bergerac pour la nuit. J'y retrouvai des amis très chers qui m'informèrent que, de Londres, un général français, un certain Charles de Gaulle, venait d'appeler tous les officiers français disponibles à le rejoindre en Angleterre et dans les pays français encore libres... pour la continuation de la lutte. Nous eûmes une longue conversation après dîner, commentant les événements, dénombrant tout ce que nous avions perdu, ce qui nous restait, et tout ce que nous pouvions encore susciter pour redresser, s'il plaisait à Dieu, la courbe du destin national !

L'humiliation

J'étais humilié. Mon pays, celui de Clemenceau et de Foch, était battu. Vingt ans plus tôt, des centaines de milliers de jeunes gens avaient résisté dans la boue des tranchées pendant des mois, au cri de « On les aura ». Notre génération n'avait pas tenu cent jours. Je songeai une nouvelle fois à mes amis allemands anti-hitlériens. Avec la défaite de la France, c'était leur espoir de voir le régime nazi s'écrouler par la défaite qui s'évanouissait. Et pour longtemps. Les armées du Reich paraissaient irrésistibles. À cet instant, je n'aurais pas voulu me trouver en leur présence, affronter leurs regards. J'ai connu une humiliation voisine, quinze ans plus tard. C'était en 1954, en Laponie, où j'accompagnais un groupe d'étudiants. En ces confins du monde, j'avais oublié l'actualité internationale. Nous nous trouvions au bord d'un lac, quand nous croisâmes un homme qui avait dû entendre que nous étions Français et, aussi étrange que cela puisse paraître, se mit à nous faire de grands gestes et nous lança dans un grand éclat de rire : « Ah ! Ah ! alors, vous avez vu – Diên Biên Phu ! » Qu'est-ce que la France pouvait bien représenter à ses yeux pour qu'il se réjouisse d'un désastre ? Une grandeur déchue ? L'idée que la France n'était pas à la hauteur de son ambition ?

Entre militaires comme avec les civils, les conversations revenaient toujours au même sujet, cet impensable écrasement. Dans les discussions, j'entendais beaucoup de jugements sommaires mais aussi des analyses pour rechercher en profondeur les causes de cette défaite. L'idée communément admise l'imputait à la défaillance des élites : nul n'avait oublié ce spectacle de bâtiments de l'autorité désertés, quelques heures plus tôt, par des hommes pressés, laissant leurs concitoyens sans instructions. Dans ces reproches, le peuple de France y associait ses dirigeants politiques, ne serait-ce qu'à cause de la mauvaise évaluation des dangers qui menaçaient le pays.

Le 29 juin, je fus affecté à l'état-major du général René Altmeyer. Quelques mois plus tôt, cet officier commandait encore le 5e corps d'armée, à l'intérieur de la Ire armée. J'avais déjà vu passer les notes dactylographiées qu'il adressait à notre état-major, complétées souvent par des précisions manuscrites d'une admirable écriture. Un soir, le colonel Groussard vint me faire ses adieux. Il était en instance de départ pour une affectation mystérieuse. Notre entretien dura quelques minutes : « Naurois, pour moi, la guerre n'est pas finie », me confia-t-il. Nous nous comprîmes sans commentaire, et il me plut de sentir que je n'avais pas seulement un supérieur, mais mieux : un camarade d'armes à qui m'unissait une profonde communion de pensée.

Autour de moi, les langues se déliaient. Les esprits les plus perspicaces commençaient à réfléchir à l'avenir. La confusion de la situation, l'ambiguïté de l'armistice, la présence de la figure apparemment incontestable du maréchal Pétain à la tête du pays, ne facilitaient pas la clairvoyance. Ainsi, je fis la connaissance d'un officier de chasseurs qui revenait de Narvik, l'un des rares théâtres d'opérations où nous avions remporté quelques succès. Certains de ses camarades de combat avaient directement gagné Londres pour rejoindre la France Libre. Il me raconta qu'il avait rencontré, quelque part sur la Côte basque, un groupe de jeunes gens qui se préparaient à gagner l'Angleterre. Il les avait adjurés de ne pas partir, de s'accrocher au sol national pour y servir le Maréchal. Je ne comprenais pas. Comment imaginer que l'on pût agir plus efficacement à l'intérieur, où nous étions ligotés et esclaves, plutôt qu'à l'extérieur, auprès de nos alliés dont les forces, si elles n'étaient pas intactes, pouvaient du moins se refaire, se développer avant de reprendre le combat ? Il me fit lire un rapport sur les opérations de mai et juin et les causes de nos désastres. Lui aussi dénonçait certaines lâchetés inconcevables et les abandons de postes. Il citait des faits et des noms, ainsi que des unités et leur numéro, et demandait « des sanctions rapides », faute de quoi, il n'y aurait plus d'espoir de voir renaître la volonté du pays. Ce discours, même s'il était fondé en vérité, ne réussit pas à me convaincre. Il fallait dégager les responsabilités sans succomber à la facilité de stigmatiser une catégorie de la population, que ce soient les parlementaires ou les militaires. La tentation nous menaçait tous. Un jour, une violente discussion éclata dans un restaurant à laquelle je me mêlai. Un jeune homme pérorait et je l'entendis assener que tous les officiers et sous-officiers français s'étaient conduits lâchement. Je me levai, protestai avec force, faits à l'appui, provoquant dans la salle un certain tumulte et, je crois, beaucoup d'approbations. Dans le même temps, je n'absolvais pas l'armée par un réflexe de corps, sous le seul prétexte que j'avais fait la guerre sous l'uniforme. Je me souviens de ce sous-officier que je croisai en tenue fort débraillée, un de ceux qui pouvaient laisser accroire à la thèse de la décadence de l'armée française. Il se tenait à un croisement, et alors que je lui demandais mon chemin, il me répondit en termes vagues. Sans colère, je l'interrogeai sur les raisons de son négligé. Il fit mine de ne pas comprendre. J'insistai, cherchant un point sensible :

– Voyons, vous avez vu les Allemands… Qu'en avez-vous pensé ? Et désormais, que nous reste-t-il ?

– C'est vrai, mon lieutenant, vous avez raison, il nous reste le respect.

Aussitôt, il rectifia sa tenue, boutonna son col, serra sa cravate, et se mit au garde-à-vous. Mais la lecture des journaux donnait le sentiment d'une confusion d'idées invraisemblable et notamment ceux de la zone Nord, la preuve d'un total asservissement aux mots d'ordre de l'ennemi. Comment des citoyens, des journalistes, des hommes politiques pouvaient-ils à ce point renier tout ce que nous respections hier encore, insulter tout l'idéal qu'eux-mêmes étaient censés avoir porté pendant ces derniers mois ? N'avions-nous pas droit au moins à ce silence auquel ont droit ceux qui portent le deuil ?

Une lettre de Mgr Saliège

La vie à Pau était morne. Si près de l'Espagne, une pensée revenait sans cesse en moi : quitter la France pour gagner Londres. J'écrivis à mon évêque, Mgr Saliège, pour lui demander de m'autoriser à franchir les Pyrénées dès que possible. La rédigeant, je me demandai si ma lettre lui parviendrait, ou échouerait sur quelque table d'un bureau de police. Je ne mentionnais pas le général de Gaulle, mais par des périphrases, je lui expliquais que je souhaitais poursuivre le combat : autant dire gagner l'Angleterre.

Aux alentours du 1er juillet, je reçus du cardinal Saliège une réponse à ma lettre. Un billet très court, rédigé de sa main d'une écriture tremblée. Il me disait, les mots sont inscrits à jamais dans ma mémoire :

> Cher ami,
> l'âme de la France a plus que jamais besoin d'être sauvée à l'intérieur. Voilà pourquoi je vous dis, sans hésitation aucune, que votre devoir est de rester.
> Affectueusement à vous
> † Jules Saliège, archev. de Toulouse.

J'étais effondré, mais pas résigné. Je décidai alors d'aller le trouver pour le convaincre et emporter sa décision. Un mois après la réception de cette lettre, je me rendis à Toulouse pour me présenter à l'archevêché. J'espérais aussi retrouver mes parents. Je fus introduit dans le bureau de Saliège. J'étais en uniforme d'officier d'artillerie. En le voyant un peu ramassé sur son siège, je pensai au soldat de la guerre de 1914-1918 qu'il avait été, simple brancardier au dévouement admirable, récompensé par une citation en 1917... Je m'approchai, baisai son anneau, comme c'était l'usage avec les évêques. Presque paralysé par la maladie, il parlait avec difficulté. Il laissa entendre une espèce de rugissement : « Cet uniforme de honte... » – son accent d'Auvergnat résonne encore à mes oreilles – « de honte, de honte. Cette armée en déroute... »

Devant sa colère, je suis devenu tout rouge, et j'ai baissé la tête. Puis il m'a pris les mains... comme s'il était ma maman. J'étais très ému, probablement autant que lui. C'était un cri qui lui venait du cœur. Celui de la colère et de l'humiliation. Et rugissant à nouveau : « Ce n'est pas fini... »

Puis il passa en revue les perspectives qui s'ouvraient : la résistance des Anglais, l'entrée en guerre possible des Russes, pour ne rien dire de celle – probable – des Américains... « Eh non, ce n'est pas fini ! »

De Gaulle : premiers échos

Pas plus que Mgr Saliège, le général Altmeyer, à qui je m'étais ouvert avec franchise de mon projet de gagner Londres, n'y était favorable : « Je vous fais la même réponse, Naurois, il faut suivre le Maréchal... » Pétain, lui seul, paraissait à ces hommes le bouclier contre les malheurs qui accablaient notre pays. Pour eux, le général de Gaulle, qu'Altmeyer avait côtoyé quand il avait été un éphémère sous-secrétaire d'État à la Défense, n'existait pas. Les faits semblaient leur donner raison : de Gaulle était un homme en fuite qui appelait à la désertion quand il fallait resserrer les rangs.

Pourtant, au 1er bureau où je travaillais, un officier de chars m'entretenait volontiers de De Gaulle, qu'il avait connu colonel, spécialiste de l'arme blindée. C'était, disait-il, une personnalité exceptionnelle, ayant élaboré une doctrine d'emploi des chars de combat... Doctrine nouvelle et même révolutionnaire. C'était aussi un penseur, capable de voir loin. Oui, ajoutait-il, le colonel de Gaulle est capable d'imaginer les conditions de la victoire dans une guerre prochaine. Ni l'un ni l'autre n'avions entendu les termes de l'appel du 18 juin : « Foudroyés aujourd'hui par une force mécanique, nous pourrons vaincre dans l'avenir par une force mécanique supérieure. Le destin du monde est là »...

Dans ma réflexion fiévreuse, me revenaient aussi les propos de Barthe-Dejean, un officier que j'avais connu au camp d'Argentières en 1938, qui me décrivait de Gaulle – dont les passages dans les états-majors avaient laissé un souvenir contrasté – comme un homme droit, rigide même, d'humeur désagréable, voire dédaigneuse. Je n'en n'avais cure. Que m'importait le caractère d'un homme s'il pouvait sauver notre pays ? Lui seul proposait une perspective à nos jeunes énergies que la défaite laissait sans emploi. Les autres se contentaient de temporiser.

4

Résistance 1940-1942

Uriage : une école de cadres

Dès juin 1940, j'étais décidé à reprendre au plus tôt la lutte armée contre l'occupant nazi. Je n'avais pas une idée claire de la forme qu'elle pourrait prendre, mais j'avais écrit à mon évêque, Mgr Saliège, pour lui demander l'autorisation de rejoindre Londres. Malgré son premier refus en juillet 1940, je l'interrogerai à nouveau en 1942 : « Monseigneur, me permettriez-vous maintenant de rejoindre l'Angleterre ? », et il répondra par un geste horizontal de la main tout en souriant. Ce sera non, résolument non... Tout en comprenant mon désir, mon évêque me demandera à nouveau de demeurer en France pour travailler de l'intérieur au salut des Français. Mon départ sera donc différé jusqu'à novembre 1942 où je devrai impérativement quitter Toulouse pour échapper à la Gestapo.

Extraordinaire attitude décidément que celle de l'archevêque de Toulouse qui se démarquait assez nettement de celle d'une partie du clergé de France, voire de son diocèse, et d'une partie de ses fidèles, soumis aux directives de Vichy. Dès la fin de l'année 1940, au moment où François Charles-Roux, l'ambassadeur de France près le Saint-Siège, démissionna de son poste de secrétaire général du Quai d'Orsay, Saliège s'en était réjoui devant moi : « Vous avez vu, Charles-Roux a démissionné..., parce qu'il ne veut pas s'associer à la politique de Pétain... » Mais le même homme pouvait paraître paralysé par une attitude de soumission à l'égard du « pouvoir établi ». Ce n'était qu'une apparence. On pourrait définir sa position ainsi : « Moi, Jules Saliège, je peux penser ce que je veux, et le dire à Naurois ou à Solages [Solages et lui parlaient d'ailleurs librement avec l'abbé Garail, avec Mgr Martimort, tous d'authentiques résistants...], mais moi, archevêque de Toulouse, dans mes actes officiels, je parle le langage convenu de la théologie politique qui s'adresse au pouvoir établi, celui, hélas, de la France de l'époque... »

Démobilisé, je rongeais mon frein, attendant une décision positive de mon évêque. De son côté, Bruno de Solages souhaitait me confier un enseignement à ses côtés, à l'Institut catholique. C'est à ce moment, vers le 15 août 1940, qu'Henri Ripert – mon compagnon de courses dans les Alpes – m'écrivit de Grenoble pour m'informer qu'un officier de cavalerie, Pierre Dunoyer de Segonzac, projetait de fonder une école de cadres. « Écris-lui, me disait Ripert, il est dans les mêmes idées que nous... »

De fait, à mes yeux, le combat décisif contre Hitler ne pouvait être que militaire. L'expérience vécue de 1933 à 1939 en Allemagne m'avait déjà convaincu de la nature essentiellement maléfique de l'hitlérisme. Par sa nature, dans son essence la plus intime, le nazisme était satanique : par ambition forcenée de soumettre au peuple de maîtres, le *Herrenvolk*, les autres peuples qui ne sont que des sous-hommes, *Untermenschen*. Les nazis ne capituleraient jamais, sinon sous la contrainte. Hitler l'avait proclamé à la face des nations : « *Wir kapitulieren nie !* »

Le capitaine de Segonzac, dépourvu de fortune personnelle, se trouvait alors à Vichy : il tentait d'obtenir des moyens financiers en renouant avec des camarades militaires bien placés auprès du maréchal Pétain mais d'esprit « résistant ». Il m'invita à déjeuner. En me rendant chez lui, je rencontrai, tout à fait par hasard, le colonel Georges Groussard qui, deux mois plus tôt, avait été mon chef à l'état-major de la Région de

Bordeaux replié à Pau. Nous avions alors exprimé notre colère commune contre l'occupant nazi. Je lui confiai que j'allais peut-être faire quelque chose avec Segonzac. Mouvement de sourcils... J'avais appris à connaître Groussard : manifestement, l'idée l'intéressait, mais il n'ajouta rien. Je ne l'apprendrai qu'après la guerre : Segonzac était déjà en contact avec les services du colonel Groussard en Suisse...

Plus que d'autres, Segonzac avait été immédiatement frappé par le rapport entre la défaite et l'état d'esprit qu'il avait observé dans la société d'avant-guerre. Son but, en vue de reprendre les armes dès que possible, était de former ces CARACTÈRES qui avaient tant fait défaut en 1940. D'abord installée au château de la Faulconnière, à Gannat, près de Vichy, l'École nationale des cadres qu'il créa fut placée sous l'autorité du Commissariat à la jeunesse dirigé par Georges Lamirand. Le rejoignirent très vite des jeunes gens déjà rompus à l'esprit des Équipes sociales ou du scoutisme : Paul-Henry Chombart de Lauwe, Eric d'Alançon, Paul de la Taille, entre autres...

Ma rencontre avec Segonzac fut un succès. Celui que l'on surnomma « le Vieux Chef » – il n'avait pas trente-cinq ans – savait que j'avais voulu rejoindre Londres. Je lui exprimai ce qu'étaient mes projets : libération du territoire, rétablissement de la liberté politique en France (on parlait encore peu d'État de droit), droit et devoir de contribuer, chacun pour sa part, à l'édification de la chose publique... Il m'accepta dans son équipe pédagogique. Il y avait bien quelques points sur lesquels Segonzac et moi n'étions pas entièrement d'accord, spécialement sur l'opportunité d'une résistance armée immédiate contre l'occupant. Mais notre commune hostilité au nazisme était plus forte que ces quelques différends. Dunoyer de Segonzac était, je crois, moins averti que moi de la perversité du nazisme. Il la pressentait par intuition ; je l'avais éprouvée !

Dès les premiers jours à la Faulconnière, puis au château d'Uriage, dans l'Isère, où l'École s'installa en novembre 1940, j'ai toujours pu dire, lors de conférences officielles autant qu'au cours de conversations en privé, ce que j'avais vu du régime nazi : son racisme, les exactions et les crimes de la Gestapo, la peur chez les citoyens allemands... Je retrouve encore aujourd'hui les intitulés de mes allocutions : « National-socialisme », « Nazisme et communisme »... Mon expérience berlinoise était ma vraie « valeur ajoutée » à Uriage.

Plus tard, Segonzac accepta la plupart des noms que je lui soumettais pour renforcer notre équipe d'instructeurs et intervenir lors de Journées d'études : Emmanuel Mounier, que j'invitai à une soirée afin que Segonzac lui présentât notre projet, fit ensuite plusieurs conférences : j'ai conservé des notes sur l'une d'elles, « Un humanisme de la personne et de la communauté » ; Jean Lacroix, que j'avais connu aux Semaines sociales, nous rejoignit aussi et nous parla des rapports entre les notions d'État, de nation et de patrie ; puis, très lié qu'il était désormais avec Mounier, approfondit celles de « personne », « individu », « communauté » qui se trouvaient au centre des réflexions de toutes ces journées. Le RP Henri de Lubac, que je connaissais par Bruno de Solages, et Solages lui-même, vinrent aussi faire des conférences. Jean-Jacques Chevallier, rencontré à Grenoble où il était alors professeur de droit constitutionnel, nous rejoignit également. Il était à la fois un penseur et un grand sportif, se rendant à l'université à bicyclette ou au pas de gymnastique, et consacrant ses heures de loisir à de longues courses en montagne. On aimait en lui cette énergie qui animait à la fois son corps et son intelligence. Une de ses conférences porta sur « démocratie et totalitarisme », pourfendant à égalité bolchevisme, fascisme et national-socialisme, mais également très critique de l'inefficacité des sociétés démocratiques, en particulier de la IIIe République, ce qu'il appelait le « démolibéralisme », sans véritable autorité de l'État. Dans sa conclusion, il rappelait la confusion trop facile entre individualisme et personnalisme, rejoignant lui aussi par d'autres voies les analyses de Mounier.

Une véritable théorie sociale, issue de toutes nos réflexions et de la diversité de nos origines, commençait à naître. Elle allait être complétée lors d'interventions ultérieures comme celle de Jean-Marcel Jeanneney, ou de mon ami Pierre Raynaud qui avait été très proche de mon frère Louis lors de leur commun séjour à la Fondation Thiers et enseignait déjà à la faculté de droit de Toulouse ; ou encore du professeur Robert Mossé : dans une lettre qu'il m'écrivait de Grenoble le 25 novembre 1940, ce dernier proposait quatre « leçons » possibles, toutes centrées sur des questions d'économie « libérale-individualiste » ou d'économie « planifiée » dont il craignait lui-même de ne pouvoir les réduire à la durée normale d'une conférence !

Ainsi se constituait également une doctrine *politique* et *morale* qui, au nom même de ses principes, laissait à chacun la liberté de ses options philosophiques, éventuellement religieuses, et des choix politiques qu'il aurait à faire après la guerre. Mais il nous paraissait aussi nécessaire de nous préparer aux débats politiques que la Libération rendrait un jour possibles. On mit donc au programme l'étude des constitutions américaines et françaises, l'histoire des institutions anglaises, des maîtres de la pensée politique – Montesquieu, Burke, Tocqueville, et les modernes, Léon Duguit, Maurice Hauriou, sans oublier Kelsen. Ce furent de longues veillées assorties de migraines, mais combien réconfortantes dans l'abattement où nous tenait la victoire des fascismes...

Des personnalités fort originales vinrent nous rejoindre à Uriage. Quand je sus que Segonzac recherchait des éléments issus d'un milieu populaire, je proposai mon ami Benigno Cacérès. Celui-ci arriva comme « Compagnon charpentier passant du Devoir », et fit une conférence où il donna libre cours à sa gouaille et laissa parler son cœur, tout en faisant une critique sévère du système d'économie libérale. Il fut très apprécié et resta lui-même très sensible à l'esprit de communauté et de solidarité que certains savaient transmettre.

Par la suite Cacérès devint écrivain : il recevra plus tard la Légion d'honneur pour ses mérites littéraires.

Je l'avais connu à Toulouse où il était arrivé avec sa mère – une femme très fine, exquise – tous deux réfugiés après la mort du père dans les rangs républicains espagnols. J'avais rencontré le petit Benigno, pieds nus dans les rues de Toulouse, vendant des cacahuètes. Les catholiques de Toulouse s'étaient empressés de l'aider. Certains lui avaient acheté des livres et s'étaient aperçus avec stupeur qu'il avait absorbé en huit jours *Le Contrat social* de Jean-Jacques Rousseau... À l'Institut catholique ou dans les cercles de la Jeune République où je l'avais fait venir, il avait produit une forte impression. Benigno était autodidacte, mais supérieurement doué et attachant. Il aimait raconter, avec verve et émotion, sa première visite à la bibliothèque municipale de Toulouse : on lui avait dit que c'était gratuit, et il s'y était précipité. Mais une fois entré, en souliers à clous et gros pantalon d'ouvrier charpentier, il s'était senti, disait-il, « homme des cavernes » au milieu d'étudiants de son âge d'un tout autre milieu. Il avait inscrit son nom sur une carte d'inscription avec le crayon à très grosse mine qui lui servait à marquer le bois, n'ayant sur lui aucun stylo pour écrire. Intimidé mais également furieux que les différences de classes soient aussi sensibles, il s'était mis à lire une pièce de Molière... le *Tartuffe* ! Il a beaucoup écrit par la suite sur ce type d'expérience et s'est courageusement battu pour une réelle éducation populaire qui soit sans facilité et sans condescendance. Tout de suite après la guerre, dès 1945, il fonda avec Joffre Dumazedier – lui aussi très actif à Uriage avant de rejoindre un maquis du Vercors – le mouvement d'éducation populaire auquel l'un comme l'autre tenaient tant : Peuple et culture.

On invita aussi Robert Bothereau, qui avait été l'adjoint de Léon Jouhaux à la CGT avant la guerre. Je l'avais rencontré dans un train entre Marseille et Grenoble et nous avions sympathisé. Son intelligente analyse des grèves de 1936 m'avait vivement intéressé. Il me raconta comment il avait décidé l'exclusion des partisans du pacte germano-soviétique en septembre 1939. Après la dissolution des syndicats par Vichy, en novembre 1940, il avait renoué avec d'anciens militants de la zone Sud. Très antitotalitaire, qu'il s'agisse de la Russie ou de l'Allemagne, il abordait de front la question d'une menace de « bolchevisation » de la France, sans pour autant céder aux sirènes de la « Révolution nationale », se montrant même très inquiet des projets de corporatisme qui émanaient de Vichy. Il rejoignit d'ailleurs l'action clandestine tout de suite après son passage à Uriage.

Une personnalité domina progressivement la vie de l'école et fut de celles qui y restèrent le plus longtemps, bien au-delà de mon propre séjour : je veux parler d'Hubert Beuve-Méry. J'avais vainement tenté de le rencontrer en 1939 alors qu'il dirigeait l'Institut français de Prague. Finalement, je fis sa connaissance à Lyon, en décembre 1940, à l'occasion d'un dîner organisé chez Jean Lacroix, auquel assistaient Emmanuel Mounier et Gabriel Marcel. Je l'ai vu arriver, en culotte de cheval avec bandes molletières mais sans manteau, alors que sévissait un froid terrible... Mon premier mouvement fut de pitié. Sa femme vivait difficilement en zone occupée avec leurs quatre enfants. À l'occasion de ce dîner, alors que je mentionnai l'école d'Uriage, Beuve-Méry parut très intéressé. J'ai donc proposé à Segonzac de l'inviter à Uriage en faisant valoir son attitude courageuse au moment de l'Anschluss : il avait démissionné du journal *Le Temps* dont il était le correspondant à Prague.

Beuve-Méry vint d'abord prononcer deux conférences sur « l'Europe d'hier et de demain » qui rencontrèrent un très vif succès. Segonzac se déclara alors prêt à l'engager. Beuve-Méry accepta, après avoir suivi un stage comme élève – « pour voir ». Plus âgé que nous, bien formé intellectuellement et doté d'une expérience peu commune, il allait rapidement prendre une importance grandissante au sein de l'École. Il devint alors vite évident que nous n'avions pas du tout les mêmes idées sur la conduite de la résistance. Je brûlais d'agir et répétais qu'il fallait au plus vite renforcer les effectifs combattants de la résistance..., et recruter en particulier pour la France Libre. « Beuve » était plus circonspect. Pour moi, il était louable de faire de la résistance spirituelle aussi longtemps que l'on ne pouvait pas reprendre le combat ; mais je n'imaginais pas qu'on pût continuer à « faire des conférences » jusqu'à la Libération. Or les responsables d'Uriage tendaient à vouloir régénérer le pays avant de le libérer. Un jour de juin 1941, j'entendis Beuve-Méry déclarer qu'il ne fallait tomber dans aucune de ces deux erreurs symétriques, celle du communisme et celle du gaullisme. Je ne suis pas sûr que Beuve-Méry envisageait la possibilité d'une défaite allemande. Nous n'étions vraiment pas d'accord.

Face à l'antisémitisme

C'est à Uriage que je pris pleinement conscience du sort que la guerre réservait à nos concitoyens de confession juive. La spécificité de leur sort n'apparaissait pas encore dans la société française, du moins celle que je fréquentais. À peine pouvait-on percevoir la naissance d'un antisémitisme dans les classes populaires, né de l'afflux de réfugiés de l'Est, tous très pauvres. Il s'y mêlait paradoxalement une aversion pour les riches et les puissants...

On avait déjà appris, en 1940, que des personnalités politiques allemandes réfugiées en France, parmi lesquelles se trouvaient certainement beaucoup de Juifs, subissaient un régime inhumain au camp de Gurs, non loin de Toulouse. Et j'avais su également que ces prisonniers allaient être livrés aux autorités ennemies. Tout cela m'avait mis hors de moi. Dès le 12 juillet 1940, c'est-à-dire avant ma démobilisation, j'avais demandé, par la voix hiérarchique – au général Altmeyer –, l'autorisation d'être affecté au camp de Gurs. Ma lettre contenait une allusion au sort atroce qui allait être réservé à ces malheureux. La réponse fut négative. M'étant renseigné par la suite sur l'éventuelle affectation d'un aumônier dans ce camp, j'appris que l'évêché de Tarbes avait déjà détaché un prêtre au poste en question. Mais dans ma démarche, je ne m'étais guère posé la question du sort spécifique des Juifs parmi ces prisonniers.

C'est donc seulement à la fin de septembre, me trouvant encore à Uriage, que je dénonçai pour la première fois, en termes volontairement violents, l'antisémitisme. La réalité de la situation des Juifs venait de faire irruption dans ma vie quotidienne. Segonzac avait reçu une demande d'hébergement de la part d'artistes et de scouts israélites qui désiraient nous rencontrer. Il accueillit ce groupe publiquement et cordialement, et les invita à rencontrer les instructeurs. Plusieurs d'entre eux suivirent la session « Bayard », revêtus de leur uniforme d'éclaireurs juifs : Edouard Simon, Henri Moskow, Robert Schapiro, Georges Weill que je devais retrouver en Israël en 1989 et qui me servit de guide sur les toits de la vieille Jérusalem... Pendant leur séjour, une remarque désobligeante fusa de la bouche d'un stagiaire. Je m'emportai aussitôt, fustigeant cet état d'esprit bas et mesquin dont je m'apercevais avec horreur qu'il contaminait déjà certains jeunes gens de l'École. C'est à mon ami Sadi de Gorter et à son épouse Gisèle, dont j'avais fait la connaissance lors de cette session, que je dois d'avoir appris en détail le processus funeste qui s'était mis en marche en France même : mise à l'écart, ségrégation, violences physiques...

Au cours de l'hiver 1940-1941, au hasard d'achats effectués à Grenoble, j'étais tombé à deux reprises sur des manifestations d'exclusion que j'avais jugées parfaitement inacceptables. Au centre de la ville, sur deux grandes portes vitrées, j'avais lu en grosses lettres : « Les Juifs ne sont pas admis. » C'était la traduction de la mention que j'avais vue sur tant de magasins en Allemagne avant 1939. Dans les deux cas, j'avais poussé devant moi d'un coup sec la porte d'entrée et violemment interpellé les employés. Chaque fois, je fus frappé par l'ahurissement de ce personnel préposé à l'accueil des clients. Avec ces affichettes, ils semblaient obéir à une mesure légale d'hygiène prise par la préfecture, ou simplement à un ordre de leur patron. Ils travaillaient donc la conscience tranquille, sans s'interroger sur leur signification monstrueuse.

À la décharge de ceux qui mirent du temps à percevoir la nature des mesures qui frappèrent les Juifs, j'ajouterai qu'eux-mêmes affichèrent d'abord de l'incrédulité. Après l'écroulement de juin 1940, je découvris chez la plupart des Juifs que je rencontrai en zone libre une certaine confiance en l'avenir, en particulier chez les universitaires que je fréquentais, tel Vladimir Jankélévitch, professeur de philosophie à l'université de Toulouse : comme si les persécutions antisémites qui avaient cours en Allemagne ne pouvaient être exportées en France occupée. La convention d'armistice leur semblait une protection suffisante. Et puis le Maréchal était là ! Chez les anciens combattants, chrétiens ou juifs, ce nom était une assurance. Il faudra les lois d'octobre 1940 frappant les Juifs sans discernement, notamment les soldats de 1914-1918, avant celles de 1942, pour que la communauté juive prenne conscience de la réalité du danger.

La visite de l'amiral Darlan

À Uriage, l'École était hébergée dans un très vieux château où avait vécu Bayard. Le site était magnifique, entouré de montagnes. Nous vivions tant bien que mal dans un esprit de « Résistance légaliste » si l'on peut dire. Au gré des intervenants, nous pouvions passer en une même semaine d'une allégeance respectueuse à la « Révolution nationale » à une attitude franchement hostile à l'esprit de Vichy.

Ainsi, j'avais eu les meilleurs rapports avec le pasteur

Georges Casalis, très réceptif à mes conférences sur les dangers du nazisme et à mon opposition à toute forme de collaboration. Il faisait déjà partie des responsables protestants qui, à l'initiative de Madeleine Barot, en 1942, rédigeront les « thèses de Pomeyrol », condamnant le statut des Juifs que Vichy venait de mettre en place en octobre 1940 et juin 1941.

En revanche, Mgr Guerry, ancien vicaire général de Grenoble, coadjuteur de l'archevêque de Cambrai depuis 1940, vint présenter à Uriage une conférence très classique, intemporelle, sans rapport direct avec les questions d'actualité sinon par référence implicite aux difficultés que le nazisme causait aux Églises catholique et protestante en Allemagne. L'examen des rapports entre l'Église et l'État se résumait à rappeler la formule traditionnelle « Rendez à César ce qui est à César et à Dieu ce qui est à Dieu » ; la séparation des deux pouvoirs dans le domaine du spirituel, le droit de regard de l'Église sur les affaires temporelles ; mais rien sur les problèmes de l'heure si ce n'est la recommandation de conserver un certain loyalisme à l'égard du Maréchal.

Avec la visite de Henri Frenay, au contraire, ce fut le témoignage engagé, sans demi-mesure, d'un des principaux responsables de la Résistance intérieure. Avant la guerre, Frenay avait été une figure atypique de l'armée française. Officier d'active, breveté d'état-major, il avait suivi à Strasbourg une formation au centre d'Études germaniques. Il parlait et lisait plus que couramment l'allemand – il était un des rares Français à avoir lu *Mein Kampf* – et avait pris conscience de la malfaisance radicale du nazisme. Les deux dernières années avant la guerre, stationné à Toulouse, il avait fait une tournée de conférences dans les garnisons, où il avait exposé la gravité du péril nazi ! C'est un de ses camarades officiers qui lui avait indiqué l'existence d'Uriage où, pensait-il, il pourrait « recruter »... Hasard de l'existence, il était un camarade de promotion de Segonzac qu'il appelait « le Nègre », à cause de son teint hâlé. Le fondateur d'Uriage et le chef du Mouvement de Libération

Nationale (MLN), qui deviendrait bientôt « Combat », eurent de longues conversations sur l'attitude à suivre : résistance prudente, formation d'un esprit anti-occupant ou entrée définitive dans la clandestinité ? Ce jour-là, chacun resta sur ses positions. Il faudra encore de longs mois avant qu'ils se retrouvent à Alger, en mars 1944, tous deux réunis dans ce qui était leur vocation profonde : l'action militaire contre l'ennemi commun. Segonzac lui avait offert l'hospitalité spontanément pour plusieurs jours, dans des conditions assez risquées : Frenay était activement recherché par la police et sa visite à Uriage coïncidait avec celle... de Darlan, au début de juin 1941 ! Son court séjour me permit de faire plus ample connaissance avec lui. Une même haine du nazisme nous rapprochait, et aussi une même connaissance approfondie de l'Allemagne. Nous ignorions que la suite des événements nous conduirait à nous retrouver et à œuvrer côte à côte.

D'abord actif dans la vie de l'École et dans le choix des intervenants, prononçant de nombreuses conférences et animant des groupes de réflexion, je dus m'installer, pour des raisons de santé, à l'hôtel de l'Europe, dans le bourg d'Uriage. En même temps, un certain désaccord apparut : il portait moins sur des raisons de fond que sur une atmosphère attentiste qui régnait à l'École. Vie austère, paroles retenues, pensée parfois étriquée : il m'arrivait d'étouffer. J'aimais la provocation, et mesurais rarement mes propos en public. Les stagiaires étaient enchantés de la liberté de ton qui régnait entre nous. Les enseignants moins. À l'École on savait que j'écoutais la radio de Londres. Cela plaisait ou exaspérait : Beuve-Méry estima assez vite que mes écarts mettaient en péril la sécurité de l'École. Il n'est pas exagéré de dire qu'il poussa Segonzac à se défaire de moi. Les circonstances extérieures vinrent au-devant de ses désirs.

Le 2 juin 1941, un lundi de Pentecôte, jour aussi de l'arrivée de Frenay, l'amiral Darlan, sans y avoir été invité, vint visiter Uriage. Il tint à se faire présenter tous les instructeurs de l'École. Je refusai de me mettre sur les rangs pour éviter d'avoir à lui serrer la main. Aumônier de l'École, je ne faisais pas officiellement partie des instructeurs qui, eux, ne pouvaient faire autrement que de l'accueillir. Paul de la Taille, l'un des plus fidèles appuis de Segonzac, s'était vivement opposé à cette visite, redoutant un début de mainmise de Vichy. Il voyait juste. Darlan prononça une conférence où il justifia la politique de l'État français – la collaboration – et tint des propos très durs contre les Alliés, allant jusqu'à dire qu'il souhaitait la victoire de l'Allemagne ! Je le revois évoquant avec suffisance un souvenir de sa jeunesse. Alors qu'il était officier de liaison avec des officiers américains, pendant la guerre de 1914-1918, il avait vu de ses yeux le général commandant l'opération américaine prendre des cisailles et couper les fils du téléphone pour qu'on le laisse tranquille pendant le déroulement de la manœuvre : « Voilà comment ils se battent », avait conclu Darlan. Il vitupéra enfin ce qu'il nommait avec dédain « les curés » dont l'influence sur la société française gênait vraisemblablement sa politique. Pour modèle de ce que devait être leur rôle dans un pays, il prit l'Allemagne, où Hitler les avait mis au pas ! Pendant toute son allocution, je l'écoutai le regard fixe, les bras croisés, sans broncher, sans applaudir, sans sourire...

DÉPART D'URIAGE

L'aventure d'Uriage était suspecte à beaucoup. L'École subissait les sarcasmes de la presse collaborationniste parisienne. Segonzac avait refusé que Doriot vînt prononcer une conférence. Vichy s'inquiétait de certaines « imprudences verbales » et envoya des émissaires pour enquêter. Et encore ne savaient-ils pas tout : à Paul de la Taille, Jean-Pierre Filliette, Pierre Geny et d'autres – instructeurs et anciens stagiaires – Segonzac avait confié le travail clandestin. Dès l'automne 1940, avec un art consommé du cloisonnement et beaucoup d'ingéniosité, des ateliers s'étaient mis à fabriquer des fausses cartes et faux visas en tout genre. On envoyait des plans et des boussoles aux prisonniers dans des pantoufles à double semelle, pour faciliter les évasions. Un service de renseignements s'étendait, atteignant Paris, Londres, la Suisse où Cazenavette allait et venait par des cols enneigés et où on entrera bientôt en liaison avec le colonel Groussard. À la Manufacture de Saint-Étienne, au début de 1942, des armes avaient été dérobées et des dépôts constitués, certains sous le toit même de l'École. À partir du printemps 1941, on commença à accueillir nombre de Juifs en danger et à les cacher dans des fermes de montagne.

Déjà en avril, Segonzac avait reçu de Louis Garrone, directeur de la Jeunesse à Vichy, un avertissement portant sur deux éléments compromettants : Mounier et... Naurois. Il n'est pas interdit de voir là une conséquence de la violente altercation qui m'avait opposé à Henri Massis, conseiller du Maréchal, au cours d'une conférence que je fis sur « la Personne humaine ». Querelle de philosophe ? Le divorce était plus profond : Massis, comme son maître Maurras, prônait un « antisémitisme d'État ». Il incarnait pour moi une certaine « droite » d'avant-guerre. En octobre 1935, au moment de l'agression italienne contre l'Éthiopie, il avait rédigé un manifeste « pour la défense de l'Occident et la paix en Europe » : il se montrait favorable à l'Italie fasciste et s'élevait contre les sanctions de la SDN prises à son encontre. On sait ce que signifiait le mot « paix » dans cette famille d'esprits. À sa décharge, bien que très « maréchaliste », il n'adhéra jamais à la collaboration.

Après cet éclat avec Massis, et le retour de Garrone à Vichy, j'appris par d'Alançon que je ne faisais plus partie de l'École. Mounier m'accompagnait dans la disgrâce, ainsi que Bruno de Solages. J'en fus meurtri sur l'instant parce que mon départ sonnait pour moi le glas d'une tentative de Résistance intérieure par la reconstitution d'élites antinazies, prêtes à l'action, le jour venu.

Toulouse : Notre-Dame de la Compassion

Mon départ d'Uriage me conforta dans l'idée que le salut viendrait de l'extérieur. Libéré de mes obligations et du minimum de devoir de réserve que mon statut d'aumônier de l'École requérait, je songeai de nouveau à l'Angleterre. De retour à Toulouse en juin 1941, je me présentai à Mgr Saliège et retrouvai le vieux prélat plus bouillant que jamais. Mais il voulait aussi que je prenne du temps pour réfléchir et me confia l'aumônerie de Notre-Dame de la Compassion, un couvent de religieuses avec une chapelle où se célébraient des offices ouverts aux paroissiens de l'extérieur ; il me confia aussi l'aumônerie de l'Association catholique des étudiantes de Toulouse, et me conseilla de reprendre mes travaux de thèse. Avant la guerre, j'avais été en liaison avec la maison d'édition Aubier pour la publication des écrits de jeunesse de Hegel. Un préposé de cette maison vint me relancer pour des travaux de traduction. Mais il faut bien dire que j'avais la tête ailleurs que dans la philosophie allemande, encore que l'Allemagne restât au centre de mes préoccupations. Je lui fis comprendre que ce travail pour l'instant n'était pas à mon programme. Il repartit pour Paris ; et je pus enfin me jeter à corps perdu dans la Résistance active.

À corps perdu ? Je le fis avec enthousiasme. Quant à être efficace... ? Rétrospectivement, j'ai honte d'avoir mis si longtemps à devenir opérationnel. À ma décharge, je ne disposais ni du temps ni des moyens financiers qui eussent été nécessaires pour monter un réseau. Mon idée était d'organiser l'évasion de personnes traquées par la police de Vichy – plus tard par les Allemands. Pour cela, il m'aurait fallu prospecter, chercher des filières, des parcours aux environs de Toulouse, dans les vallées pyrénéennes... Je pense que j'aurais dû m'ouvrir tout de suite de cette question à mon évêque, et aussi aux amis sûrs que j'avais dans le clergé :

Louis Gèze, Bruno de Solages... L'Église catholique forme dans notre pays un maillage de paroisses tenues par des prêtres qui auraient naturellement constitué un réseau. Il me faut l'avouer, en cet été 1941, subsistait au fond de ma conscience cette idée que l'Allemand était loin et que la police vichyssoise, soucieuse de ne pas entrer en conflit avec la population, formait un paravent entre l'ennemi et nous. Celle-ci fut donc beaucoup plus prompte à m'espionner que moi à me méfier...

Mon logement de fonction, rue Deville, comprenait un salon d'attente et un bureau de travail. Mon statut d'aumônier était idéal pour servir de couverture à des activités clandestines : mon devoir n'était-il pas de recevoir beaucoup, et des gens de tous horizons ? Ainsi on ne se méfierait pas de certaines visites dans mon appartement, même si toutes ne devaient pas avoir pour caractéristique l'accompagnement spirituel. Je me réjouissais tous les jours de cet état de fait. Il faut ajouter que la supérieure du couvent de la Compassion, mère Chattignière, et toutes les religieuses – tout particulièrement la sœur Marie Saint-Henry – se firent un devoir de charité d'accueillir des enfants et des familles juives.

Dès la fin de l'année 1941, je découvris sous mon propre toit, au couvent de la Compassion, l'existence d'une ébauche de réseau d'évasion. La disposition des bâtiments de l'Ordre se prêtait fort bien à l'activité clandestine. D'un côté, le couvent des religieuses et la vaste chapelle avec leurs dépendances – sacristie, bureaux et parloir ; de l'autre côté, des appartements avec leurs escaliers particuliers, loués à des familles plutôt pauvres, souvent des étrangers. Entre ces deux groupes de maisons accolées, un long couloir, large de quatre mètres, assez mal éclairé, avec des recoins permettant de se cacher.

Au-dessous de chez moi, au deuxième étage, habitait une famille espagnole. Un homme vivant là vint à moi quelques semaines seulement après mon installation. C'était un de ces militants anarchistes, enflammés pour la cause de la liberté et de la justice, qui avait dû fuir l'Espagne après la victoire du général Franco. Un homme passionné de doctrines politiques mais aussi de philosophie. Il se prénommait Salvador. Il lisait les grands auteurs et particulièrement Kierkegaard. Nous avions au moins deux points en commun : la haine des idéologies totalitaires et le souci du progrès social. Il fallut plusieurs mois avant que j'acquière sa confiance. Pourtant, un jour, Salvador s'ouvrit à moi d'une entreprise qu'il menait depuis plusieurs mois. Pour faire vivre son épouse et sa petite fille, il travaillait pour un commerce de fruits et légumes entre la Catalogne et la France. Par la même occasion, il entretenait des relations téléphoniques chaque jour et à heure fixe avec des correspondants de Barcelone et, sous la conduite de « passeurs » clandestins, des allers et venues s'organisaient entre la France et l'Espagne.

J'eus une première occasion de confier à l'équipe de Salvador un officier supérieur appartenant à l'armée de l'armistice, le lieutenant-colonel Metz, et son jeune fils, Paul, tout juste bachelier. Le groupe, hélas, fut aperçu et poursuivi, quelque part en Roussillon. Arrêtés, ils furent relâchés deux jours après, faute de preuves. André Metz réapparut chez moi quelques semaines plus tard. N'ayant rien perdu de sa volonté de gagner l'Angleterre, il réussit à s'évader, toujours avec son fils de dix-sept ans, par l'Espagne et Gibraltar. Il arriva plusieurs semaines avant moi à Londres d'où il m'envoya un télégramme, que je reçus à Gibraltar, pour me dire d'y rejoindre la France Libre.

Une deuxième tentative de l'équipe de Salvador fut couronnée de succès. C'est bien après la guerre que j'en fus informé, et d'une curieuse manière : dans la rue, tandis que je sortais d'une conférence sur la Laponie que m'avait demandée la Société de géographie de Toulouse (je rédigeais alors un chapitre sur cette région pour le *Guide Bleu*), j'entendis quelqu'un courir derrière moi, puis m'interpeller : « Monsieur l'abbé... Monsieur l'abbé... Je voulais vous remercier... Vous m'avez sauvé la vie !... » Et mon interlocuteur, un médecin juif, de me décrire mon bureau du couvent de la Compassion où il était venu solliciter mon aide. Je l'avais mis entre les mains de Salvador, et celui-ci avait effectivement réussi à lui faire traverser les Pyrénées et l'Espagne.

La chaire pour tribune

Résister ne se réduisait pas à la fabrication de fausses cartes d'identité, ou à l'organisation des chaînes d'évasion par l'Espagne. Pour moi, résister consistait aussi, peut-être surtout, à dénoncer une nouvelle fois la réalité du national-socialisme, la perversité de l'antisémitisme. Comme cela avait été mon obsession à Uriage pendant les mois de mon séjour, je n'eus de cesse de dénoncer en chaire la dureté des temps que nous vivions. Mon ministère m'octroyait généreusement une tribune. Je ne manquai pas de m'en servir. À la chapelle du couvent de la Compassion, chaque dimanche, je célébrais quatre cérémonies, messes et offices. À quatre reprises, j'avais donc à prononcer une homélie sur un thème emprunté aux lectures bibliques du jour. Or il était rare que tel de ces passages tirés des Écritures ne fasse pas état d'un principe moral fondamental propre au judaïsme et au christianisme : justice, honneur, humilité, respect de la personne, compassion, dévouement... Ainsi, avec toute la force de ma voix, et joignant le geste à la parole, je martelais devant mes auditoires : « Jésus était juif, Marie était juive, Elisabeth était juive, le vieillard Siméon était juif... Oui, mes frères, notre foi chrétienne est enracinée dans le judaïsme. Que celui qui a des oreilles pour entendre entende... Pour le péché, il y a la miséricorde infinie, mais pour le crime délibéré, renouvelé et sans repentance, il y a la damnation ! » Ces prônes manquaient singulièrement d'onction, voire de variété. On pouvait me reprocher une certaine monotonie dans la violence de la dénonciation ! Du moins les étudiants et étudiantes de l'université dont j'étais aussi l'aumônier pouvaient-ils assez facilement relier l'Évangile du jour avec les turpitudes dont ils étaient témoins.

Un dimanche, quelques étudiantes que je connaissais bien arrivèrent en retard et durent assister à la messe, debout, au fond de l'église. Elles avisèrent assis devant elles deux individus aux larges épaules – de drôles de paroissiens, devrais-je écrire – qui se penchaient l'un vers l'autre et commentaient mon sermon. L'une d'elles put saisir un bout de phrase chuchoté un peu plus fort : « Celui-là... il y a longtemps qu'il devrait être en boîte ! »

Grâce sans doute à quelques belles âmes douées pour la rédaction de lettres anonymes, mes coups d'éclat vinrent jusqu'aux oreilles de la presse collaborationniste de Paris et je fus dénoncé publiquement dans un article du 18 avril 1942 de *Je suis partout* sous le titre : « Un rouge chrétien ». On y lisait : « Toujours est-il qu'après la guerre [lire : après l'armistice de juin 1940] l'abbé de Nauroy *(sic)* fut nommé aumônier de l'école des chefs d'Uriage et qu'il s'y fit si vite remarquer par son hostilité contre le Maréchal qu'on ne put le maintenir à ce poste. Mais hélas ! l'abbé de Nauroy n'a pas compris la leçon. Au lieu de se faire oublier, il donne aux étudiants catholiques de l'autre zone des conférences violemment antifascistes et sous prétexte de défendre le christianisme, il appelle de ses vœux la victoire des "sauveurs" bolcheviks. » À l'inverse, le bouche-à-oreille fonctionna dans Toulouse, et il devint notoire que l'aumônier du couvent de la Compassion n'était pas « dans l'air du temps ». Des Toulousains résistants ou sympathisants, et des Juifs en particulier, affluèrent à mon domicile du couvent, venant chercher aide ou conseil auprès de moi. Il m'arriva de recevoir jusqu'à une dizaine de visites le même jour... J'ai conservé une lettre signée de quatre étudiants, mes visiteurs réguliers de cette époque, dont Teddy Piat, qui avait rejoint « Combat » et fut arrêté puis déporté au camp de Mauthausen et réchappa par un de ces miracles de la nature humaine et de la volonté de survie. Je parlerai plus tard du long récit de son internement qu'il m'a confié. Pour l'heure, je leur avais fait ce mauvais coup de m'éclipser un matin de novembre 1942, par nécessité, et ils m'écrivaient de la chambre même où je les recevais presque quotidiennement : leur lettre n'est pas datée, sinon en haut – « La Compassion, 7h1/2 » –, et Dieu sait où elle m'est parvenue : à Londres ? via Saint-Maurice ? Mais le contexte parle de lui-même : « Nous avons tant de peine que nous n'avons pas le courage de nous séparer. Nous dînerons encore dans votre chambre, pour maintenir votre présence. Puis nous réciterons le Magnificat comme tous les soirs... » Et, après leur dernière phrase – « nous ne voulons plus vous appeler que Père » –, ils signent : « Vos petits enfants, Teddy, Jacqueline, Hélène, Maddy. » Je peux à peine retenir mes larmes, si vieux que je sois maintenant, en repensant à cette jeunesse qui fut vraiment le sel de la terre dans ces années de détresse.

C'est dans ce même bureau que je reçus Lucien Fayman, une première fois, avant que nous devenions de très grands amis et que nous nous retrouvions après la guerre. Nous nous voyons toujours, plus de soixante ans après. Le mouvement des Scouts israélites auquel il appartenait avait été dissous, en août 1942, remplacé par le « Service social des jeunes », créé par Vichy. Lucien Fayman, placé à sa tête pour la région du Sud-Ouest, le détourna en mouvement clandestin, avec préparation de zones de parachutages, transport d'armes, distribution de tracts de propagande, fabrication de fausses pièces d'identité... Il vint me voir parce qu'il avait aussi besoin de planques et de refuges pour des adolescents qui avaient échappé aux rafles de la zone occupée, et que les sœurs du couvent de la Compassion accueillaient des fugitifs en transit avant que des cachettes plus sûres ou des passages vers l'Espagne leur soient trouvés. L'une d'elles, la sœur Saint-Henry, lui recommanda de venir frapper à ma porte, et à mon tour, je pus le recommander tout particulièrement à Mgr Saliège et Mgr de Courrèges qui, d'ailleurs, l'avaient déjà introduit auprès de communautés religieuses de la région. Aussi bien organisé et efficace qu'ait pu être le réseau auquel il appartenait, il fut pénétré par un agent double de la Gestapo : Fayman et les principaux membres de son organisation – Eugène Buckmaster, le fondateur, le comte d'Aligny, Vuillemot, Mainguzin – tombèrent dans une souricière le 12 avril 1943. J'étais déjà arrivé à Londres, à cette date, et c'est après la guerre que Lucien me raconta ses huit mois à Fresnes et ses séjours ensuite à Buchenwald, puis Dora, pour arriver enfin à Bergen, près de Bergen-Belsen, le 10 avril 1945, cinq jours avant l'arrivée des Alliés.

Nos frères juifs

Dans notre région du Sud-Ouest, des laïcs catholiques s'engagèrent dans la protection des Juifs persécutés, comme par exemple Thérèse Dauty, jeune femme courageuse qui venait de terminer ses études universitaires et exerçait comme jeune professeur de lettres. Membre du mouvement de Résistance « Libération-Sud », elle fut arrêtée en 1941 (elle le sera à nouveau, cette fois par la Gestapo, en février 1942) et interdite d'enseignement. Elle disposait donc, sans l'avoir souhaité, d'un peu de temps. L'architecte Auguste Callebat, qui était l'un des collaborateurs très proches de Mgr Saliège et avait des contacts avec le milieu étudiant, suggéra à l'archevêque de la charger des visites dans les camps d'internement qui s'étaient multipliés dans la région du Sud-Ouest : Récébédou, Noé, le Vernet, Rivesaltes... L'archevêque approuva. Thérèse Dauty rapporte dans une note que Saliège venait de recevoir du Vatican des crédits destinés à libérer le plus de détenus possibles afin de les soustraire à ce qu'on nommait alors pudiquement le « transport » : l'envoi en camp de concentration en Allemagne ou en Pologne. La mission de Thérèse Dauty comportait donc des visites à l'intérieur des camps et également de savantes manœuvres pour tenter de soustraire des prisonniers, des enfants en particulier, au sort qui leur était promis. De retour, Thérèse raconta à l'évêque des scènes déchirantes où les internés la suppliaient : « Pouvez-vous nous éviter d'être livrés à Hitler ? » L'un de ses récits les plus émouvants raconte ce qui advint le 8 août 1942 : ce jour-là des femmes de tous âges furent jetées sous un soleil accablant pour gagner à pied une gare où les attendait un convoi de déportation. Un mot revint aux oreilles de Thérèse qui le répéta à Saliège : « Qui donc prendra notre défense ? Qui parlera pour nous ? »

Quelques jours plus tard, l'archevêque – indigné ! – rendait publique sa célèbre protestation du 23 août 1942 sur le sort des Juifs. Cette « Lettre sur la personne humaine » fut lue dans la plupart des églises de son diocèse et diffusée dans plusieurs pays de l'Europe occupée : « Que des enfants, que des femmes, des pères et des mères soient traités comme un vil troupeau, que des membres d'une même famille soient séparés les uns des autres et embarqués pour une destination inconnue, il était réservé à notre temps de voir ce triste spectacle. (...) Les Juifs sont des hommes, les Juives sont des femmes (...) Tout n'est pas permis contre eux (...) Ils font partie du genre humain... Ils sont nos frères comme tant d'autres. Un chrétien ne peut l'oublier. »

Le 26 août, une autre protestation épiscopale suivit, celle de Mgr Théas, évêque de Montauban. Sa lettre parvint dans toutes les paroisses pour être lue à la messe du dimanche par un moyen aussi efficace que prudent : craignant la censure en cas d'envoi par la Poste, on confia la missive à Marie-Rose Gineste qui fit des centaines de kilomètres, à bicyclette, dans tout le département, pour atteindre chaque paroisse avant la messe du dimanche suivant, le 30 août. Son dévouement sans borne dans tant d'autres occasions valut à Marie-Rose, en 1985, la « médaille des Justes ».

D'autres prélats réagirent, tels Mgr Delay, archevêque de Marseille, et le cardinal Gerlier à Lyon... Il se trouve que j'avais eu l'occasion, dans les mois qui avaient précédé, de m'entretenir avec le Primat des Gaules à ce sujet. Je venais d'être particulièrement sensibilisé par un ami d'origine israélite, Georges Cahen-Salvador, président de section au Conseil d'État, venu voir son fils, mon ami Jean, à Toulouse, lui-même déjà conseiller d'État. Nous avions longuement discuté, dans un café de la place du Capitole, d'une démarche à effectuer auprès des évêques pour attirer leur attention sur le sort terrible des Juifs. Quand il me fut donné de rencontrer le cardinal Gerlier, je n'hésitai pas une seconde et tentai de lui transmettre tout ce que je savais. Gerlier m'avait interrompu : « Mais, monsieur l'abbé, je me suis longuement entretenu de tout cela avec le Maréchal, et celui-ci m'a répondu : "Ce sont des questions que nous réglerons lorsque nous serons entre nous" [c'est-à-dire après la guerre] » ! Cloué sur place par cette réponse dont j'espérais qu'elle relevait de l'inconscience et non du cynisme, je n'osai insister... Fort heureusement, sous la pression des événements, quelques mois plus tard, le cardinal Gerlier protesta lui aussi avec courage contre les rafles et les déportations de Juifs.

L'archevêque de Toulouse, quant à lui, constitua dans son diocèse et ses alentours des filières de sauvetage qu'il avait confiées à son auxiliaire – un homme et un prélat admirable – Mgr de Courrèges d'Ustou. Des Juifs furent cachés au Grand Séminaire, à l'Institut catholique et dans toutes les maisons religieuses sollicitées pour héberger des enfants. Deux de ces maisons, en particulier, ouvrirent largement leurs portes : l'une dans le diocèse de Toulouse, l'autre près de Capdenac ; Saliège et Courrèges y firent entrer une cinquantaine de petites filles juives qui passèrent là un ou deux ans. Le message de l'évêque à la supérieure était simple : « VOUS MENTIREZ, ma sœur... ! Jamais on ne devra découvrir que ces enfants sont juives. Vous ne chercherez pas à les convertir..., mais elles recevront toutes des patronymes de chrétiennes... » Le recteur de l'Institut catholique de Toulouse, Bruno de Solages, fournissait lui-même des actes de baptême afin que les enfants ne fussent plus soumis aux lois antisémites. C'est à lui que Clara

Malraux, née Goldschmidt, s'adressa pour que sa fille Florence en bénéficiât. Grâce à Solages, avec l'aide de l'abbé Decahors et de l'abbé Carrière (qui seront arrêtés et déportés tous les trois), la « Catho » devint le refuge de nombreuses personnalités exposées. L'endroit accueillait des réfugiés, et on leur procurait des cachettes dans des sortes de cellules, on favorisait des évasions, en accord avec Mgr Saliège et Mgr de Courrèges. La bibliothèque de la « Catho », dirigée par l'abbé Martimort, abritait de nombreuses personnes menacées pour des raisons raciales ou politiques, dont certaines étaient bien connues, en particulier dans les milieux universitaires : ainsi, Vladimir Jankélévitch, professeur de philosophie à Toulouse jusqu'au moment où Vichy l'exclut de l'université en octobre 1940. La décision lui fut signifiée par le doyen de la faculté qui manifesta ouvertement son désaccord aux étudiants mais obtempéra. Dès qu'il apprit la nouvelle, Bruno de Solages revêtit tous les insignes de sa prélature – sa large ceinture d'un violet éclatant en particulier – et rendit visite à Jankélévitch, à 3 heures de l'après-midi, à l'hôtel où il s'était réfugié, place du Capitole, afin de signifier publiquement son soutien moral au philosophe. D'autres personnalités furent abritées ailleurs dans Toulouse, dans des couvents : Jean Cassou, Julien Benda, Jean Brodier, Marcel Vanhove... C'est Martimort qui me mit en rapport avec Georges Papillon, jeune résistant très courageux et très ingénieux, qui tombera à Melun – d'où il était originaire, je crois – alors qu'il avait rejoint les corps francs. Mortimort, quant à lui, trahi par un certain Dallard du Breuil, réussira à s'échapper et à enseigner quelque temps au séminaire de Valence sous un faux nom – l'abbé R. Martin, quoi de plus anonyme !

Opérations de sauvetage

Je me souviens fort bien de deux d'entre elles. Est-ce parce qu'elles furent particulièrement réussies ? Au printemps de l'année 1942, des représentants d'un petit groupe d'ouvriers résistants de Toulouse vinrent me trouver. Leur nom est resté gravé dans ma mémoire : Dauriac et Gréat, deux menuisiers, « Compagnons charpentiers passant du Devoir » comme mon ami Cacérès. Il s'agissait de soustraire aux menées de la police de Vichy un Juif autrichien, réputé communiste, réfugié en France depuis longtemps. Ce malheureux, blessé gravement à la jambe par un accident de travail, se trouvait hospitalisé à l'Hôtel-Dieu, ce très bel édifice de Toulouse en brique rouge au bord de la Garonne. Un policier de nos amis venait d'apprendre qu'il allait être arrêté. Il y avait tout lieu de redouter le pire et il fallait agir vite pour l'enlever. Quelqu'un eut donc l'idée de solliciter un prêtre : dans un hôpital, un ecclésiastique en habit n'étonne pas. On ne lui demande pas ses papiers ni l'objet de sa présence : il se rend au chevet d'un mourant, à l'évidence pour lui administrer les derniers sacrements ; et il serait inconvenant de l'importuner dans ce ministère sacré ! J'acceptai la mission et me rendis à l'Hôtel-Dieu, tenu à l'époque par des religieuses de Saint-Vincent-de-Paul. Mes deux compagnons m'avaient précédé : le blessé n'était-il pas un collègue de travail ?

– Bonjour, ma sœur, je désire voir un malade...

– Mais comment donc, monsieur l'abbé, montez...

La religieuse chargée du service ne fit aucune difficulté à me laisser entrer et j'eus facilement accès au lit du blessé. Je me souviens que j'affectais un air dégagé comme si j'effectuais une visite de routine auprès d'un convalescent. Puis je demandai à l'infirmière de l'étage l'autorisation nécessaire pour une petite promenade dans la cour... Soutenu par nos deux comparses, l'Autrichien fut rapidement amené au bas des escaliers. Les

Compagnons avaient prospecté les lieux auparavant et remarqué, dans une annexe de l'hôpital, une porte dérobée qui servait à l'évacuation des déchets et immondices et qui demeurait ouverte en permanence : elle donnait sur une ruelle peu fréquentée. Le blessé fut conduit jusque-là. Une vieille camionnette attendait toute l'équipe. On gagna rapidement la banlieue, puis la campagne où, par un chemin de terre, on arriva à une maison basse de paysan. La fermière était justement devant sa porte, sortant de sa cuisine. L'un de nous dit : « Nous vous amenons ce blessé, dont nous vous avons parlé... » Je n'oublierai jamais son cri prononcé avec le meilleur accent toulousain : « Oh, le pôvre... Eh bé... il fallait nous l'amener plus tôt... ! »

Voici mon second souvenir de sauvetage réussi. Plusieurs jeunes filles de l'Association catholique des étudiantes de l'université de Toulouse s'employaient aussi à porter secours aux persécutés. Une nouvelle fois des noms me reviennent, des visages, ceux de cette armée des ombres courageuse et anonyme. Je les nomme comme on cite des soldats à l'ordre d'un régiment : Francette Peyré, étudiante en médecine, la future épouse de Teddy Piat, un membre de « Combat » déporté à Mauthausen, Maddy Larragneguy, étudiante en lettres, Lisette Fanchon, étudiante en psychologie, Hélène Olive, étudiante en anglais, dont le père et le frère devaient un peu plus tard être déportés à Buchenwald et à Dora et y mourir, et dont le futur beau-père, Gabriel Barlangue, militait au mouvement « Liberté », puis « Vérité », bientôt « Combat », aux côtés de Renouvin, de Hauriou, de Dhont... Le futur mari d'Hélène, Jacques Barlangue, réfractaire du STO, rejoignit le mouvement « Vérité » dès 1941. J'eus le très grand bonheur – et la grande fierté – de bénir leur mariage peu après la Libération, comme je bénis aussi celui de Francette et Teddy Piat.

En juillet 1942, en dépit des difficultés d'approvisionnement et de transport, l'association des étudiantes de la zone dite « libre » réussit à organiser pour le mois d'août un camp de vacances à Argentières, dans la haute vallée de Chamonix. Je les accompagnai comme aumônier. Au cours des derniers jours, alors que plusieurs de ces jeunes filles préparaient leur retour, trois d'entre elles se présentèrent à moi, fort émues. Elles avaient eu connaissance par l'aumônier d'un autre camp, l'abbé Georges Girault, de la présence dans les alentours d'une famille juive, originaire d'Europe centrale, traquée par la police française. À les en croire, ces gens se cachaient, grâce à la complicité du curé d'un village voisin, dans une forêt de sapins, à courte distance de notre campement. Cette situation ne pouvait se prolonger, le danger d'arrestation était imminent... Une opération de sauvetage fut décidée dans le plus grand secret.

Ce même jour, vers 15 heures, l'une des jeunes filles annonça au groupe des campeuses auquel elle appartenait qu'elle se rendait au bois... pour y cueillir des fleurs et des framboises. Sa mission était de retrouver les fugitifs et de leur donner des instructions précises : à la tombée du jour, ils devraient remonter la vallée sur deux kilomètres en suivant les sentiers bien dissimulés dans la forêt sur la rive gauche de l'Arve. Ils s'arrêteraient à la limite des arbres, en vue des alpages, et attendraient. Bien entendu, le col des Montets, au nord d'Argentières, était sévèrement gardé par les forces de police : il ne pouvait être question de franchir la frontière de ce côté. Le lieu de rendez-vous se trouvait fixé plus au sud, au pied des pentes herbeuses qui conduisent de la vallée de l'Arve au col de Balme. Nous comptions qu'à la nuit tombée ces versants seraient déserts et que le passage vers la Suisse présenterait moins de risque. Vers 19 heures, notre équipe de sauvetage partit donc avec l'allure nonchalante et guillerette de jeunes filles effectuant une promenade du soir. Détail qui aurait pu alerter : toutes étaient munies de vêtements chauds et, à toutes fins utiles, d'une longue corde d'alpinisme. À 21 heures, sans qu'aucune rencontre inquiétante n'ait été faite, les deux groupes se rejoignirent.

Alors commença une longue marche, à pas lents, dans un silence absolu.

Pour quelques heures, je fus donc le chef de section d'une troupe presque exclusivement féminine dont j'allais apprécier l'endurance et la discipline. Chaque fois qu'un pli de terrain ou quelque masse rocheuse pouvait dissimuler la présence d'un policier, une des filles partait en éclaireur. Une pluie fine s'était mise à tomber, bientôt remplacée par un sérieux crachin – toutes intempéries d'ailleurs bienvenues puisqu'elles diminuaient les risques d'une mauvaise rencontre ! Après moins d'une heure de marche, la progression devint pénible. Parmi les fuyards – un couple et une dame âgée –, la vieille dame, affaiblie par la peur et les privations, menaçait de défaillir : il fallut multiplier les haltes, et nous accumulions les retards. Je dus même l'encorder pour la soutenir et la hisser... Après trois heures de marche exténuante, la colonne n'avait encore parcouru que les deux tiers de l'itinéraire... Enfin apparut dans la bruine le large ensellement du col de Balme, avec sa croix et la large pierre de granit sur laquelle, quelques jours plus tôt, j'avais célébré une messe en plein air. Pour plus de sûreté, on poussa un peu plus loin, sur le versant descendant, vers le territoire suisse... Personne ! Ni douaniers ni gendarmes en embuscade ! Notre groupe s'allongea sur l'herbe et reprit des forces. On se mit à converser. Je récitai une prière à laquelle se joignirent mes compagnons. Il y eut des adieux émus, et ils n'eurent qu'à descendre un peu plus bas, toujours sur le versant suisse, et à attendre le point du jour.

Quant à nous, « passeurs » d'un soir, nous prîmes le chemin du retour. À 5 heures du matin, sous la pluie battante, nous avions retrouvé notre campement.

Sous le prince esclave

J'agissais à la mesure des moyens mis à ma disposition, ou qui se présentaient. Plus de cinquante ans après, je m'interroge encore : étaient-ce les plus efficaces ? Je dénonçais, en public comme en privé, l'ignominie du sort fait aux Juifs. Mais clamer la vérité, était-ce réellement compatible avec l'animation de filières d'évasion ? N'ai-je pas fait échouer par mes imprécations du dimanche des opérations de franchissement des frontières ? Un visage me revient parfois la nuit, celui de cette jeune Juive d'origine hongroise qui était venue me demander un conseil : elle était convoquée au centre de Lacaune dans le Tarn et envisageait de se rendre à cette convocation. J'avais tenté de l'en dissuader, lui avais proposé de la cacher, puis de la faire passer en Espagne. Elle n'a rien voulu savoir. J'appris plus tard qu'elle avait été déportée. Pourquoi, ce jour-là, n'ai-je pas été assez convaincant ? Lassitude, manque de confiance ? Je m'en veux encore de n'avoir pas su infléchir sa décision, fût-ce par la force.

Au fil des mois, la situation en France était devenue plus claire : l'installation au pouvoir de Pierre Laval ôtait toute ambiguïté au régime de Vichy. Le maréchal Pétain n'était plus seulement « le vainqueur de Verdun » ; il était l'homme qui « subissait ». On avait pu se dire, peu après l'armistice, qu'il serait un bouclier... mais il ne l'avait pas été, dissimulant encore son impuissance derrière une « sagesse » qui pouvait faire illusion. Il était devenu ce que Gaston Fessard appellera un « prince esclave », le dépositaire d'une légitimité illusoire et sous tutelle. Mais les apparences étaient pour lui et lui valaient les faveurs d'un peuple soulagé. Bruno de Solages ne pouvait supporter cette imposture : que l'homme du renoncement soit qualifié, au pays de sainte Geneviève et de Jeanne d'Arc, de « providentiel ». J'entends encore sa réponse : « Providentiel ?... Judas aussi fut un homme providentiel ! »

Vivre dans un pays occupé par une force tyrannique, et où se maintient une souveraineté intermédiaire dont le pouvoir s'amenuise chaque jour un peu plus, aurait nécessité de la part du pays un grand discernement – moral et spirituel – qui a fait défaut ; comme il avait fait défaut avant Munich. Je me souviens d'anecdotes significatives à ce sujet. À deux reprises – c'était après la guerre, la première fois en Laponie, une autre fois à Helsinki – des Finlandais m'avaient demandé ce qu'était devenu « ce grand et célèbre général de la guerre de 1914-1918 » – ils voulaient dire Pétain : « Nous n'avons pas compris pourquoi vous l'avez jugé et condamné », me dirent-ils. Je leur répondis ceci : « Je comprends très bien... que vous n'ayez pas compris... et je pense qu'en effet ce fut une histoire terrible... » Je laissai s'établir un certain silence, puis je repris : « Supposez qu'après la guerre de 1939-1940 contre Staline, alors que la petite armée finlandaise commandée par Mannerheim avait si vaillamment combattu, les Russes vous aient dit : nous occupons votre pays ; choisissez quelqu'un parmi vous qui sera Président de la république de Finlande. Qui auriez-vous choisi ? » Ils ont un peu réfléchi, puis m'ont dit, spontanément, montrant qu'ils avaient bien saisi : « Pas Mannerheim. » Sous la domination allemande, il ne fallait pas prendre Pétain. « Pas *vous*, monsieur le maréchal », avait dit de Gaulle dans un célèbre discours.

Pourtant le pays se raccrochait au « Maréchal », organisant autour de lui un culte sans précédent : portraits, cartes postales, mais aussi épingles de cravate, mouchoirs – son effigie était partout. Chaque jour, à Vichy, des milliers de lettres affluaient où les Français l'assuraient de leur vénération. Les chansons en faisaient une figure légendaire. La plus célèbre d'entre elles, « Maréchal nous voilà », était chantée par tous les enfants des écoles. Ce culte nourrissait mon indignation. Pour moi, Pétain était le vainqueur de Verdun, c'était tout. Pour le reste, je savais qu'il avait été plus ou moins lié à l'extrême droite, voire même à la Cagoule, rien de plus précis. Je n'avais jamais été tenté par le pétainisme, encore moins par le vichysme : dès juillet 1940, l'ignominie de journaux comme *Gringoire* ou *Je suis partout* m'avait ouvert les yeux. Léo Hamon se souvenait qu'à l'occasion d'une de nos promenades dans Toulouse, j'avais lacéré une affiche représentant Pétain. Mais près de là, ce même jour, sur les murs du local de notre Association des étudiants catholiques, je me suis aussi acharné à déchirer une de ces images infamantes représentant un Juif. En vain ! Elle était très bien collée et, faute de mieux, j'ai craché dessus, écœuré. J'en avais vu tant d'exemples en Allemagne : j'ai encore dans mes dossiers une de ces abominables caricatures, conservée d'un numéro du *Stürmer* nazi de 1936.

« Combat »

Je n'avais pas abandonné mes idées d'Uriage : celles d'une résistance qui prendrait une forme armée. De longue date, je savais qu'on ne viendrait à bout du nazisme que par les armes. Après la guerre, Gilbert Lesage, un de mes amis Quaker, radicalement pacifiste, se flattera d'avoir mené une résistance efficace et non violente en cachant des Juifs et autres réfugiés, et il mettra en valeur l'activité des protestants des Cévennes. Il appartenait lui-même à l'administration de Vichy, bien placé pour obtenir fausses cartes et faux laissez-passer. Mais comment ne pas remarquer que cette activité ne pouvait exister que grâce à une résistance armée, qui se « salissait » en faisant la guerre ? Quand il me dira : « Vous et moi, nous refusons de porter les armes », je lui répondrai : « Moi, je ne refuse pas de porter les armes ; il ne convient pas que je les porte parce que je suis prêtre. Mais répondre par principe à l'injustice par la non-violence, c'est pactiser avec l'injustice... et cela n'est pas acceptable. » Il fut au demeurant tout à fait héroïque dans la position qu'il avait choisie, y compris dans le danger qu'il courut en 1944 d'être lynché pour avoir appartenu à l'administration de Vichy !

À Toulouse, j'avais pour ainsi dire l'embarras du choix : de multiples réseaux s'étaient constitués dès 1940, autour de personnalités telles que Pierre Bertaux, germaniste très informé des questions du nazisme, Jean Cassou, Silvio Trentin... Ce dernier était un réfugié italien à la personnalité pittoresque, auteur d'ouvrages de doctrines économiques, qui avait fait de sa librairie, rue de Languedoc, la plaque tournante de tout ce que la ville comptait d'intellectuels mais aussi de résistants. Il aida ardemment Bertaux et fonda lui-même le mouvement « Libérer et Fédérer ». C'est chez lui que je rencontrai le Dr Dide, qui avait été longtemps médecin directeur de l'hôpital psychiatrique de Braqueville. Ce psychiatre éminent avait corroboré mes intuitions sur la criminalité psychiatrique de Hitler qui entraîna l'Allemagne dans une pathologie collective sans précédent dans l'histoire. On m'a raconté comment, déporté au camp de Buchenwald, il brava l'interdiction faite à tout médecin de soigner un malade, quel qu'il soit : voyant tomber un camarade de captivité, il se précipita pour le secourir, puis s'écroula d'épuisement sous les coups des SS – il avait soixante et onze ans – qui lâchèrent sur lui leurs chiens.

Pour ma part, je rejoignis les rangs du réseau « Combat », dirigé par Henri Frenay que j'avais rencontré à Uriage. Ainsi, j'avais le sentiment d'agir dans la continuité. Le « Mouvement de Libération nationale », qu'Henri Frenay avait créé avec Bertie Albrecht, était devenu « Combat » : l'un des premiers réseaux de France, très actif à Marseille et à Lyon d'où Frenay était originaire. C'est sur les presses de « Combat » que devait être imprimé le premier numéro de *Témoignage chrétien*.

À Toulouse, après des débuts difficiles, le réseau était devenu très actif, dirigé par un professeur de droit, André Hauriou, secondé par celui qui allait devenir le bras droit de Frenay, Jacques Dhont. Mon rôle dans le réseau fut d'être un aumônier et un conseiller – sans faire dérailler des trains ni poser moi-même des bombes !

« Combat » et les mouvements de la Résistance que j'ai croisés doivent beaucoup à un homme qui œuvra pour leur unité. Quand il arriva à Toulouse au cours de l'été 1940, Léo Hamon ne s'appelait encore que Goldenberg et suivait les cours de Bruno de Solages à l'Institut catholique. Révolté par la défaite, il se donna pour tâche immédiate de trouver au plus vite, sans exclusive, des compagnons de combat de toutes origines sociales ou politiques. Dans les secteurs de Toulouse et de Montauban, il fréquenta tous les milieux – universitaires, affaires, ouvriers, employés –, il rencontra des dirigeants politiques, interrogeant chacun sur ses projets et ses possibilités, soucieux avant tout d'établir la confiance et de rassembler. Il fit la jonction entre la mouvance chrétienne et les militants de « Combat » et de Franc-Tireur, utilisant lui aussi la librairie de Silvio Trentin comme pôle de rassemblement. Léo Hamon s'incorpora à la fois au mouvement « Liberté » (fondé par François de Menthon et Pierre-Henri Teitgen) et à « Combat ». Dans ce dernier réseau, la direction toulousaine l'avait chargé de l'action en milieu ouvrier, notamment auprès de plusieurs personnalités du monde syndical : Brodier, Vanhove, Etchever-le-Po. C'est par eux que j'étais entré en rapport avec Hamon. Il suivait de très près l'évolution du communisme. Je me souviens que nous lisions et commentions ensemble les écrits de jeunesse de Karl Marx où celui-ci cherche encore à comprendre le douloureux enfantement d'une classe ouvrière dans l'industrie naissante du XIXe siècle...

Le travail de Léo Hamon était particulièrement utile à cette époque où le Parti communiste exerçait une influence grandissante dans la Résistance – en particulier depuis l'entrée en guerre de l'Union soviétique en

1941, et la dénonciation du pacte germano-soviétique signé en 1939. À Toulouse, les communistes avaient menacé la vie de notre camarade Dhont, responsable de « Combat ». Grâce à Émilienne Demougeot, une ancienne étudiante d'histoire, j'avais reçu des informations sur les menées du Parti communiste, infiltrant ses agents dans divers mouvements de Résistance, utilisant pour cela les services de personnalités non communistes. Je commençais à penser alors que les communistes, presque inévitablement, finiraient par prendre le pouvoir. D'autant que depuis les victoires anglaises en Libye, une possibilité de libération commençait à se faire jour.

Cette force du communisme ne m'étonnait guère : tant de facteurs jouaient en sa faveur ! Et d'abord la politique de Vichy, qui décourageait les générosités. Il y avait aussi le radicalisme de ses militants, exalté par tout l'appareil du Parti. Le marxisme séduisait les intelligences, parce qu'il était une explication – primaire et simpliste, sous la forme vulgarisée qui circulait – mais intégrale. Point de place pour le doute critique ni pour la recherche. Cette cohérence apparente rassurait et donc attirait les esprits perdus. Toulouse, plus que toute autre ville, était vulnérable : depuis l'afflux de réfugiés espagnols à partir de 1936, ce Parti était puissant, disposant d'un réservoir de militants dévoués et efficaces auprès de la classe ouvrière. C'est pour contrecarrer cette influence que Léo Hamon me demanda de reprendre devant les militants de la CFTC le cycle de conférences sur le marxisme que j'avais déjà prononcées à Uriage.

La pression montait. Les différences entre zones Nord et Sud s'estompaient. Laval avait autorisé les Allemands à traquer les postes émetteurs de la Résistance en zone non occupée. Une anecdote au passage : Marie-Rose Gineste, dont la maison à Montauban jouxtait l'immeuble réquisitionné par la Kommandantur, cachait des aviateurs anglais entre deux parachutages et les laissaient émettre leurs messages radio sous les fenêtres des occupants allemands ! Mais Toulouse était une poudrière. La Résistance s'enhardissait. « Combat » s'affermissait grâce à l'audace de ses militants. Jacques Renouvin, le chef des groupes francs de « Combat », semblait omniprésent en ville. Nous le reconnaissions de loin dans les rues du fait de sa très haute taille et de son allure décidée. Il avait toujours à la main une petite valise dans laquelle, entre une brosse à dents et une chemise, il transportait des explosifs... Chaque jour, il en demandait un peu plus. Et le matériel arrivait... miraculeusement. J'ai déjà parlé d'Hélène Olive. Toute jeune fille encore, elle habitait une chambre au couvent des religieuses de Nevers, entre le Capitole et la basilique Saint-Sernin – un lieu commode pour entreposer du matériel sous son toit. Un jour, elle revint au couvent, portant sous son bras un gros paquet mal ficelé ; et croisa dans l'escalier la mère supérieure qui engagea la conversation :

– Bonsoir, mademoiselle Olive ! Vous revenez de chez votre maman !

– Euh !... Oui, ma sœur !

– Alors, elle vous a donné des bonnes confitures...

– Euh !... Oui... oui, ma sœur... des confitures...

À ce même moment, le paquet s'ouvre... et de petits cylindres métalliques dégringolent le long des marches dans l'escalier. Hélène blêmit... La supérieure tourne les talons comme si elle n'avait rien remarqué. Et Hélène, à genoux, de récupérer un à un ses détonateurs !

MANIFESTATION À TOULOUSE

Il est communément admis de situer le tournant de la guerre, en France métropolitaine tout au moins, à novembre 1942, lorsque l'armée allemande envahit la zone Sud, à la suite du débarquement anglo-américain en Afrique du Nord. Pour moi, il se situe le 16 juin de cette même année à Toulouse. Ce jour-là, Léo Hamon était passé à mon appartement rue Deville. Comme à son habitude, il était pressé. Moi aussi : je partais à un rendez-vous avec mon ancien professeur de la Catho, le père Cavallera. Léo prit tout de même le temps de m'annoncer qu'une manifestation se préparait place du Capitole contre la tenue d'une conférence du propagandiste nazi, Friedrich Grimm, qui devait porter sur les aspects économiques de l'Ordre Nouveau. Cette conférence devait commencer vers 16 h 30, à l'intérieur même du théâtre du Capitole. J'enfourchais déjà ma bicyclette, en emportant mon bréviaire... J'étais en soutane, à cette époque. « Soyez prudent, me dit Hamon. Vous ne passerez pas inaperçu ! »

Sur la place du Capitole flânait la foule habituelle. En attendant l'heure de la manifestation, je récitais mon bréviaire, appuyé sur le cadre de ma bicyclette. Bientôt, la foule grossit lentement. Un groupe d'ouvriers en « bleu de chauffe » tournait et se retournait vers moi, intrigués par ma présence mais manifestement ravis. Soudain, c'est un millier de personnes qui se trouva sur la place et aux fenêtres des édifices et qui se dressa, comme un seul homme, si l'on peut dire. *La Marseillaise* fut entonnée, un peu fausse, voire cacophonique, mais qu'importe. Je joignis ma voix à la foule, une voix qui en cet instant n'avait rien de liturgique. « *La Marseillaise,* c'est la fureur », dira plus tard de Gaulle, exhortant les Français à manifester le 14 juillet 1944. Je braillais de toutes mes forces et, étant apparemment le seul à connaître par cœur le deuxième couplet, je me retrouvai vite seul à chanter.

Soudain je m'avisai que deux hommes forts aux larges épaules m'encadraient, l'un à droite, l'autre à gauche. Ensemble nous décrivions des cercles sur la place : d'une main je tenais le guidon de mon vélo, battant la mesure de l'autre main. Les deux hommes me serraient de si près que j'avais l'impression que deux policiers en civil allaient me conduire au poste. Je me risquai :

– Que voulez-vous, messieurs ?... Et d'abord, qui êtes-vous ?

– Eh ! monsieur l'abbé, nous sommes là pour vous défendre... Il ne faudrait pas qu'on vous touche, répondirent-ils – avec un inimitable accent toulousain.

C'étaient deux employés de la mairie, socialistes bon teint, avec qui j'achevai la manifestation.

Je sus plus tard qu'une manifestation s'était également déroulée à l'intérieur du Capitole. Des boules puantes ? Des démonstrations plus audacieuses ? L'invité avait été reconduit à son hôtel par une porte dérobée ; et ce fut pour la population de Toulouse une grande victoire. Dans les rues voisines, quelques policiers en tenue déambulaient. Nous savions déjà qu'en majorité ils approuvaient notre manifestation et que plus d'un, certainement, se retenait pour ne pas joindre sa voix à celle de la foule. Pourtant à la fin de la manifestation, quelques arrestations surviendront. L'atmosphère était électrique. Pour la première fois, massivement, une ville avait manifesté son opposition à l'Allemagne et au régime qui la tolérait sur le sol français. Dans la population, quelque chose avait subitement changé. Le soir même, à l'archevêché, Mgr Saliège s'était frotté les mains : « Du bon travail », avait-il commenté de sa voix bourrue devant Mgr de Courrège, et le chanoine Gèze qui m'en informa.

Perquisition

À la suite de cette manifestation, l'étau se resserra sur la résistance toulousaine. Septembre et octobre furent tendus. Le jeudi 5 novembre au soir, je travaillais à mon domicile, à une conférence sur Marx que Léo Hamon m'avait demandée. On sonna : c'était lui. Nous échangeâmes quelques points de vue au sujet du mouvement « Combat », réglâmes quelques questions anodines. Puis, sur le pas de la porte, Hamon se retourna vers moi et me dit négligemment :

– À propos, trente inspecteurs de police venant de Vichy débarquent aujourd'hui à Toulouse. Dès demain, il y aura des perquisitions. Si vous avez un domicile de repli, c'est le moment de l'utiliser...

Ma réponse tomba, bien imprudente : « Rien à craindre, je suis paré. » En mai ou en juin, j'avais déjà été convoqué chez l'intendant de police qui m'avait déclaré, en tapant sur une liasse de papiers, avoir des preuves au sujet de mes activités. Je lui avais demandé de me montrer ces pièces me concernant. Il avait alors tempêté contre « tous ces jeunes gens d'Uriage »... mais ne m'avait montré aucun document écrit. Plus tard cet homme avait confié à l'un de mes amis : « L'abbé de Naurois, il nous embête ! »

Je me remis au travail, aussitôt après le départ de Léo, et me couchai fort tard. Le lendemain matin, 6 novembre, vers 9 h 30, la sonnette retentit furieusement. Il était pourtant marqué sur ma porte : « Monsieur l'aumônier ne reçoit pas dans la matinée. » J'hésitai... puis allai tout de même ouvrir. Trois inspecteurs de police me présentèrent leur carte et un ordre de perquisition. Je me souviens encore de la tête de leur chef, un rouquin. Celui-ci déclara avoir des questions à me poser. Je les fis entrer.

– Connaissez-vous M. Papillon ? entama d'entrée le plus petit des trois, d'une voix de tête.

Je réfléchis très rapidement. Papillon était un agent très actif de Toulouse qui s'occupait particulièrement de sauver des Juifs, en liaison avec l'archevêché. Mais en pareille circonstance, nier vaut toujours mieux qu'affirmer :

– Papillon ?... Connais pas !

– C'est étonnant, dit le petit policier, il était chez vous il y a dix jours.

C'était parfaitement vrai. Je repris :

– Ma foi, c'est possible... Vous savez, je suis prêtre, je reçois beaucoup de visites, et je ne connais pas les noms de tous les gens qui défilent dans mon bureau...

Commença alors une perquisition qui durera jusqu'à midi. Les trois policiers se répartirent le travail, chacun devant un meuble ou une bibliothèque. Ma table était couverte de papiers, de fiches et d'ouvrages sur la philosophie allemande et le marxisme. En pile, plusieurs volumes du *Capital*, et aussi la *Deutsche Ideologie* en allemand. Ils feuilletèrent soigneusement chaque livre, compulsèrent les dossiers, page après page.

J'interrompis leur travail :

– Si vous n'y voyez pas d'inconvénient, je continue mon étude, une conférence que je dois bientôt prononcer...

– Mais je vous en prie, monsieur l'abbé...

Une anxiété, d'abord vague, bientôt de plus en plus intense, montait en moi. Partie du milieu du ventre, elle irradiait dans tout mon corps. Je m'efforçais de fixer mon attention sur mes textes, mais sans grand succès. Ma pensée s'évadait, les lignes dansaient devant mes yeux. Une dizaine de minutes plus tard survint ce que j'appréhendais. L'un des policiers poussa un cri de victoire. Il avait aperçu un paquet enveloppé et bien ficelé dans un coin du bureau. Les trois hommes se précipitèrent comme des chiens sur une charogne, coupant les ficelles, et défaisant le colis suspect. Des tracts ?... C'est ce qu'on leur avait demandé de trouver chez moi. Hélas, ce n'était que la *Somme théologique* de saint Thomas d'Aquin, en huit volumes, achetée chez mon libraire de la rue de la Pomme et pas encore déballée. J'exploitai leur déconvenue :

– Vous me demandiez, messieurs, si je détenais des tracts ?... Eh bien, je peux vous dire ceci : des papiers de propagande, j'en ai bien trouvé quelquefois dans ma boîte aux lettres, comme tout le monde. Je crois que je ne les ai pas conservés. Si vous en découvrez dans ce fouillis de paperasses, c'est qu'ils y auront été laissés par mégarde...

Je haussai le ton, comme furieux :

– D'ailleurs, messieurs, ce n'est pas la guerre des papiers clandestins qui m'intéresse, c'est une autre guerre : celle qui chassera les Boches de France... La guerre, oui la guerre... j'espère bien pouvoir y prendre part avant longtemps !

Ahuris, les trois hommes, jusqu'ici tournés vers les armoires, se retournèrent d'un coup, face à moi, toujours assis à ma table :

– Ah, ne croyez pas que nous servions la cause des Allemands.

– Je l'espère bien ! répondis-je sèchement.

Ils retournèrent à leur perquisition... Je me sentais mieux. Mon cœur battait moins vite, et je réussis à m'absorber quelque peu dans ma lecture. Un ouvrage au titre compliqué inquiétait le petit blond... Son collègue s'approcha et l'interrompit : « T'occupe pas, c'est de la théologie. » Soudain, il brandit une feuille de papier, extraite d'un dossier : « Doctrines économiques et sociales : LIBÉRER ET FÉDÉRER. » C'était un document de prospective signé Silvio Trentin.

– Qu'est-ce que c'est que ça, monsieur l'abbé ?

Je me soulevai lentement de ma chaise, examinai le document d'un air absent, tournai les pages et commençai à haute voix : « L'organisation économique future comportera la socialisation des grandes entreprises, des banques, et du crédit, etc., etc. »

– Vous voyez, messieurs, ce tract traite de questions qui sont du domaine de mes études. Je l'ai classé en attendant de pouvoir l'étudier à loisir.

L'autre vociféra :

– C'est une feuille subversive.

Et il lut à haute voix la page suivante :

– Les traîtres de Vichy... Avant d'ajouter : « Ceci suffirait à vous faire interner. »

Ils exigèrent que je détruise la feuille en leur présence. Boudeur, je craquai une allumette... L'incident fut clos. Ma véritable crainte portait sur autre chose de plus sérieux. Dans la chambre à coucher voisine, il y avait une machine à écrire que Salvador, anarchiste espagnol, m'avait confiée quelques mois plus tôt. J'entendais encore ses paroles apaisantes : « Gardez-moi ça, on ne viendra pas fouiller chez un prêtre. » Plus grave encore : dans le tiroir du bureau sur lequel je travaillais dormait une fausse carte d'identité encore incomplète que m'avait procurée mon ami Lucien Fayman dans la perspective d'un départ prochain. Me tortillant sur ma chaise, entrouvrant le tiroir, je tentai plusieurs fois de saisir cette carte, fouillant avec mes doigts, déplaçant des boîtes, comme si je cherchais quelque objet égaré.

– On va faire la chambre, dit soudain le rouquin. Et s'adressant à moi qui déplaçais toujours mes boîtes : « Voulez-vous nous permettre... ? »

Dès l'entrée, il aperçut la machine à écrire de Salvador :

– Qu'est-ce que c'est que ça ?

Moi, de mon air le plus bête :

– Une machine à écrire... Elle appartient à un ami.

– Tiens ! Et qui est cet ami ? Où habite-t-il ?

– En zone occupée. Il m'a laissé sa machine en consigne.

– Ah ! Et comment s'appelle-t-il, ce monsieur ?

– Joseph Durant. Il est avocat, je crois ; en tout cas études de droit...

J'ai conscience de bafouiller.

– On va la saisir, suggéra le petit blond.

Nouveau silence... J'intervins sur un ton royalement indifférent :

– Ça m'est égal, mais il faudra me donner une décharge ; si mon ami revenait, je pourrais être ennuyé.

– On va toujours prendre une frappe, dit un inspecteur.

Or Salvador avait enlevé un des marteaux d'une lettre abîmée, circonstance aggravante. Heureusement pour moi, la machine était couverte de poussière, preuve qu'elle n'avait pas servi depuis bien longtemps. Par chance, j'ai toujours été incapable de dactylographier quoi que ce soit.

Le rouquin reprit la direction des opérations...

– On vous emmène au Groupe mobile de réserve pour l'interrogatoire... Ce sera peut-être long. Prenez vos tickets d'alimentation.

J'affectai l'indifférence... Déjà, je me hâtais pour prendre mon chapeau, espérant qu'on aurait oublié l'examen du tiroir du bureau. Mais les trois hommes s'arrêtèrent, se balançant comme sur le pont d'un bateau. L'un d'eux ouvrit négligemment le tiroir, saisit la fausse carte d'identité... Je me crus perdu.

– Qu'est-ce que c'est, ça ?

– Une carte d'identité... Elle doit appartenir à un étudiant... Je ne sais pas trop ce qu'elle fait là...

Je bafouillai une nouvelle fois. Pourtant l'homme lâcha la carte, referma le tiroir. Il paraissait préoccupé par autre chose. Dans l'escalier, il se retourna et me dit :

– Vous me donnez votre parole d'honneur que cette machine à écrire n'a pas servi depuis qu'elle est entre vos mains ?

– Oui. Ce qu'elle a fait avant, je n'en sais rien. Mais je peux vous donner ma parole que je ne m'en suis jamais servi.

Au fil des minutes s'était instauré entre eux et moi un climat sinon de confiance du moins de respect. Je sentais que je leur en imposais par mon état sacerdotal. J'avais affaire à de braves fonctionnaires de police, certes au service de Vichy, mais sans zèle idéologique. En route, la conversation prit un ton presque bon enfant. On parla de la guerre, de l'armée allemande – je notai que les inspecteurs disaient comme moi « les Boches ». Je fis l'éloge de l'audace des communistes, eux déplorèrent le comportement de certains représentants du PPF de Doriot, ou du Service d'ordre légionnaire (SOL)...

– Ah, ceux-là, dit l'un des inspecteurs avec colère, faut toujours qu'ils se mêlent de ce qui n'est pas leur travail.

En aparté, un autre alla plus loin :

– Vous savez, même parmi nous, il y en a beaucoup qui souhaitent la victoire des Anglais...

Je souris sans mot dire. Dans le tramway, je me mis à la récitation de mon bréviaire. Je respirais déjà plus à mon aise. Restait, il est vrai, la confrontation probable avec Papillon ; et les questions qui pourraient surgir touchant Brodier, Hamon ou Renouvin... Comment préparer toutes les réponses et les rendre cohérentes ?

Nous arrivâmes au Groupe mobile de réserve installé dans des baraquements légers nouvellement construits dans le nord de la ville, non loin du canal du Midi. La cour intérieure grouillait d'agents en pèlerines et d'inspecteurs de police coiffés de bérets. À notre arrivée, ils interrompirent leurs conversations. J'entendis des ricanements. L'esprit de la Révolution nationale n'avait pas tué la vieille gouaille française qui ne peut s'empêcher de s'esclaffer à la vue d'un ecclésiastique en soutane flanqué de trois inspecteurs.

L'interrogatoire s'avéra une simple formalité. Le rouquin s'assit devant une machine à écrire... mais ne savait pas trop ce qu'il fallait retenir. Finalement, avec force fautes de frappe, il enregistra la déclaration que je lui dictai : j'étais prêtre, théologien, je faisais de la philosophie et j'écrivais des livres ; en ce moment j'étudiais Hegel. Il écrivit : A.i.g.u.e.l.l.e. Je pris un stylo et corrigeai de ma main. Quelqu'un emporta le document et sortit. Quelques minutes s'écoulèrent. Un inspecteur arriva et m'emmena dans le bureau d'un personnage plus important, très jeune et fort bien vêtu, qui parlait avec calme.

– Monsieur l'abbé, vos déclarations ne concordent pas avec celles de M. Papillon... Qu'on aille donc le chercher.

C'était la confrontation que je redoutais. J'avais la tête lourde. Qu'avait pu dire Papillon ? Nous avions bien dû convenir d'un alibi, mais voilà que j'avais tout oublié. Papillon entra, vint à moi franchement, avec un sourire... et me tendit la main. Je le regardai longuement, jouant la surprise.

– Monsieur l'abbé... vous vous rappelez... je suis venu vous voir il y a quelques jours. Nous avons parlé d'Uriage.

Tout me revint en mémoire. Nous avions en effet décidé, en cas d'ennui, de donner cette version : « Conversation et échanges de vue au sujet d'Uriage. »

Alors j'éclatai de rire joyeusement :

– Mais comment, cher ami ! Je vous reconnais

parfaitement. Veuillez m'excuser, j'avais oublié votre nom. Pardonnez-moi... ! Oui... Uriage en effet !

Devant les inspecteurs, Papillon fut parfait : Uriage, les conférences, la foi, les débats entre ceux qui « croient » et ceux qui ne « croient pas »... Je tentai ma chance, et m'adressai au jeune commissaire :

– En dépit de la gravité des événements, en tant que prêtre, je cherche toujours à rester en relation avec ceux que le Seigneur a mis sur ma route, et cela sans chercher à connaître leurs opinions politiques.

Le commissaire fut-il dupe ? Il me répondit qu'une telle mésaventure pouvait bien lui arriver si quelque autorité prenait ombrage de telle ou telle de ses relations. Je décidai alors de pousser plus loin mon avantage et risquai :

– Le préfet régional, M. Cheneaux de Leyritz, s'entretenait, il y a quelques semaines, avec une personnalité ecclésiastique, et lui confiait son souci à mon sujet. Il se disait en effet informé par les rapports de ses agents de ma prétendue action subversive à la tête d'une certaine résistance des étudiants toulousains. Je ne puis accepter cela. Nous, prêtres, nous sommes tenus, dès nos études préparatoires au sacerdoce, de nous abstenir de prises de position politiques. Religion et politique sont des domaines distincts. Je vous serais reconnaissant, monsieur le commissaire, de faire connaître à monsieur le préfet régional l'essentiel de ma protestation.

L'autre m'assura qu'il ferait le nécessaire et me reconduisit.

En pleine cour, devant les gardes et agents de police, le commissaire s'excusa encore à haute voix, puis me raccompagna à la porte. Il était midi passé. En rentrant chez moi, je repassai le film des heures que je venais de vivre. Je songeai surtout à ma dernière péroraison. Avant la guerre, mon père avait été élu à la présidence de la Société d'agriculture de la Haute-Garonne. Il avait donc été en relation constante avec le préfet régional avec qui ses rapports étaient excellents. Je pense que c'est en raison de ces bonnes relations, mais aussi dans un but d'apaisement, que Cheneaux de Leyritz veillait à ce qu'on ne m'arrêtât pas. Seulement, au fil des mois, le préfet n'était plus son propre maître...

Un ancien intendant de police à Toulouse, le colonel Danglade, me fit savoir en 1952 qu'après mon départ il s'était arrangé pour brûler tous les documents compromettants me concernant, privant ainsi de preuves la Gestapo ; il souligne dans sa lettre que, par trois fois, il avait tenté de m'avertir et de me protéger... Les circonstances étaient telles, je dois dire, que je ne l'avais pas compris ainsi. Il fait état dans cette même lettre de la nécessité dans laquelle il s'est trouvé de rejoindre le maquis lui-même en mars 1943.

Toujours est-il que je dormis mal au cours de cette nuit du 6 au 7 novembre : trop de questions auxquelles je ne trouvais pas de réponse. Le lendemain, j'étais convié à déjeuner chez des amis. Je longeai la rue Ozenne, en direction du Jardin des Plantes ; et voilà que, soudain, j'entendis prononcer mon nom à quelques mètres en arrière. Je me retournai, c'était Brodier, lui aussi membre important et très sûr de « Combat ». Il savait que j'avais été arrêté la veille par la police et conduit au siège des Groupes mobiles de réserve. Lui aussi avait été arrêté et avait dû passer la nuit au poste.

– Je vous cherche depuis ce matin, car je dois vous informer au plus vite : au cours de la nuit passée dans ces constructions en briques, très légères, où l'on entend toutes les paroles prononcées dans les pièces voisines, j'ai surpris une conversation entre deux commissaires, l'un en poste à Toulouse, et l'autre arrivé tout récemment de Vichy. Ce dernier demandait des conseils au Toulousain : « Je dois me rendre le 9 novembre chez l'abbé de Naurois et lui présenter des questions posées par l'ambassadeur Abetz. Après quoi, je devrai en référer à M. de Brinon. Dois-je aussi, pour cela, rédiger un procès-verbal d'interrogatoire ? »

Brodier ajouta un détail avant de me quitter : ce

matin même, avant d'être libéré, il avait saisi dans le couloir des paroles prononcées entre policiers à propos de personnes interrogées la veille, dont cette phrase : « Le cas de Naurois est plus sérieux, parce que les Allemands sont derrière. »

Il me laissa seul sur le trottoir, livré à mes réflexions. Tout cela me paraissait plus curieux qu'inquiétant. J'avais connu Abetz en Allemagne avant 1939. Nos rapports n'avaient pas été très amicaux mais cependant courtois. Ancien directeur adjoint de la *Deutsch-Französische Gesellschaft*, Abetz avait été nommé par Hitler ambassadeur à Paris. Avait-il vu mon nom sur un rapport d'espionnage ? En tout cas, l'impunité dont j'avais bénéficié jusqu'alors au point de pouvoir exprimer mes idées presque au grand jour était levée. En quelques heures, j'étais devenu un homme traqué. Dans chaque passant, maintenant, je voyais un policier – pis, un espion d'Otto Abetz. La réalité était à peine moins sombre. Rue Deville, des policiers s'étaient installés dans une maison, face à l'appartement où j'habitais, pour surveiller les va-et-vient des personnes qui entraient me voir. La situation ne pouvait pas durer. Je ne concevais pas de renoncer à mes activités. Devais-je alors songer à passer dans la clandestinité et à perdre les facilités d'action qui avaient été les miennes jusque-là ?

Les événements décidèrent pour moi. Le moment était enfin venu de partir pour Londres. La route serait longue.

5

Traversée de l'Espagne et Londres

Traversée des Pyrénées : première tentative

Le dimanche 8 novembre 1942, j'étais descendu à la chapelle, comme chaque matin à 7 heures, pour prononcer l'homélie. Le prêtre qui célébrait la messe, un ancien combattant de 1914-1918 qui avait été gravement blessé à la tête, me demanda dans la sacristie : « Vous avez écouté les nouvelles ce matin ?... Les Américains et les Anglais ont débarqué en Afrique du Nord ! »

J'étais abasourdi. Ainsi, aucun policier n'était venu à mon domicile : tous avaient dû être mobilisés... Le gouvernement pouvait craindre un deuxième débarquement en métropole... dans la foulée. Voilà que la guerre prenait un autre visage, et que la libération paraissait soudain envisageable.

Le lendemain 9 novembre, j'eus une conversation avec le chanoine Gèze à qui je demandai conseil : « Dois-je rester à mon poste – et y attendre la police ? Ou disparaître dans un cloître ? Ou réaliser mon rêve : reprendre la lutte, et pour cela gagner Londres ou l'Afrique du Nord et m'engager comme aumônier dans les Forces Françaises Libres ? » Mon ami Gèze opina pour la dernière solution et se chargea d'en référer à Mgr Saliège. L'évêque me fit appeler le jour même vers 14 heures. Nous eûmes une conversation de quarante minutes, franche et amicale, malgré les débuts d'une maladie qui allait rendre son élocution de plus en plus difficile. Et il me dit avec son accent du Rouergue : « Vous allez être arrêté... filez ! Je vous bénis. » Je reçus sa bénédiction, ému jusqu'au plus profond de moi-même, emportant des recommandations de lui pour les couvents ou les monastères où je trouverais de l'aide.

La journée qui suivit fut harassante, employée à faire toutes sortes de démarches : prévenir mes amis, liquider les affaires courantes, et pour commencer, trouver une cachette provisoire – ce fut Jean de Brux, futur professeur de médecine, qui prit le risque de m'accueillir pour la nuit. Il était lui-même très engagé dans la Résistance. Le plus difficile restait à régler : comment franchir la frontière espagnole. Plusieurs jeunes filles de mon groupe JEC accomplirent pour moi, avec célérité, les missions les plus diverses. L'une d'elles se rendit par deux fois auprès de Mme Salvador, lui demander de m'aider à joindre son mari. Pourrait-il me faire passer la frontière ?... Réponse négative : Salvador lui-même avait dû se réfugier en Espagne, et se trouvait privé de tout moyen d'action... À 16 heures, je reçus la visite du Pr Jacques Maury, futur doyen de la faculté de droit, ami de Pierre Raynaud et de mon frère Louis : il venait m'offrir une aide financière, que j'acceptai. Puis, Mlle Vigne – notre chère « Pistache », la gouvernante de mes jeunes années – accourut, bouleversée, m'apportant, elle aussi, une importante somme d'argent. Ses économies !

Pour ne pas compromettre mon ami de Brux trop longtemps, j'essayai de trouver une « planque » à l'hôpital psychiatrique de Braqueville. Sans résultat ! Finalement, je trouvai refuge chez la sœur de maman, cette tante si chère à mon enfance, Jeanne Pin. Le soir, j'écrivis quelques lettres à ma famille, reçus quelques visites. Vers 22 heures, on sonna : deux Espagnols envoyés par Mme Salvador s'offraient à me faire gagner Barcelone. Les consignes étaient simples : départ demain matin par le train de 5 h 30, pour la Tour de Carol. Prendre ensuite le train de Cerdagne. Descendre à Err ; quelqu'un m'attendrait à la sortie. Mot de passe et, à la main, deux illustrés « collabos »... J'exultais. Mon projet vieux de plus de deux ans prenait enfin forme. J'allais pouvoir reprendre le combat, quitter le monde de l'attente et de l'ombre pour gagner celui de l'action.

Pendant la nuit, je fus incapable de trouver le sommeil. Je songeais qu'il était trop tard pour prévenir de mon départ mes amis Vladimir Jankélévitch et Georges Friedmann, mais je pouvais encore atteindre André Hauriou, le chef départemental de « Combat » : il logeait dans l'immeuble voisin du mien, au rez-de-chaussée, et sa chambre donnait sur la rue. Il était 3 heures : je me levai. La nuit était parfaitement calme... De la rue, je frappai à sa fenêtre. Hauriou apparut, pas très tranquille. C'était ma dernière nuit sur le sol français. Nous devisâmes agréablement dans la rue déserte. J'étais grisé à l'idée de ce départ. Lui-même devait demeurer à son poste. Je le chargeai d'affectueux messages pour nos amis communs.

Mercredi 11 novembre, 5 heures. La ville, aux premières heures du matin, avait un petit air d'attente. Ce jour-là, le pays fêtait dans le secret l'anniversaire de la victoire de 1914-1918 et je voyais dans cette coïncidence entre cette date de l'armistice et celle de mon départ un heureux présage. Dans les rues, je croisais des passants furtifs et des agents. Je portais une casquette et une culotte de cheval qui me donnaient un genre d'officier de cavalerie démobilisé. Deux amies du réseau, Jacqueline Bugeaud et Francette Peyré, m'accompagnaient. Il était convenu qu'elles prendraient le même train que moi mais descendraient en cours de route. La conversation était animée, presque joyeuse, à dessein... Le train s'ébranla sans que je ressente de pincement au cœur. Ce fut entre Foix et la Tour de Carol, alors que nous traversions les Pyrénées, que me revinrent en mémoire les souvenirs émouvants de mes courses de jeunesse. C'était il y a longtemps, dans un pays en paix. Pourtant, en cette aube de novembre, la neige fraîche brillait sur les crêtes comme jadis. La nature était étrangement épargnée par les contingences de l'histoire des hommes.

Je gagnai la Tour de Carol vers midi, changeai de quai pour prendre le train en direction de Font-Romeu. Une demi-douzaine de gendarmes s'avançait à la rencontre des voyageurs. C'était mon baptême de clandestinité. Pour la première fois, il me fallait présenter une fausse carte d'identité qu'un gendarme examina longuement, sceptique, avant de me la rendre. Je respirai. Elle m'avait été fournie par Lucien Fayman dont c'était l'une des activités principales dans son groupe de résistants très engagés.

Pour l'heure, en ce 11 novembre 1942, je me trouvais dans un wagon du train de Font-Romeu entièrement vide. En trente secondes j'enfilai une soutane apportée dans mon sac de montagne pour emprunter une nouvelle identité, toutefois plus proche de la vraie. Comme convenu avec mes amis espagnols, je descendis à Err. Sur le quai, personne. Encore que si : à une centaine de mètres, derrière la rangée d'arbres d'un chemin latéral, un homme paraissait hésiter... Il avança enfin. À sa boutonnière, j'aperçus l'insigne de la Légion française des combattants. J'avais sous le bras, bien visibles, mes journaux collaborateurs. Mot de passe. « Suivez-moi à quarante mètres en arrière », me dit-il, avec un fort accent espagnol. Je caressais l'espoir d'être conduit à une auberge car je mourais de faim. Mais ni auberge, ni café en vue. En revanche la montagne commençait dès la sortie du village. Et le guide de m'entraîner vers elle à vive allure par les ruelles, entre les murs de pierre et les cabanes. Bientôt le voilà qui quitte le chemin et s'engage dans une sorte de ravin... Nous marchâmes un bon moment, grimpâmes jusqu'à franchir une arête à la limite de la forêt. Nous atteignîmes une ferme. Salvador, mon gai compagnon, l'intellectuel au verbe passionné qui s'enflammait le soir pour la métaphysique existentielle, était là. C'était à lui que je devais d'être ici, tout près du but. Mais Salvador n'était plus le même. Anxieux, contracté, il m'expliqua sa situation : à Toulouse, un mandat d'arrêt avait été lancé contre lui, et, ancien républicain, il lui était impossible de rentrer en Espagne. Il n'avait plus où aller. J'avais devant moi un clandestin comme la guerre devait en produire tant. Il m'interrogea :

– Où sont les Allemands ?

– On disait à Toulouse qu'ils étaient sur le point d'arriver. Dans la journée, probablement...

Pour en avoir le cœur net, Salvador décida d'aller se renseigner à un village voisin où, assurait-il, toute la gendarmerie était pour lui ! Il me laissa dans une cabane de berger. Je m'enveloppai de mon mieux, roulé dans la paille, et essayai de dormir.

Ma première nuit de fugitif fut pénible. Il faisait froid et mon esprit vagabondait trop pour m'accorder quelques heures de sommeil. Vers 7 heures, des voix joyeuses se firent entendre au-dehors ; un paysan et son fils m'apportaient du pain et du lait, mais aussi du bois qui me permit de lancer une magnifique flambée dans ma cabane. Ils me répétèrent les consignes de Salvador – ne pas s'éloigner de la cabane, ne pas chanter, ne pas crier, attendre – et ils repartirent.

Je m'installai au soleil, adossé au mur de la cabane. Les heures passèrent ainsi. Je restai longtemps à contempler le ciel sans nuage. Vers 10 heures, la chaleur me sortit de mon extase. Si on gelait à l'ombre, on brûlait au soleil. Je passai la journée dans la plus grande inactivité et en même temps dans une tension extrême. En fin d'après midi, le soleil se cacha et des brouillards montèrent de la vallée. Vers 20 h 30, la porte s'ouvrit avec fracas. Un Espagnol entra, accompagné du jeune garçon du matin. Ils m'annoncèrent que le départ pour la frontière était fixé au lendemain matin. Ils m'accompagnèrent à la ferme où m'attendait Salvador.

De fait quelques heures plus tard, je retrouvai mon ami dans une bâtisse construite à flanc de montagne qu'il partageait avec quelques hommes.

– Vous repartez demain matin à 6 heures, m'annonça Salvador. Avec Fernando.

Son projet était que je prenne le train pour Barcelone en me faisant passer pour un Canadien. En cas de problème, j'aurais recours au consul de Grande-Bretagne.

Le lendemain, le brouillard s'était répandu sur toute

la montagne. Cela ne nous empêcha pas de partir d'un bon pas à travers les genêts et les genièvres. Vers 10 heures, le brouillard se déchira et mon guide, d'abord hésitant, s'engagea dans un thalweg qui montait raide vers l'est.

– *Aqui España,* déclara-t-il en montrant une crête au-dessus de nos têtes.

Cela me surprit. Pouvions-nous être si près de la frontière ?

– Sommes-nous déjà en Espagne ?

– *Si, si...*

Et désignant l'horizon :

– *Montaña de España !*

Quand le brouillard se leva, je découvris en face de nous la vallée d'Err, et au loin les façades claires des chalets de Font-Romeu ! L'homme s'était grossièrement trompé de route. Il nous fallut reprendre notre marche. J'enrageai de m'être laissé conduire sans réfléchir. Pour un peu j'aurais été en mesure de passer en Espagne moi-même. Muni d'une bonne carte, j'eusse été plus efficace : ces itinéraires n'étaient pas très éloignés des courses en montagne de mon adolescence, et je connaissais bien des chemins de la région.

Nous rebroussâmes chemin, vers le Puigmal, retrouvant le brouillard au fur et à mesure que nous poursuivions notre progression. Un fort vent accompagnait ou plus souvent s'opposait à notre marche. Il était déjà plus de 16 heures et le jour baissait. Mon guide était désormais hagard, zigzagant, perdu. Il fallait songer à rentrer. Comme nous avions manqué le col qui menait vers l'Espagne, nous étions en train de nous perdre dans la descente. J'essayais de réfléchir, de revoir en imagination une carte que j'avais si souvent étudiée. Du Puigmal, en dehors des versants espagnols, ne descendent que la vallée d'Err et celle de Valcehollere. Donc, en obliquant à droite, toujours à droite, nous ne courions qu'un seul risque, celui d'avoir à remonter pour retomber sur un versant français. En route.

Vers 21 heures nous distinguâmes le profil sombre de

la *casa* et, quelques minutes plus tard, sur le seuil, un Salvador qui nous regarda ahuri et bientôt consterné.

Je lui expliquai, lui montrant sur une carte les erreurs de notre itinéraire. Salvador était furieux, mais je ne parvenais pas à saisir l'objet de sa colère : était-ce contre les circonstances, contre mon guide, ou contre moi ? Ou simplement contre lui-même, humilié de n'avoir pu tenir sa promesse de me faire passer en Espagne ?

– Vous partirez demain matin à 4 heures avec notre meilleur guide, m'annonça-t-il un peu plus tard.

Je refusai. J'étais épuisé. Repartir dans quelques heures, c'était courir un risque trop grave. Il me fallait prendre un ou deux jours de repos. J'exposai ces raisons, mais sans parler de je ne sais quel instinct qui m'avertissait de fuir ces hommes, de chercher une autre voie pour pénétrer en Espagne... Alors Salvador changea d'attitude. Ses grands yeux noirs s'écarquillèrent et il se mit à tonner. Jamais je ne l'avais vu dans cet état. Devant ma résolution, il jurait, menaçait, essayait de me dissuader :

– Ecoutez... Les gens comme vous, on leur tire un coup de fusil dans la tête... Ils ne sortent pas vivants d'ici !

Je me levai à mon tour. Calmement, mais sévèrement, je lui reprochai son manque de confiance.

– Vous devriez mieux me connaître ! Demain, à 4 heures, j'irai seul à la gare. Si on m'interroge, je dirai que je me suis égaré dans les brouillards entre la vallée d'Err et celle de Valcehollere, et que j'ai dû passer la nuit à la belle étoile.

Salvador se tut, rentra dans son trou, comme un chien furieux dans sa niche. On éteignit la chandelle. Les hommes parlèrent longtemps à voix basse, en espagnol. Par moments, Salvador éclatait et je saisissais des mots terribles : « Ne pas sortir vivant... Un coup de fusil dans la *cabessa* »... Je m'endormis, bercé par ces imprécations...

Le lendemain, la discussion reprit, mais plus

calmement. Salvador accepta finalement ma résolution de rentrer seul à Toulouse. Il me confia 5 000 francs pour son épouse et me chargea de tendres messages pour sa petite fille – quand il jurait, en bon Méditerranéen, c'était toujours « sur la tête de la petite », parce qu'elle était, bien sûr, « ce qu'il a de plus sacré au monde ! » Nous nous quittâmes bons amis... Quelques heures plus tard, je jetai un dernier regard sur cette maison, où j'avais vécu les heures les plus rocambolesques de ma vie, heureusement sans conséquences, et regagnai Toulouse, penaud.

Vie clandestine

Je téléphonai à mon père, à Saint-Maurice. Il me rejoignit, un peu affolé. Il désapprouvait ma conduite qu'il jugeait essentiellement imprudente. Il me confia qu'il était allé voir le préfet, Cheneaux de Leyritz, et que celui-ci me donnait le conseil de me faire oublier quelque part dans l'Aveyron ou dans la Lozère. Pour l'heure, il me conduisit, à ma demande, d'abord chez mon ami de Brux, stupéfait lui aussi de me revoir. Puis, je terminai mon périple chez un autre ami médecin qui possédait une clinique psychiatrique au nord de Toulouse, à Aufréry : le Dr Laboucarié m'avait déjà proposé ses services en cas d'ennui, et il m'accueillit en proposant de me faire passer pour un patient. Avec la fatigue et la faim, je n'eus guère de mal à jouer le rôle du malade venu se reposer. Le lendemain, les religieuses qui s'occupaient de l'hôpital firent venir l'aumônier pour qu'il m'apportât la communion. Elles me trouvaient bien pieux, confièrent-elles au docteur. N'avais-je pas un chapelet à côté de mon lit ? Laboucarié me rapporta un peu plus tard qu'elles me prenaient pour un curé défroqué. Si l'habit ne fait pas le moine, même en civil, j'avais encore du mal à passer pour ce que je n'étais pas. La leçon valait d'être retenue pour les semaines que je m'apprêtais à vivre.

Il était entendu que je ne pouvais pas occuper trop longtemps une chambre destinée à un vrai malade. On décida donc me cacher chez les cisterciens de l'abbaye de Bonnecombe, au sud de Rodez. J'arrivai là-bas et tombai sur Vanhove, mon ami syndicaliste qui se cachait là, lui aussi. Le climat à Toulouse était devenu irrespirable, mais le réseau des églises et des monastères tout autour fonctionnait à merveille. J'en fis l'expérience dans les jours qui suivirent mon installation à Bonnecombe. En effet, le père abbé était inquiet. La présence des Allemands, depuis l'invasion de la zone libre, se faisait de plus en plus envahissante. Ici non plus, je ne pouvais pas m'éterniser. Il signala ma présence à l'évêque de Rodez, Mgr Challiol, qui me reçut. Je pus même m'installer quelques jours à l'évêché où je fus soigné. Je me souviens des discussions avec l'évêque qui me confia en me parlant du « pauvre Maréchal » qu'il priait pour lui tous les matins. Pour lui donner la réplique, je lui racontais les persécutions et les arrestations à Toulouse. Il m'écoutait sans dire mot. Ses sentiments loyalistes n'empêchèrent pas cet excellent homme de téléphoner à une maison de retraite, située à une trentaine de kilomètres de Rodez, où des pères m'accueillirent à leur tour. J'y restai une semaine. Pendant ce temps, l'abbé Martimort, mon très courageux collègue de l'Institut catholique, prenait contact avec l'évêché de Perpignan qui m'envoya à l'abbé Gignoux, curé de Dorres dont dépendait l'aumônerie de l'hôpital des tuberculeux des Escaldes, à la frontière de l'Andorre. L'abbé Gignoux était un personnage pittoresque, connu de toute la région : lorsqu'il se déplaçait en voiture, il s'arrêtait dans tous les villages pour faire la conversation. Les Allemands, qui devaient le tenir pour un original inoffensif, ne se méfiaient pas de lui. On me fournit une fausse identité et j'arrivai aux Escaldes pour les fêtes de Noël 1942.

Nouveau départ

Le médecin chef de l'hôpital était Chilina Ciosi, une jeune Corse, membre de « Combat » et qui allait devenir l'épouse de Frenay. Un soir, après le dîner, j'eus avec elle une longue conversation sur la situation de « Combat » et sur l'urgence absolue d'organiser diverses voies de passage à travers les Pyrénées. Je pensais que tous les patriotes n'avaient pas vocation à combattre dans la Résistance intérieure et qu'il fallait apporter à la France Libre tout l'appui dont elle avait besoin, c'est-à-dire augmenter ses effectifs militaires, afin que la France soit présente dans les combats, aux côtés de nos Alliés.

Le surlendemain, 26 décembre, après un appel du père Gignoux, j'appris que le départ pour l'Espagne était prévu pour le jour même. L'après-midi, Chilina Ciosi m'accompagna jusqu'à la maison des Frères qui devaient se charger de mon passage. Je me donnai l'air d'un prêtre en tournée pastorale, et elle, du médecin du sanatorium qui a rencontré par hasard monsieur l'abbé. J'ai encore dans les narines l'air que je respirais. Il me semble que, cette fois-ci, c'était celui de la liberté. Face à nous, le Puigmal – le pic Mauvais – où la neige étincelait. Non sans émotion, je devais me convaincre que ces pas que je faisais étaient les derniers, pour longtemps, sur le sol français. Les Allemands, la Gestapo, la guerre, tout cela paraissait soudain si loin de cette vallée silencieuse, comme coupée du fracas du monde.

Nous regardions, Chilina et moi, ce grand paysage, plein de souvenirs : là-bas, ma vallée, Valcehollere, et de l'autre côté, le clocher et les toits de Llivia. Derrière nous, le mur granitique, massif, du désert du Carlitte, si cher à mon enfance, et qui m'avait valu mon surnom auprès des cousins. Point d'Allemands en vue. Je chargeai Chilina de messages pour ma mère et pour Frenay qu'elle devait retrouver bientôt... Puis, comme un automate, je m'éloignai, traversai les chaumes, sautai un muret... Sur le chemin, Chilina, en route vers le sanatorium, se retourna lentement et me fit un signe de la main. Le geste d'adieu de la France combattante m'était venu d'une jeune femme qui, elle aussi, était plongée dans la Résistance, et je garderai longtemps ce signe dans mon souvenir.

À Roselande m'attendait le frère Aimé, l'organisateur des passages. La clé du succès, comme il me l'expliqua, était que je fusse pris pour un frère espagnol des Écoles chrétiennes : vêtu de la robe noire dite « à quatre bras » – de fausses manches, accrochées aux épaules et flottant au vent... Un grand rabat blanc... et pour coiffure le tricorne noir. Il procéda donc à un habillage en bonne et due forme. Je ne m'étais pas rasé de quelques jours, et je fis en quelques minutes un moine assez convenable.

Confié à l'extraordinaire réseau religieux en Europe, j'étais entre de bonnes mains. Rien de comparable avec le système de fortune du pauvre Salvador. Les prêtres et les moines bénéficiaient de leur implantation ancestrale, de leur bonne connaissance du pays et du respect instinctif des autorités – même allemandes – à leur égard. Conduit par le frère Aimé, je fus accompagné dans ma marche par le père Gignoux et le frère espagnol qui devait me donner l'hospitalité le soir même dans son couvent. Nous marchâmes longtemps dans la montagne, prudemment, mais sans lenteur excessive. À un moment, toutefois, le frère Aimé baissa la voix et dit : « La frontière est sur la crête, à 200 mètres. » Les yeux baissés, comme des religieux recueillis, nous pressâmes tout de même le pas... 100 mètres... 50 mètres..., les minutes me semblèrent des heures... Il paraît que les Allemands s'embusquaient parfois derrière un buisson, ou un rocher. Ce jour-là, il n'en fut rien et une demi-heure plus tard, nous étions à Llivia, devant la maison des Frères.

À vrai dire, je n'arrivais pas à reconnaître cette maison où nous étions venus, mon oncle, le chanoine de Lacger, mon frère Louis, et moi, quelque vingt-deux ans auparavant. C'était alors l'été, et comme à son habitude,

37. 14 juillet 1944. Une croix vient d'être érigée devant l'église d'Amfreville-Le-Plein. René de Naurois, en uniforme de commando (la campagne de Normandie se poursuit jusqu'en août 1944) auprès du curé de la paroisse, resté sur place pendant toute la durée des combats.

38. René de Naurois, assis, au premier plan, en 1946, à Berlin, alors qu'il est au Conseil de contrôle.

39. Après 1945. Le pasteur Martin Niemöller et sa femme, à Berlin.

40. René de Naurois reçoit la médaille des « Justes parmi les nations » en mai 1989 des mains de Jacques Pulver.

41. Ravivage de la flamme du souvenir des Juifs morts en camps d'extermination nazis dans la crypte de Yad Vashem, en mai 1989.

42. Plantation d'un arbre à son nom dans une allée des « justes » à Yad Vashem, à Jérusalem, en mai 1989.

43. Les parents et l'oncle de Monique Sanson avaient été accueillis en 1940 par les parents de René de Naurois à la propriété de Saint-Maurice où leurs papiers furent enterrés dans le jardin. René de Naurois ne l'apprendra que lors de cette visite en Israël en 1989. Ses parents ne s'étaient vantés de rien. De gauche à droite : Gisèle Venet, René de Naurois, Monique Sanson, Jacques Pulver à l'entrée de Yad Vashem, Jérusalem.

44. René de Naurois dans l'île de Saõ Tomé (janvier 1974) lors de voyages scientifiques (ornithologie).

45. Ornithologie au Maroc. Jeunes Marocains engagés pour un périple dans le Sud marocain. Avril 1983, près de Tarroudant.

46. René de Naurois, collectionneur d'œufs d'oiseaux tous collectés par lui sous toutes les latitudes. La collection a été donnée au muséum d'Histoire naturelle de Genève en 1998.
Ici, boîte d'œufs de guillemots (Spitzberg, Océanie, Afrique).

47. Rencontre avec Jean-Paul II. Rome, 1984.

48. 1994 : 50e anniversaire du 6 juin 1944. René de Naurois célèbre la messe à 8 h 30, comme tous les 6 juin, sur l'esplanade qui prolonge l'endroit exact de la plage de Ouistreham où il débarqua avec les commandos, debout derrière lui.

49. Lors d'une célébration à Ouistreham, 6 juin 1984. Derrière René de Naurois, Robert Dawson qui fut le colonel commandant le 4e commando le 6 juin 1944 et qui restera son ami le plus proche jusqu'à sa mort en 1987. René de Naurois l'assistera dans les derniers jours de sa longue maladie, jusqu'à la fin.

50. 6 juin 1998, sur la plage de Ouistreham avec Gwenaël Bolloré, « infirmier » du commando en 1944.

51. René de Naurois, avril 2002, en Bretagne, reprenant ses notes de guerre (ici, la campagne de Normandie) pour rédiger ses mémoires.

52. 6 juin 1999. Sur la plage de Riva-Bella, à Ouistreham. Moment de solitude après la célébration de la messe annuelle. René de Naurois regarde le replat entre la dune d'herbe et la plage qui fut si difficile à franchir sous le feu de l'ennemi.

notre oncle avait voulu tout nous faire voir, tout analyser : le terrain, les pierres, les maisons, l'église... Etrange coïncidence qui me faisait revenir en ce lieu qui avait paru à l'enfant que j'étais bien inhospitalier. Ces Frères espagnols m'avaient alors rebuté. Et aujourd'hui c'était eux qui me sauvaient la vie !

Je n'étais pas complètement sorti d'affaire. Il y avait encore la police allemande tout au long de la route internationale qui reliait l'enclave de Llivia à Puigcerda, capitale, si l'on peut dire, de la haute Cerdagne espagnole. Que garde-t-on comme souvenirs de ces haltes fugitives, alors que l'esprit et le corps sont tendus vers un seul but ? Rien de bien marquant. Un éclair toutefois dans ma mémoire : au dîner, mes hôtes me parlèrent sans fard des républicains espagnols. Alors qu'en France, ces hommes constituaient souvent l'armature des maquis, ici, ils étaient tenus pour de dangereux communistes. Je songeai en souriant intérieurement au mot de Pascal : « Vérité en deçà des Pyrénées... »

Notre neveu du Tapaz est en bonne santé

Le lendemain, je fus emmené en carriole à cheval par un moine, pour Puigcerda, par le chemin international. Il faisait froid. Il fut convenu au départ de Llivia que je devais jouer le rôle d'un « innocent », avec sa pauvre barbe mal rasée et son regard pâle et vide à souhait : dur d'oreille, incapable de répondre autrement que par des « euh ! » et des « han ! ». Je me laissai faire. Le succès était à ce prix. Il n'y eut qu'un contrôle où mon cicérone espagnol présenta ses papiers, puis, tout naturellement, après une bourrade pour réveiller « l'idiot », prit de mes mains le *salveconducto* établi au nom de Hermano Agostino Soler Bernada et le tendit au policier. Celui-ci nous regarda à peine et, sans un mot, rendit les papiers. C'était fini.

Quelques heures plus tard, je gagnai Barcelone où m'attendaient des amis, les Cinnamond. Lui, de nationalité irlandaise, avait pris fait et cause pour les Alliés, et j'avais là un ami prêt à me mettre directement en contact avec l'Angleterre. Son premier geste fut tout simple. Il m'alla droit au cœur : il se fit fort de donner de mes nouvelles à ma famille, que lui-même avait connue avant guerre – ma mère était très liée avec sa future épouse. Par prudence, nous décidâmes de renoncer à toute lettre envoyée directement d'Espagne à Saint-Maurice, mais de l'adresser au chauffeur de mon père, Antonin Esculier. Le brave homme reçut donc une missive disant : « Notre neveu du Tapaz est en bonne santé, il va très bien... » Le Tapaz est un mot qui fait très espagnol ! Or, sur la propriété de mon père, c'était le nom d'un petit bois dans lequel se cachaient renards et oiseaux et où nous allions jouer enfants. Esculier arriva donc à la propriété, tout tremblant, et dit à mon père, un peu hésitant : « Monsieur Jacques, j'ai une lettre express... J'ai bien l'impression que c'est Monsieur René... »

Grâce à mes amis Cinnamond, je pus retrouver mon identité de prêtre, achetant une soutane et un chapeau à poil de parfait prêtre espagnol. J'avais, au nombre de mes faux papiers, un permis de célébrer en espagnol. Dans les jours qui suivirent, je rencontrai de vieux amis : Arnaud, que j'avais connu à l'Institut français de Berlin, Chombart de Lauwe, l'un des fondateurs d'Uriage, et Pierre Deffontaines, un ancien des Équipes sociales de Garric, lui aussi passé par l'École. Par eux, j'appris ce que j'imaginais : l'impasse dans laquelle se trouvait l'École, pour rester fidèle à ses principes, à son esprit résistant, face au basculement de Vichy du côté des Allemands. Dunoyer de Segonzac – le « Vieux Chef » – s'apprêtait à reprendre sa liberté, à prendre le maquis et à diriger des réseaux de résistance mis en place depuis plusieurs mois grâce à d'anciens stagiaires.

Barcelone voyait déferler les nouveaux arrivants par « vagues ». Volontaires de tout poil, officiers, sous-officiers, soldats et aviateurs, marins, cyrards. Parmi ces hommes, combien partageaient la même motivation ? Quitter la France des privations, combattre l'Allemand, rejoindre le général de Gaulle ? Ou l'Afrique du Nord ? Qu'importe, une ardeur communicative se répandait dans la ville et la capitale catalane se montrait coopérative. Le mot de « Résistance » la faisait encore vibrer et je fus témoin d'un spectacle surprenant : quelques jeunes saint-cyriens, perdus en ville, interrogèrent un modeste balayeur avec ces simples mots : « *Consulado britannico.* » La formule fit mouche : l'homme conduisit les jeunes gens au tramway, paya leur place et donna les instructions au wattman pour qu'ils fussent menés à bon port.

J'eus de longues conversations, le soir, avec cet ami de longue date, Arnaud : je m'étais lié avec lui à l'Institut français de Berlin et le retrouvais maintenant sous-directeur à l'Institut de Barcelone. Il était avide de comparer mes informations à celles qu'il recueillait, presque chaque jour, de la bouche de jeunes gens de plus en plus nombreux à passer les frontières ; mais je retirais de ces premiers échanges l'impression qu'une étrange complexité présidait aux relations entre les Alliés et mes compatriotes dont certains se montraient désireux de rejoindre la France Libre, d'autres étaient attirés vers l'Algérie..., encore méfiants à l'égard de l'entreprise gaulliste. Sur le moment, je ne compris pas...

À l'un de nos dîners partagés, Arnaud me conta par le détail l'histoire de l'*Iris*, un sous-marin de 600 tonnes qui, au mépris du danger, avait réussi à sortir de la rade de Toulon et à rallier Barcelone. L'officier faisant fonction de commandant (le commandant était à terre lors de l'irruption des Allemands dans la ville) avait réussi, en naviguant habilement en profondeur, à éviter mines et torpilles. La nuit venue, il avait émergé. Des Français, dont le consul général de France à Barcelone, essayèrent de le convaincre de gagner l'Afrique du Nord : « Vous y êtes attendu. » L'officier, prisonnier d'une éthique et d'une logique, ne voulut rien entendre.

Beau caractère au demeurant, mais conscience rigide. Il était même furieux contre le consul à qui il reprochait de faire de la propagande pour la « dissidence » et de toucher en même temps les traitements que lui octroyait le maréchal Pétain... Son raisonnement était : « Si le Maréchal m'avait ordonné de livrer mon sous-marin aux Allemands, je crois que je lui aurais désobéi. J'ai pu éviter de me saborder. En me faisant interner à Barcelone, je conserve intact un bâtiment à mon pays. » Étrange logique : pendant la guerre, quand se joue le sort de la nation, on met à l'abri les engins de défense que la nation s'est donnés, pour les restituer, le danger passé, quand la nation sera déshonorée ou détruite ! Combien, chez ces marins, restaient ainsi fidèles à leurs chefs, à l'amiral de Laborde, en particulier !

Toute la marine n'était pas prisonnière de cette forme particulièrement rigide d'esprit d'obéissance. En novembre 1942, quand je retrouvai Arnaud, je ne savais rien encore des exploits des Forces françaises navales libres et des combats terribles qui les opposaient, en mer du Nord et dans l'Atlantique, aux redoutables U-boots allemands qui les prenaient pour cibles. Je ne savais rien non plus de l'acte d'indépendance, dans ce contexte, de l'amiral Muselier, seul officier supérieur de la Marine à s'être rallié à la France Libre. Même au cours de mon séjour à Londres, les censures britanniques et françaises ne laisseront passer, pour des raisons évidentes de sécurité, qu'un très petit nombre d'informations. L'amiral Chaline, ou mon ami Bertrand Imbert, des FNFL, me raconteront après la guerre des épisodes de ces combats dont rien, bien entendu, n'était répercuté par la presse vichyste...

LA CASA VELÁZQUEZ

Quelques jours plus tard, en compagnie de mon ami Maurice Escarra, le fils de Jean Escarra avec lequel j'avais fait des courses en montagne, je gagnai Madrid à bord d'une ambulance américaine, avec plaque du corps diplomatique et fanion. À l'intérieur, deux camarades d'évasion et moi-même, assis à côté du chauffeur, ne perdant rien de la vision effrayante de cette Espagne ravagée par la guerre civile, ponctuée de ruines, d'arbres déchiquetés, présageant ce que serait l'Europe quelques années plus tard, de Rome à Dresde. Jusqu'alors, j'avais si peu vu la guerre, et rien de ses conséquences : l'Espagne me servait de révélateur.

Je demeurai quelques semaines à Madrid dans l'attente d'un passage par Gibraltar. Pendant ce temps, je fus accueilli à Madrid par Maurice Legendre, directeur de la Casa Velázquez. Universitaire de talent, c'était un monarchiste de regret, absolument inclassable : hostile envers les républicains, méfiant envers le régime franquiste, il se montrait particulièrement dévoué à l'égard de ses compatriotes et les encourageait tous à la lutte contre le nazisme. Maurice Legendre prit le temps de me faire profiter de sa connaissance exceptionnelle de l'Espagne, de sa littérature, et de sa musique. De mes visites au Prado avec lui, je retiens une petite toile de Raphaël – Joseph penché, un peu gauche, inquiet, Marie avec l'aisance et la sûreté des mères, l'enfant Jésus à califourchon sur un agneau, jouant avec la laine – et les toiles du Greco, remplies de gestes en forme de flammes... Barrès n'avait pas menti... Au hasard d'une promenade, j'avisai une affiche de propagande de la division Azul, ces soldats espagnols engagés aux côtés de l'Allemagne. Je songeais à notre présence, à celle des républicains dans les maquis des Pyrénées, à ces soldats. L'Espagne franquiste demeurait, par opportunisme, dans la non-belligérance, ce qui n'était pas synonyme de neutralité.

J'eus le plaisir de refaire un peu de philosophie en retrouvant Jean Mattei qui me prêta *La Phénoménologie de l'esprit* de Hegel, et d'avoir des nouvelles d'Uriage par Chombart de Lauwe, lui aussi « de passage ». Je fis également la connaissance de l'historien Jean Berthold Mahn et de son épouse Marianne : elle était elle-même historienne, spécialiste de l'Amérique latine et fille du médiéviste Ferdinand Lot. Tous deux étaient à Madrid depuis janvier 1942 où Jean attendait l'occasion de rejoindre les forces combattantes – on sait qu'il tombera pendant la campagne d'Italie, le 23 avril 1944, au Garigliano. La sœur de Marianne avait épousé un Estonien d'origine russe, Boris Vildé, arrivé clandestinement en France juste avant la guerre et chargé du département des « Arctiques » au musée de l'Homme, après sa naturalisation. Il connaissait d'expérience l'idéologie nazie. Avec quelques collègues, autour de Paul Rivet et de personnalités comme Jean Cassou (depuis réfugié à Toulouse), Jean Paulhan, Claude Aveline, il avait fondé le réseau du musée de l'Homme dans les premiers mois qui avaient suivi l'armistice et créé un « tract » dont le premier numéro, *Résistance*, avait été distribué dès le 15 décembre 1940. C'est en arrivant à Madrid que Jean Berthold et Marianne Mahn apprirent la mort de Vildé, fusillé par les Allemands le 23 février 1942. Marianne me donna une copie de la lettre écrite par Boris à sa femme au moment d'être emmené devant le peloton d'exécution : je l'ai toujours conservée.

Les arcanes de la France Libre

À Madrid, je fus vite instruit des mille nuances qui coexistaient au sein de la France Libre : Alger, Londres, de Gaulle, Giraud, l'amiral Muselier... Chacun de ces noms avait une signification différente. J'apprenais non seulement que la Résistance n'était pas unie, mais que de féroces rivalités la déchiraient. Dans les premiers temps, j'exposais sans retenue mon ardent désir de m'engager dans les Forces Françaises Libres, naïvement convaincu que le général de Gaulle n'était retenu à Londres que par l'expédition des affaires courantes. J'affirmais donc ma quasi-conviction qu'il existait déjà – sûrement – une antenne gaulliste à Alger... et que j'allais pouvoir m'engager comme aumônier militaire dès mon arrivée en Afrique du Nord, dans une formation quelconque de la France Libre... On posa alors sur moi de longs regards approbateurs, mais vaguement inquiets... Personne ne m'avait davantage averti d'une hostilité américaine à l'égard de l'homme du 18 juin. J'allais vite apprendre que, si le but de toutes ces factions était le même – la libération du territoire national –, les moyens, les priorités différaient au point d'engendrer des querelles fratricides.

Les jours s'écoulaient. Il semblait que les difficultés fussent grandes à organiser un convoyage avec des chances sérieuses d'aboutir. L'officier français, qui avait réussi à nous faire transporter de Barcelone à Madrid, s'appelait le colonel Malaise. C'était un ancien attaché de l'Air à Vichy, hostile au général de Gaulle, et qui travaillait plutôt avec Alger...

Enfin, grâce à Mgr Boyer Mas, prélat français qui connaissait tout le monde et rendait volontiers service aux clandestins sous couvert de propos à la gloire de Franco, je pus rencontrer l'ambassadeur d'Angleterre, sir Samuel Hoare. L'entretien fut cordial et direct. Sir Samuel se montra heureux de rencontrer un Français informé des mouvements d'opinion en France. Avec innocence et ferveur, je lui décrivis les sentiments les plus vifs de la population : hostilité croissante envers les hommes de la capitulation et leurs méthodes de gouvernement, absence de ressentiment à l'égard de l'Angleterre, ralliement grandissant de la nation autour du général de Gaulle...

Sur ma lancée, je l'assurai que beaucoup d'ouvriers se réjouissaient de la victoire de l'Union soviétique et qu'un nombre de plus en plus considérable d'entre eux entraient en ce moment même dans la résistance active aux côtés d'une résistance non communiste. Et voilà que mes réponses, dont je pensais qu'elles apportaient une information encourageante, ne parurent pas rassurer l'ambassadeur. Que se passerait-il à l'heure où le pays serait libéré ? La France serait-elle sous la menace d'une prise de pouvoir par les communistes ? Toujours mené par mon enthousiasme, j'essayai de le rassurer : nos communistes n'étaient-ils pas d'abord des patriotes ?

De son côté, dans un français impeccable, l'ambassadeur commenta les plus récentes nouvelles : la bataille de Midway dans le Pacifique ; l'avance des Soviétiques, après la défaite allemande devant Stalingrad ; les victoires alliées en Libye, en Tunisie ; l'Algérie enfin où une armée française était en cours de formation. Interdit, j'écoutais sir Samuel m'exposer que les Français Libres avaient vocation de rallier aussitôt que possible l'Afrique du Nord, territoire français, pour y rejoindre les grandes unités déjà en formation. Le gouvernement britannique souhaitait désormais éviter les frais qu'occasionnait un afflux de volontaires en Angleterre. Selon lui, le mieux était de gagner directement l'Algérie où l'arrivée du général de Gaulle était souhaitée et attendue.

Et lorsque je demandai à l'ambassadeur s'il y avait à Madrid un représentant du général de Gaulle à qui je pourrais me présenter, je n'obtins pas de réponse. Sir Samuel Hoare m'informa simplement de pourparlers activement menés entre le général de Gaulle et le général Giraud. Ces pourparlers devaient selon lui aboutir rapidement à une unification des forces françaises. J'étais gagné par le découragement – tant de factions, tant d'intérêts rivaux se dressaient devant moi qui ne poursuivais qu'un but : combattre l'ennemi. Il me manquait à l'époque le dessous des cartes qui, si j'avais connu l'hostilité déterminée de Roosevelt envers de Gaulle, m'aurait permis de mieux comprendre le prestige dont un temps les Alliés voulurent parer Giraud avant de se rendre à l'évidence d'une indéniable popularité du général de Gaulle auprès d'une majorité de Français résistants.

VERS GIBRALTAR

Enfin le colonel Malaise me remit entre les mains d'un officier du génie, le commandant Detchi, qui reçut la mission de me conduire dans le sud de l'Espagne, d'où je pourrais facilement embarquer, m'assura-t-on, pour un port du Maroc français ou espagnol. De là, il serait relativement aisé de me faire conduire à Port-Lyautey ou à Rabat. Une nouvelle fois j'adoptai pour le voyage une « couverture ». Il était convenu avec mes guides qu'en cas de questions trop pressantes de la police, nous étions une troupe de comédiens français invités à Algésiras pour y donner une représentation théâtrale. Nous quittâmes Madrid dans un vieil autobus qui nous laissa tout loisir d'admirer la route. Il n'y eut au cours de ce voyage qu'un petit incident. Nous avions roulé quelque temps sur les flancs en pente douce d'une colline face à la ville de Tolède. Aucune végétation ne s'interposait entre l'immense perspective de murailles, d'églises, de clochers, d'anciens monuments au centre desquels le fameux Alcazar, quand soudain apparurent des taches sombres au milieu de la route blanche de poussière : les carabiniers. Un instant se profilèrent devant mes yeux les murs livides de la prison de Miranda où tant de volontaires français traînèrent pendant des mois. C'est alors que je vis Detchi descendre de voiture, marcher sans se presser vers les carabiniers et engager une conversation très détendue. Peu à peu, il les entraîna vers une maison proche, une sorte d'auberge, et je le vis, les bras posés sur leurs épaules, boire et parler. Une enveloppe passa de mains en mains... La route était libre...

À Algésiras où nous passâmes une semaine à chercher le moyen de rallier Gibraltar et le consulat britannique, la solution vint aussi en soudoyant une sentinelle sur le port. Pesetas à la main, Detchi lui expliqua qu'un bateau – qu'il désigna en même temps à notre attention – devait partir. Il avait probablement l'habitude de ces transactions... et nous nous sommes entassés à bord, avant de prendre la mer.

Pour notre arrivée à Gibraltar, au beau milieu de la nuit, nous fûmes accueillis par un magnifique feu d'artifice : les canons de la forteresse s'étaient mis à tirer sur un groupe de bombardiers italiens. En terre anglaise, nous fûmes d'abord accueillis comme des seigneurs, avec force tasses de thé et cigarettes. Ce n'est que plus tard que les autorités nous demandèrent quels étaient nos projets. Il fallut remplir une fiche indiquant si nous voulions rejoindre de Gaulle à Londres ou Giraud en Algérie. Décidément imperméable aux subtilités politiques françaises de l'époque, j'inscrivis : Giraud, Forces Françaises Libres gaullistes. Je pensais que le général de Gaulle était déjà en Algérie puisque les Alliés y étaient. J'avais appris l'assassinat de Darlan alors que j'étais encore en France et je pensais, naïvement, que la situation sur place, depuis, avait dû se clarifier. Or de Gaulle ne devait se rendre en Algérie qu'en mai, et nous étions en février. Il n'y avait donc pas de Forces Françaises Libres en Algérie à ce moment-là.

LONDRES : « PATRIOTIC SCHOOL »

Décidé à en finir avec tous ces mystères et ces tergiversations, j'entrai en contact avec le correspondant de la France Libre à Gibraltar, François Thierry-Mieg, connu sous le nom de Vaudreuil. C'est lui qui, avec les autorités britanniques, organisa rapidement mon départ vers l'Angleterre, en compagnie d'une dizaine de volontaires. J'embarquai sur l'*Athlone Castle*, avec un autre Français, Émile Laffon, l'homme le plus modeste qui soit mais que ses compétences, après l'arrestation de Jean Moulin, désignèrent pour organiser l'avenir des comités de Libération. Il fut d'ailleurs secrétaire général au ministère de l'Intérieur en 1944, et je le retrouverai en Allemagne, en 1945, alors qu'il sera gouverneur civil de la zone française d'occupation, à Baden-Baden, où il m'accueillera chez lui.

La traversée dura dix jours. Début mars, les côtes britanniques furent en vue. Le 14, nous débarquâmes à Liverpool, en uniforme, mais entre deux files de soldats armés. Un espion pouvait toujours se dissimuler parmi les arrivants... Très tard dans la soirée, un train rapide nous amena à Londres en quatre ou cinq heures, puis – c'était le matin du 15 mars – on nous conduisit à *Patriotic School*, l'équivalent anglais de notre maison de la Légion d'honneur – école de jeunes filles vidée au préalable de ses occupantes ! – devenu le centre de transit de tous les Français débarqués sur le sol anglais. Le séjour imposé répondait à plusieurs fonctions : offrir un repos de quelques jours aux arrivants, harassés par les péripéties de leur évasion. Je fus du nombre de ceux qui furent mis au lit avec fièvre et angine. À cette occasion, je pus vérifier la réputation du *nursing* anglais : des infirmières douces, souriantes, compétentes, mais des médicaments au goût exécrable ! Je me rappelle avoir dormi trente-six heures et subi au moins deux examens médicaux avant de comparaître devant un officier britannique.

Après le repos venait l'interrogatoire, à nouveau très britannique, mais d'une tout autre manière. Courtois mais ferme. D'où arrivais-je ? Comment m'étais-je échappé ? Chaque détail fourni avait son importance et devait servir à établir une géographie physique et humaine de la France, à l'usage des aviateurs alliés obligés de sauter en parachute : il fallait leur éviter d'être trop facilement pris soit par les Allemands, soit par la milice de Vichy. Je fus ainsi interrogé sur ce que je savais de l'ordre de bataille des Allemands sur le territoire français : les unités de la Wehrmacht, les compagnies SS, les polices... Je ne savais malheureusement pas grand-chose de précis... J'avais quitté Toulouse plus de trois mois plus tôt... L'interrogatoire porta enfin sur l'état d'esprit des populations françaises, les sympathies et les antipathies déclenchées par les bombardements anglais, ou encore les réactions à l'attaque britannique contre la flotte française à Mers el-Kebir, en juillet 1940. Mes interlocuteurs enregistrèrent scrupuleusement mes informations sur l'état d'esprit qui régnait à Toulouse, prirent note du formidable réseau constitué par les couvents et maisons religieuses qui pouvait s'avérer précieux pour aider les aviateurs anglais abattus au-dessus de la France à gagner l'Espagne. Mon témoignage sembla déjà moins les intéresser quand je fis part de l'entrée des ouvriers toulousains dans la résistance active... Et on parut me prêter guère d'intérêt lorsque je fis part de mon propre engagement aux côtés d'Henri Frenay et du mouvement « Combat ». Cela me rappelait l'incapacité – ou ce que je prenais pour telle – de me faire comprendre lors de mon entrevue avec Samuel Hoare... Allais-je à nouveau au-devant de découvertes de dissidences inconnues de nos groupes de résistants toulousains ?

Aumônier militaire

Sitôt libre sur le sol anglais, je m'étais empressé, en effet, d'aller me présenter à mon supérieur, aumônier interarmes, le chanoine Olphe-Gaillard. Il était originaire de Grenoble et avait été un brillant officier d'aviation pendant la guerre de 1914-1918, décoré de la croix de guerre. À Londres, Olphe-Gaillard avait reçu ses pouvoirs canoniques du cardinal Hinsley, archevêque de Westminster, et exerçait les fonctions de directeur de l'aumônerie militaire pour les trois armes, Terre, Mer et Air, en Grande-Bretagne.

On ne peut évoquer l'Église catholique en Angleterre sans s'arrêter un instant sur ce prélat, Mgr Hinsley, qui faisait l'admiration de Churchill. Il avait pleinement épousé la cause de la Liberté en Europe et dans le monde ; et le Premier ministre, avec sa nature passionnée, aimait retrouver une ardeur semblable – *devotion to duty* – chez le chef de l'Église catholique en Angleterre. Hinsley avait d'ailleurs manifesté dès la fin de l'année 1940 sa sympathie pour la France de la manière la plus inattendue pour un Britannique, en déclarant : « L'esprit de la France n'est pas écrasé, l'esprit de sainte Jeanne d'Arc vit toujours, et vaincra ! » Dès le mois de décembre 1941, il avait repris des propos de Mgr Saliège à l'occasion d'une messe à laquelle assistaient les représentants des nations étrangères et le général de Gaulle : « C'est l'avenir de l'esprit chrétien, dit-il, qui se joue en ce moment et peut-être pour des siècles. Beaucoup de prêtres, beaucoup de catholiques ne le voient pas. Voilà pourquoi je les préviens, je les avertis officiellement. C'est pourquoi, moi, archevêque de Westminster, je m'associe aujourd'hui à cet avertissement significatif ; c'est pourquoi, nous, dans cette cathédrale, nous nous unissons au peuple de Toulouse et à son Pasteur suprême dans une prière ardente pour la délivrance de la France et des nations asservies. » Comment de telles paroles ne me seraient-elles pas allées droit au cœur ?

Quant à moi, je reçus délégation pour exercer mon ministère de Mgr Dey, l'évêque aux Armées pour les Polonais, les Hollandais, les Belges, les Français, et toutes autres nationalités non britanniques. Cet évêque, enthousiaste et plein d'un humour typiquement britannique, avait succédé au cardinal Hinsley qui n'avait déjà que trop de charges sur les épaules. Il fut pour moi un père, un homme bienveillant avec qui je me sentis immédiatement en confiance pour lui faire part des soucis de mon ministère. À l'inverse, je garde un souvenir mitigé de ma visite protocolaire auprès du représentant du Saint-Siège à Londres, Mgr Godfrey. Le chanoine Olphe-Gaillard avait approuvé cette visite, sans d'ailleurs se faire d'illusions sur le résultat : « Il n'est pas très aimable, m'avait-il confié. D'ailleurs il nous dédaigne un peu, nous, les aumôniers des Forces

Françaises Libres. » De fait, l'accueil fut glacial. Le délégué apostolique fut d'abord heurté par le fait que je ne portais pas le col romain réglementaire... D'autre part, il voulait absolument que je puisse fournir des documents signés de mon évêque, ne comprenant pas que je n'aie pas traversé l'Espagne avec un *celebret* à mon nom, moins encore signé de Saliège ! Je tentai de lui expliquer les circonstances de mon départ, les risques encourus... En vain ! Son Excellence ne se départit pas de cette raideur protocolaire. À la fin pourtant, il m'interrogea :

– Vos soldats sont-il pieux ?

– Pas très pieux, répondis-je, en éclatant de rire... Enfin..., comme tous les soldats du monde.

Il daigna sourire poliment ; et ce fut tout.

J'ai longtemps réfléchi sur les étranges réserves de Mgr Godfrey : je pense qu'il appartenait à cette catégorie de religieux britanniques, heureusement peu nombreux, qui ne voyaient comme ennemis que le communisme soviétique et pensaient sans doute, de ce fait, comme François Mauriac en 1938, que Hitler était le dernier rempart contre le bolchevisme. Mgr Godfrey paraissait souhaiter que les Français restent solidaires des Allemands par la collaboration pour consolider cette barrière entre la Russie et le monde occidental. C'était contester tout l'intérêt et la valeur de la Résistance française à l'hitlérisme.

Rencontres avec de Gaulle

À mon arrivée à Londres, j'avais été accueilli par mon ami Jean Escarra, le père de Maurice : il avait brisé sa carrière de professeur à la faculté de droit de Paris pour rejoindre la France Libre. Il dirigeait la section de l'Extrême-Orient à l'état-major particulier du général de Gaulle. Sa spécialisation en droit chinois lui avait valu la charge des intérêts français dans le Pacifique, et particulièrement en Indochine. Nous avions réussi à correspondre par une voie clandestine pendant l'automne 1940. Je savais qu'il m'attendait en Angleterre ; et je lui avais télégraphié de Gibraltar.

C'est à lui que je dus d'être présenté rapidement au général de Gaulle. J'avais écrit d'Espagne au chef de la France Libre pour lui faire part de mes intentions de le rejoindre. Dès la fin du mois de mars, je fus donc convié à lui « présenter mes respects » – selon la formule militaire consacrée. Je me rendis au 4, Carlton Gardens, comme officier français. L'homme que j'avais devant moi sortait de longs mois de lutte pour incarner seul la légitimité française face au général Giraud. Grâce à l'aide de Churchill désormais, il tentait de s'imposer tant bien que mal au niveau international. La scène de cette rencontre est fixée à jamais dans ma mémoire : le Général était assis à son bureau, une assez grande table sur laquelle reposaient une pile de dossiers et quelques feuilles de papier. Je me présentai au garde-à-vous, et saluai réglementairement. Le Général se leva et vint au-devant de moi pour me serrer la main, avant de me faire asseoir :

– Alors, Naurois, vous venez de Gibraltar. Vous m'avez écrit.

Pendant quelques minutes, je lui rappelai les termes de ma lettre... Comment, trompé par la propagande officielle, j'avais compté sur une représentation de la France Libre à Alger... Comment, à Gibraltar, j'avais finalement bifurqué sur Londres. Et comment, surtout, comme militant de « Combat », et ami d'Henri Frenay, j'étais heureux de témoigner du ralliement de plus en plus massif des Français à l'idéal de la France Libre... Tout cela dut bien prendre cinq minutes. À son tour, de Gaulle m'entretint de ses difficultés croissantes, devenues presque insupportables..., se référant à plusieurs reprises à l'« étranger ». Qui visait-il au juste ? Les Américains, les Anglais ? Roosevelt ? peut-être encore Churchill... ?

Le Général, très informé sur la Résistance intérieure, ayant reçu quelques semaines plus tôt Jean Moulin et le général Delestraint, m'interrogea à son tour sur mon opinion à l'égard du ralliement de la classe ouvrière à la Résistance. Sur le conseil de Moulin, il venait d'entériner la prise en considération des divers courants politiques au sein de la Résistance. J'entends encore sa voix basse tonner dans le bureau :

– Nous pensons qu'il faut comprendre et agir avec son temps. Or nous sommes à l'ère des masses. On ne peut pas se battre contre les masses, parce que celles-ci sont comme l'océan. Il faut bien l'accepter. Mais il faut s'efforcer de se tenir au sommet, sur la crête des vagues, et tâcher de les gouverner.

Jean Escarra m'avait fait part des difficultés rencontrées par le Général, devant lequel les Anglo-Saxons mettaient toutes sortes d'obstacles, notamment pour freiner son implantation politique en Afrique du Nord. Devant moi, il eut cette formule : « Ce sera Alger ou la Tour de Londres », reprenant les termes d'une expression de Churchill au cours d'une de leurs discussions un peu vives, pour ne pas dire disputes. « Vous voulez m'exiler à l'île de Man, avait hurlé de Gaulle. – Pour vous, la Tour de Londres, ce sera toujours assez bien », avait riposté sur le même ton le Premier ministre anglais.

Sitôt sorti de Carlton Gardens, je rapportai à Escarra les propos du Général, et m'empressai d'ajouter : « Eh bien, je suis prêt désormais à suivre le Général à la Tour de Londres ! » À l'évidence, de Gaulle avait produit sur moi une forte impression. En même temps, j'éprouvais le sentiment que quelque chose m'échappait – un nœud de relations de dépendance, d'oppositions, d'intrigues aussi... Toute la guerre a passé avant que je puisse démêler l'écheveau ; et tout, sans doute, n'a peut-être pas encore été dit ni écrit.

Ce n'est qu'après quelques semaines d'attente, dans cette atmosphère de secrets feutrés, qu'un jour, de guerre lasse, n'obtenant toujours pas d'affectation précise, je faillis démissionner. J'allai voir Dennery devant qui j'avais signé mon acte d'engagement dans la France Libre, et lui déclarai tout de go mon intention de le résilier. Il pâlit, empoigna son téléphone, semonça quelqu'un et me déclara que je verrais le général de Gaulle dans les jours à venir.

En effet, quelques jours plus tard, je fus reçu par de Gaulle pour la deuxième fois. Il m'offrit le choix entre trois possibilités :

– Naurois, je vous laisse le choix entre l'escadrille *Normandie Niemen*, les parachutistes ou les commandos.

Je choisis sans hésiter les commandos.

– Eh bien, soit, Naurois..., vous serez marin !

Dans la « France Libre »

Il me fallut plusieurs mois pour dépasser cette impression première : la préparation des combats pour la libération de la France passait par ces luttes âpres, pénibles, usantes. Des amis m'aidèrent à l'accepter ; et parmi eux, Maurice Schumann, l'un des premiers Français rencontrés à Londres. Son parcours intellectuel et spirituel nous rapprochait tout naturellement – et un antinazisme farouche. Nous eûmes de longues conversations : il était alors le porte-parole de la France Libre à la BBC. J'ai trouvé en lui la fougue d'une intelligence toujours en travail, et surtout une amitié exceptionnellement chaleureuse.

Je fis sa connaissance chez Francis-Louis Closon, qui lui aussi appartenait à cette grande famille de démocrates-chrétiens – un voyage en Allemagne en 1936 l'avait éclairé sur le satanisme hitlérien. À Londres, entre autres activités, quand il n'était pas clandestinement parachuté en France, il gérait les finances de la France Libre ; et de Gaulle allait lui confier la délégation du Comité français de la Libération en 1944. Schumann et Closon participaient tous deux à la rédaction d'un mensuel, *Volontaire pour la cité chrétienne*, qui entre autre s'efforçait de rallier l'épiscopat à la France Libre : leurs propos rejoignaient les préoccupations qui étaient les miennes et celles de Mgr Saliège. Closon et sa femme avaient fait de leur maison – pleine d'enfants – un havre d'hospitalité, avec un droit dont j'abusais : y débarquer presque à toute heure, et y épancher doutes et perplexités. J'y fus rarement désapprouvé, toujours réconforté.

Parmi les Français – en dehors des Closon, de Schumann et d'Escarra – je ne voyais régulièrement à Londres que le cher Raymond Aron qui fut pour moi, en ces années d'exil et de perplexité, l'ami le plus fraternel. À la différence de Closon, il souffrait vivement de sa solitude : sa famille ne put le rejoindre avant juillet 1943. À un moment où je me trouvais en difficulté de logement, Aron me prêta une petite chambre, un téléphone et un bureau dans l'un des appartements dont il disposait pour sa revue, *La France Libre*. Cela nous rapprocha encore davantage. Aron se trouvait dans une situation inconfortable. Depuis son arrivée à Londres en juin 1940, il avait été séduit par le projet d'un homme alors proche du général de Gaulle, André Labarthe, qui l'avait convaincu de créer cette revue ; mais Labarthe, proche de l'amiral Muselier puis du général Giraud, était vite entré en disgrâce. Dans ce climat d'attentisme qui avait suivi la débâcle de 1940, Muselier avait été pourtant le seul officier général à se mettre immédiatement au service de la France Libre ; et de Gaulle lui avait confié le commandement des FNFL, les Forces navales françaises libres. Aron fut donc mêlé à son corps défendant aux multiples intrigues qui déchirèrent la colonie française de Londres dès le début de la guerre et dont j'avais eu l'intuition lors de mon court passage chez sir Samuel Hoare et à Gibraltar.

Quand je le retrouvai, Aron – qui signait René Avord – était la figure de proue de *La France Libre*. Démocrate intransigeant, d'une lucidité pénétrante dans ses analyses, il y publia un article pour le moins critique des stratégies gaullistes : dans « L'Ombre des Bonaparte », écrit en 1943, où il ne craignait pas de dénoncer un certain « césarisme populaire » chez de Gaulle. Témoin scrupuleux, mais totalement engagé, encore que non combattant – il s'en fait le reproche dans ses *Mémoires*, mais à Londres, je ne l'ai jamais entendu le déplorer – il sut faire preuve d'un très grand courage en s'engageant dans la défense passive, tandis que la capitale britannique subissait les bombardements de l'aviation de Goering. Au cours de nos conversations, j'essayais de l'entraîner sur les sujets philosophiques qui me passionnaient – il avait déjà brillamment soutenu sa thèse, en 1938 –, mais c'était lui qui, toujours, me ramenait à la préoccupation militaire du débarquement à venir. Pour cela, il invitait de jeunes commandos qui se préparaient déjà à l'action, tels Guy Vourch ou Guy Hattu, le neveu de Bernanos.

Aron se déclarait agnostique au sens étymologique du terme. Son épouse Suzanne était catholique. Et l'une des grandes joies qu'il me fit fut de me demander de baptiser sa fille Emmanuelle, à Londres, vers la fin de l'année 1944, alors que je passais quelques semaines en Angleterre pour y être soigné d'une dépression – après les fatigues et les deuils des deux campagnes de Normandie et de Hollande. Je me souviens qu'il suivit attentivement derrière moi le texte de la liturgie baptismale.

Échos de la Résistance intérieure

À Londres nous parvenaient les échos confus de ce que vivait la Résistance intérieure. Bien évidemment je ne pouvais pas me désintéresser de cette action à laquelle j'avais été mêlé de si près. Paradoxalement, depuis mon arrivée à Londres, j'étais coupé d'elle. Durant l'été 1943, la nouvelle me parvint de l'arrestation à Caluire, fin juin, d'un chef de la Résistance et de ses camarades. J'ignorais qu'il s'agissait de Jean Moulin – qu'il ne m'a jamais été donné de rencontrer. Je savais seulement que ce n'était pas Frenay : mon ami était arrivé à Londres dans les derniers jours de mai. Nous nous étions alors revus longuement.

Le chef de « Combat » avait mené un long bras de fer avec Moulin, à qui l'opposait une vue différente de l'organisation des mouvements résistants en France – ce que je n'ai su qu'après la guerre. Frenay venait d'avoir avec de Gaulle des conversations animées pour faire valoir sa position, dictée par une connaissance précise et quotidienne de la Résistance en France. À ses interlocuteurs londoniens, il reprochait leur éloignement de la réalité, quand il ne s'agissait pas d'arrière-pensées idéologiques.

La règle était de s'interdire toute question sur les sujets auxquels on s'intéressait le plus, mais j'étais trop impatient de clarifier ces intuitions obscures qui m'étaient venues pour me plier à cette précaution ; et je jugeai que mes liens d'amitié avec Frenay m'en exonéraient. Je le bombardais de questions sur ses entretiens avec le Général, mais il fut toujours la discrétion et la loyauté mêmes à l'égard de ses rivaux. Je fis la même expérience avec le colonel Passy, chef du BCRA, revenu à son poste au terme d'une difficile mission en France : il me reçut, mais sans rien laisser filtrer. Cette nécessité absolue du secret, sans laquelle il n'y aurait eu aucune sécurité, commençait toujours avec les plus proches amis, et contribuait à cette impression d'une vaste nébuleuse d'influences et d'intérêts conflictuels qui me maintenait dans l'inquiétude de ce que serait l'avenir, lorsque la France serait libérée...

Durant mon séjour en Grande-Bretagne, j'eus l'occasion de faire la connaissance de l'une des plus belles figures de la France combattante – Pierre Brossolette – que je rencontrai par un heureux hasard, au coin d'une rue si j'ai bonne mémoire. En lui, je retrouvai un vrai camarade de la Résistance intérieure comme j'en avais connu à Uriage et à Toulouse. Son efficacité et son détachement me rappelaient les amis de « Libérer et Fédérer », les militants de « Témoignage chrétien », de « Combat »... Des noms très chers me revenaient en mémoire : Barlangue, Teddy Piat et sa future épouse, France Peyré, Dhont, Dorbes, Renouvin, Frenay... Brossolette était un mystique laïque et un homme d'action. Il était connu pour ne pas mâcher ses mots, notamment devant de Gaulle. À chacune de nos rencontres, j'appréciais l'homme d'action tout entier dévoué à la lutte contre l'occupant et déjà tendu vers la reconstruction de la France, de son État, de ses institutions politiques... Parmi ces rencontres de personnalités exceptionnelles, qui me consolèrent d'autres déboires et me comblèrent d'une joie de l'échange sans réserve, je voudrais citer aussi Jacques Médéric, qui fut avec Frenay délégué de la Résistance intérieure à Londres. Jusqu'à son sacrifice – il se donna lui aussi la mort, comme Brossolette, pour échapper au risque de « parler » sous la torture – il fut pour moi un véritable ami.

Un parcours qui intrigue

Mon parcours intriguait cependant certains milieux civils de la France Libre. Dans mon dos, j'entendais les griefs : « Que peut bien faire ici ce vichyste d'Uriage ? » Parmi eux, des journalistes, qui animaient le quotidien *France*, farouchement antigaulliste, souhaitaient « me pousser dans mes retranchements ». À quelques mois de mon arrivée à Londres, un jeune correspondant de l'Agence Française d'Information (AFI) avait cru pouvoir faire un « scoop », comme on dirait aujourd'hui, en publiant cette « nouvelle » dans le journal *France* du 10 décembre 1943 : il révélait qu'à la suite de l'arrivée de la milice à Uriage, en décembre 1943, l'ancien aumônier de cette école de cadres avait rejoint l'Angleterre ! Outre qu'il ne craignait pas de mettre en danger ma famille en faisant état dans la presse de ma présence à Londres, alors que nous tentions tous de rester dans la clandestinité la plus stricte, il ne semblait pas se douter du temps que prenait le trajet à l'époque pour un fugitif – il m'avait fallu cinq mois pour passer de Toulouse à Londres ! Encore avais-je échappé au délai supplémentaire subi par certains qu'était le passage, parfois très long, par les prisons de Franco. Ce journaliste ne paraissait pas non plus informé du fait que j'avais été prié de quitter Uriage plus de vingt mois auparavant, sur la demande expresse de Vichy, pour mes positions anticollaboration et ma dénonciation systématique du nazisme : il s'arrangeait en effet pour suggérer dans un premier paragraphe de son « papier » ma participation à une expérience – je le cite – qui prétendait « façonner, suivant les normes de la Révolution nationale, combinées avec celles des organisations nazies, les futures élites de la France »... Autrement dit, je n'étais venu à Londres que pour m'y faire absoudre de mes inclinations fascistes et pronazies !

J'écrivis tout de suite une longue lettre à l'amiral d'Argenlieu, dont je dépendais, pour dénoncer les attaques calomnieuses et le tissu d'erreurs qui les soustendait. Je pris même un avocat, Me Oswald, pour me défendre. L'affaire s'envenima, arriva aux oreilles de mon ami Maurice Schumann qui me proposa, plutôt qu'un procès, d'organiser une rencontre entre ce journaliste et moi. J'acceptai, bien décidé à faire payer à cet homme les mots gravement injurieux qu'il avait eus pour moi et mes camarades. Une confrontation fut organisée et le hasard vint à mon secours. Alors que des discussions pointilleuses se déroulaient, la porte s'ouvrit : entra dans la pièce Sadi de Gorter, un de mes amis juifs rencontré à Uriage. Nous tombâmes dans les bras l'un de l'autre, sous le regard ahuri de mes interlocuteurs. Sadi, qui était de tendance socialiste, leur raconta alors ce que nous avions fait ensemble dans la Résistance. Je dois dire que le harcèlement et la suspicion cessèrent immédiatement ; et que je n'eus qu'à me louer de l'attitude responsable du directeur du journal. Mais je refusai de serrer la main du journaliste inepte ou indélicat comme j'avais refusé de serrer... celle de Darlan à Uriage ! Je me contentai de l'envoyer s'informer – n'était-ce pas son métier ? – auprès des nombreux autres anciens compagnons des premiers mois d'Uriage qui, comme moi, avaient rejoint la France Libre à Londres.

La calomnie contre Uriage reprendra de plus belle après la victoire, et jusqu'à une période récente, jusqu'à l'étude définitive, *Une utopie combattante. L'École des cadres d'Uriage (1940-1942)*, que Bernard Comte publia en 1991.

Les services de la France Libre avaient bien noté la bonne connaissance que j'avais de l'Allemagne et de la Résistance intérieure. Le colonel Passy me convoqua et m'interrogea longuement, puis me donna un bureau dans les locaux du BCRA, 10 Duke Street ; mais avec une mission pour le moins floue. Je m'y rendais une fois par semaine, plus comme observateur que comme rouage des services secrets de la France Libre. Il y avait là une secrétaire qui recevait des documents classés « secret », quelquefois « très secret », qu'elle mettait sur ma table pour que j'en prenne connaissance. Je n'ai pas le souvenir d'avoir servi à grand-chose dans cette fonction. Un jour seulement, un homme que l'on suspectait d'être un espion venait d'être interrogé assez brutalement par les hommes du BCRA. Il avait dû déclarer qu'il était catholique et demandé à voir un prêtre. On me l'envoya mais il ne me confia rien de particulier qui mît à l'épreuve le secret de la confession.

Rencontre avec de Lattre de Tassigny

J'eus l'occasion de m'ouvrir des inquiétudes ou du sentiment de frustration que je ressentais à l'époque auprès d'un homme éminent qui me plut immédiatement car, tout en étant au cœur de l'action, il n'était lié à aucune coterie. Jean de Lattre de Tassigny était arrivé à Londres en octobre 1943 après que le BCRA l'eut fait évader de la prison de Riom où il purgeait une peine de dix ans de prison. Son délit ? Alors que les Allemands envahissaient la zone Sud et que lui-même commandait la région militaire de Montpellier, il avait tenté de s'opposer à l'ordre de ne pas résister. J'allai le voir à l'hôpital du Middlesex où il était en convalescence : des vieux souvenirs des gazages de 1914-1918 se rappelaient à lui. Il recevait beaucoup, multipliant les contacts, comme pour rattraper le temps perdu en zone libre. Il me montra des papiers sur lesquels il travaillait et me dit : « Je suis en train de monter une division », comme il m'aurait dit qu'il organisait ses vacances. Ce qu'il « montait » c'était ni plus ni moins que l'armée qui allait faire irruption en Provence et libérer le sud de la France.

Avant de se rendre à Alger, en décembre 1943, il se joignit à une cérémonie que j'avais organisée pour célébrer le centenaire des femmes militaires. Pourquoi le souvenir m'en revient-il aujourd'hui ? Mon homélie porta sur la distinction – chère à Gabriel Marcel – entre espoir et espérance. Depuis plusieurs semaines, il n'était question que de débarquement sur le sol métropolitain : cette perspective évitait aux soldats de la France Libre d'avoir trop souvent le mal du pays. Au premier rang des fidèles assistant à cet office se tenaient le général de Larminat, le général de Lattre de Tassigny, l'amiral d'Argenlieu. De Lattre fut séduit par mon allocution et, quelques jours après, il m'invita à prendre le thé avec lui au Ritz. C'était à un moment où la querelle entre de Gaulle et le reste du monde, Giraud mais aussi Churchill, et Roosevelt, était au plus fort, inextricable. Je ne lui cachai pas mon pessimisme. De Lattre avait veillé à se tenir loin de ces querelles qu'il jugeait par trop politiques. Il tenait de Gaulle dans un respect distant. Le retrouvant à Alger, au chef de la France Libre qui le félicitait de « ne pas avoir vieilli », il avait répondu : « Vous, vous avez grandi. »

Devant mes récriminations, précises à défaut d'être toutes fondées, il tint à me rasséréner :

– Mais, tout de même, il y a de très bonnes choses

ici. Par exemple, les services spéciaux du colonel Passy, le BCRA...

C'était eux qui l'avaient fait évader. Devant ma mine incrédule, il ajouta :

– Reprenez-vous. Je vois d'où ça vient. De ce que vous n'êtes pas commandé. Mais maintenant, tout va changer !

Sous-entendu : « Moi, guéri, je pars pour Alger diriger en militaire la libération de la France. »

De fait à Londres ou à Alger, l'heure était à l'action – de Gaulle s'y trouvait depuis mai 1943 – et le temps du ressentiment finit par s'estomper.

Un « clan » écossais : les Fraser et Lord Lovat

Très tôt après mon passage par *Patriotic School,* je connus une autre face de la vie en Grande-Bretagne, celle qui se manifestait dans une attitude de confiance et de gratitude envers ces Français qui avaient rejoint Londres. Et des amitiés fidèles, chaleureuses se nouèrent, essentielles pour moi dans ce temps de l'attente qui fut aussi celui de l'exil.

Une première anecdote résume assez bien ce qu'était l'état d'esprit d'alors : je voulus me procurer un plan très détaillé de la ville pour aller et venir à ma guise. Près de *Victoria Station,* j'entrai dans une librairie, et demandai un plan de la ville. La libraire requit avec doigté et courtoisie un document officiel de mon service justifiant un tel achat, m'expliquant que, pour des raisons de sécurité, la vente des plans et cartes de Londres et des îles Britanniques était réglementée : un espion pouvait s'en servir pour repérer les quartiers déjà bombardés et... ce qui restait à faire. Sur le moment, je fus désorienté ; mais après une courte discussion, nous tombâmes d'accord : je rédigeai en anglais une « déclaration sur l'honneur » un peu solennelle, équivalant à « Je soussigné, capitaine de Naurois, des Forces Françaises Libres, aumônier adjoint de l'Aumônerie catholique des Forces françaises en Grande-Bretagne, certifie sur l'honneur que je suis autorisé à utiliser un plan de Londres pour les besoins de mes services. » Et la jeune libraire me donna mon plan ! Elle me conduisit aussi chez ses parents, des Israélites anglais de longue date, avec lesquels je suis resté lié jusqu'à leur mort. La jeune libraire, Betty Emmanuel, qui vit en Californie maintenant, m'a longtemps envoyé tous les ans d'Amérique, en souvenir d'un Noël passé dans sa famille, un Christmas pudding qui régulièrement me parvenait, encore ici, à Brunoy... après Pâques !

J'avais aussi retrouvé sur le sol britannique les deux jeunes femmes, Dorothy Griffith et Constance Foley, qui venaient à Saint-Maurice ou à Font-Romeu nous enseigner l'anglais : elles devinrent mes messagères pour envoyer à ma famille des messages codés – « Crois le petit frère bien portant », ou encore « Je viens de recevoir une lettre d'un cher élève ». Elles les faisaient passer par la Croix-Rouge, et ils arrivaient – je les ai toujours – dûment tamponnés « Passed » par un officiel de Sa Majesté puis avec le « Briefstempel » de l'office de censure allemand !

Ma nomination comme aumônier, après ma visite au chanoine Olphe-Gaillard, au début de mon séjour à Londres, me valut aussi une rencontre tout à fait fortuite, mais qui devait entraîner les liens amicaux les plus fidèles – et qui durent toujours, plus étroits que jamais – entre ma famille et le « clan » écossais des Fraser.

Pour l'heure, je cherchais à acheter des objets liturgiques et des livres de prières pour mes soldats et me rendis pour cela à l'archevêché de Londres où je rencontrai la très aimable Lady Encombe, qui s'adressa à moi... dans un français parfait ! Nous sommes alors déjà en mai ou juin 1943. Au détour de la conversation, je révélai ne pas très bien savoir comment employer quinze jours de permission réglementaire – je venais de subir une petite intervention chirurgicale et j'avais passé trois semaines dans un hôpital londonien – et

Lady Encombe m'adressa à une de ses amies, Lady Sibyl Fraser, qui habitait Londres une partie de l'année mais avait aussi une propriété à l'île de Skye, au nord-ouest de l'Écosse.

C'est ainsi que je me trouvai introduit dans cette famille Fraser toute dévouée à la France résistante et aux Français. Lady Sibyl, et le colonel Alistair, son mari, m'emmenèrent à Skye, et me firent rencontrer leur belle-sœur, Lady Lovat, qui devint pour moi une « marraine de guerre » en quelque sorte : j'avais le même âge que Lord Lovat, son fils, qui – je ne le savais pas encore – commanderait la première brigade avec laquelle j'allais débarquer en Normandie le 6 juin 1944. Lady Lovat m'accueillit à son tour, en Écosse, à Beauly, près d'Inverness, lors de mes permissions, ou dans leur appartement londonien.

L'amitié et l'affection rencontrées dans ces familles adoucirent autant que faire se pouvait les angoisses dans lesquelles je me trouvais touchant ma propre famille. Je vivais dans une appréhension folle que des pressions puissent s'exercer à l'encontre de mes parents restés sur la propriété : mon évasion de France et mon adhésion à la France Libre pouvaient à tout moment en faire des otages de la milice de Vichy voire, plus grave, de la Gestapo. De plus, malgré les télégrammes de la Croix-Rouge, au dos desquels ma mère envoyait sa réponse, et disait ce qu'elle savait – la plupart du temps, rien – j'étais sans nouvelles de trois de mes frères qui avaient combattu en 1940. L'un, Philippe, était en Indochine et le plus jeune, Patrice, militaire de carrière, se retrouva en Afrique du Nord. Antoine combattra avec la 2e DB. Là encore, je n'apprendrai le détail des opérations dans lesquelles ils furent impliqués, et leurs citations, qu'après la guerre, quand nous nous retrouverons – les cinq frères – miraculeusement « intacts », sans blessures graves, à Saint-Maurice, à mon retour d'Allemagne en 1946.

C'est chez Lady Lovat que je rencontrai l'écrivain Maurice Baring : il avait, lui aussi, trouvé refuge auprès de cette accueillante famille lorsque sa maladie de Parkinson, vers 1940, ne lui permit plus d'être autonome. Baring avait été converti au catholicisme par Hilaire Belloc, et formait un indissociable trio avec l'autre ami de Belloc, G.K. Chesterton. La culture européenne de Maurice Baring subjuguait... Il maniait d'ailleurs avec la même aisance que l'anglais ou le français nombre de langues étrangères ; mais sa vénération allait à Shakespeare dont il refaisait chaque année une lecture approfondie. Moi-même malade, fin 1945, après le débarquement en Hollande, je passai quelques jours en Écosse entre deux séjours à l'hôpital, et j'assistai à sa fin très douce, très chrétienne, malgré ses vives douleurs. Il mit même une pointe d'humour – à sa manière – dans ses derniers moments, mais sans la moindre amertume : « *It is a very bad time to die* », « C'est un moment très mal choisi pour mourir », dit-il, comme pour s'excuser de perturber les préparations de Noël !

Beaucoup plus tôt, en août 1943, j'avais été appelé pour assister un autre écrivain de très grand talent, la philosophe Simone Weil, toujours attirée par le christianisme, mais que le pessimisme de sa pensée – sur les événements comme sur les hommes – rendait déroutante. Dès qu'elle me fit appeler, je passai de très longs moments auprès d'elle, au sanatorium d'Ashford, dans le sud de l'Angleterre. Sa voix, comme toute sa personne, était alors si faible que parfois je ne comprenais pas tout ce qu'elle me disait ; dans le doute de ce qu'elle tentait encore de transmettre, j'ai respecté ses hésitations. Elle souleva nombre de problèmes un peu comme si elle discutait avec elle-même. À la fin d'un dialogue qui ressembla davantage à un monologue, elle reçut avec une simplicité et une humilité extraordinaires ma bénédiction. Elle ne me demanda pas le baptême mais elle posa le problème de la destinée des enfants morts sans avoir reçu le baptême. Il y avait là pour elle une difficulté presque obsédante. Je lui exposai quelques points de la doctrine de foi, sans satisfaire l'ardent désir de connaissance spirituelle qui l'habitait. Peu avant mon départ, elle m'interrogea sur la situation alimentaire de la France et elle manifesta à nouveau sa volonté de solidarité avec ses compagnons affamés.

Aumônier des commandos

Avec le recul, je constate qu'à Londres, quelles que fussent mes attributions, on voyait d'abord en moi un aumônier auquel on demandait éventuellement son avis sur tel ou tel aspect des relations entre l'État et l'Église. Alors que déjà le CFLN (Comité Français de Libération Nationale) faisait travailler ses experts sur la France de l'après-guerre, je rédigeai notamment un rapport où je dénonçais la IIIe République qui, selon moi, avait produit un « clergé en guenilles » et lui avait ôté la claire conscience de la cause nationale. D'où l'attitude de la majorité de l'épiscopat qui avait d'abord vu dans le maréchal Pétain et les hommes de Vichy une rupture avec les pratiques anticléricales de leurs prédécesseurs. Dans la région de Toulouse, pendant la guerre, beaucoup de catholiques demandaient à la fois l'abrogation des mesures antisémites prises par Vichy et celle des mesures anticléricales votées au début du siècle : elles étaient, à leurs yeux, de la même essence, excluant les Juifs et les catholiques de la communauté nationale. Que devint ce rapport ? Je sus qu'il avait été lu à Londres et à Alger ; j'ai su aussi qu'avant mon arrivée à Londres, des lois avaient été préparées qui prévoyaient la suppression de l'Enseignement libre, et qu'il n'y fut pas donné suite... Puis il subit le destin de tous les rapports... Peut-être éclaira-t-il quelques fonctionnaires dans l'établissement des relations de la IVe République avec l'Église et l'Enseignement catholique ? Une nouvelle fois, je me trouvais entre deux eaux : prêtre au BCRA, agent de renseignement dans le clergé ?

La décision du général de Gaulle de m'affecter aux

commandos dès 1943 avait calmé mon impatience de combattre, mais ne m'avait pas tout à fait rasséréné ; et je ne pus jamais complètement surmonter la désaffection dans laquelle j'étais – à l'exception de mes très proches amis – à l'égard de certains membres de la colonie française de Londres. Il faut se représenter quelques centaines de personnes, des plus hautes personnalités aux simples commis qui constituent inévitablement une société fermée sur elle-même, une sorte d'« isolat » comme disent les géographes. J'avais parfois eu l'impression de me heurter à des portes de fer, de ne pas être autorisé à aborder certains domaines qui pourtant m'étaient familiers. Arrivé avec un certain bagage de connaissances sur l'Allemagne nationale-socialiste, sur les difficultés de l'information en France occupée, sur la viabilité de mouvements de résistance soit en France, soit en Allemagne..., tout cela n'avait guère paru d'actualité.

Quand le RP Olphe-Gaillard fut appelé à Alger auprès du général de Gaulle – ce dernier s'y trouvait depuis mai 1943 – il me chargea d'assurer par intérim la direction interarmes de l'aumônerie en Grande-Bretagne. Il me fallut régler certaines questions relatives à l'unification des aumôneries militaires françaises. Dans la 2e DB du général Leclerc, les aumôniers étaient originaires des Forces françaises combattantes et se trouvaient encore en Afrique du Nord. Mais les aumôniers en Grande-Bretagne étaient appelés à s'intégrer à l'aumônerie française en Algérie dont la direction ecclésiastique était assurée par Mgr Leynaud, archevêque d'Alger. Je suis donc devenu responsable des services de l'aumônerie des Forces Françaises Libres en Grande-Bretagne. Mgr Dey m'avait reconnu une partie des pouvoirs d'un vicaire général (*senior chaplain*).

Puis à la fin du mois de mai 1944, le commandement des Forces navales françaises libres me fit appeler comme aumônier en titre du 1er bataillon de fusiliers marins qui formaient une sorte de corps franc sous commandement britannique. Je rejoignis cette unité de toute urgence, l'ouverture du « second front » en Normandie étant imminente. J'ai alors confié la direction interarmes par intérim à un aumônier chargé de l'armée de l'air, Vincent Godard.

Ma déception était encore telle à la veille du débarquement que lorsqu'on me demanda, comme à chaque soldat, de laisser une lettre-testament pour le cas où je mourrais au combat, j'écrivis une lettre destinée éventuellement à Mgr Saliège : j'en ai conservé un brouillon dont l'amertume me frappe encore aujourd'hui... Je lui faisais ouvertement part de mes impressions négatives sur certains des hommes de Londres et d'Alger qui nous gouverneraient après la guerre.

Les commandos français avant le débarquement

Les commandos français avaient vu le jour en juillet 1941 à la demande d'un jeune officier de marine du *Courbet*, Philippe Kieffer, impressionné par les exploits des commandos britanniques : ces petits groupes de soldats semaient sans cesse la panique dans les troupes allemandes sur les côtes occidentales, alors même que le Royaume-Uni était sous la pression constante des bombardements. Auprès du QG des opérations combinées de Whitehall qui hésitait, Kieffer avait fait valoir la remarquable connaissance que les marins français avaient de leurs côtes et obtenu la création d'une compagnie de fusiliers marins. En mars 1942, à la tête de quarante Français, il franchit avec fierté le portail du célèbre camp d'Achnacarry pour y subir le plus dur des entraînements : marches forcées, passage de précipices, escalade de falaises, sous la menace de balles réelles. Quelques semaines plus tard, lui et ses hommes avaient gagné le béret vert orné du badge du bataillon : une croix de Lorraine, un brick goélette et un poignard.

Quand j'arrivai en son sein, la compagnie s'était étoffée pour devenir un bataillon qui avait fièrement défilé dans Londres le 14 juillet 1943. Elle avait déjà participé à des raids aussi meurtriers que secrets sur les côtes de France, de Belgique et de Hollande. En mars 1944, le bataillon reçut l'ordre de cesser les raids de préparation qui avaient été lancés à Gravelines, Scheveningen, Biville ou Jersey. Fusionné avec le n° 4 *Army Commando* britannique, le commando Kieffer se trouva sous les ordres du lieutenant-colonel Robert Dawson, et incorporé dans la 1re Brigade, « Special Service », sous les ordres du brigadier Lord Lovat. Cette brigade, formée des nos 3, 4 et 6 Army Commandos et du n° 45 Marine Commando, regroupait quelque 2 000 hommes tout spécialement entraînés à l'attaque de fortifications à partir de la mer.

Je m'agrégeai tant bien que mal à cette troupe particulièrement aguerrie. Kieffer et Dawson savaient que je souhaitais de tout mon être accompagner les commandos. Pour tout entraînement, j'avais obtenu une permission, juste une fois, pour aller faire de l'alpinisme en Écosse. Un officier anglais avait fait les démarches pour m'obtenir cette autorisation en écrivant : « *This French man wants to break his neck at Skye !* », « Ce Français tient à se briser les reins à l'île de Skye ! » Je m'efforçai de le faire mentir et regagnai Londres quelques jours plus tard en pleine forme, ayant fait mes adieux au passage à la famille Fraser, à Skye. Mes supérieurs acceptèrent sans réserve ma présence, sans s'interroger sur ma condition physique, pensant que l'aumônier n'aurait à porter dans son sac que les saintes espèces, son étole et son missel. Mais encore aujourd'hui, je ne peux qu'admirer leur audacieuse décision d'accepter de s'encombrer de quelqu'un qui n'était pas armé et qu'il faudrait en revanche toujours protéger.

Je fis la connaissance des commandos : 177 hommes, jeunes gens venus de la France entière, d'origines variées mais tous pénétrés de la même ardeur, dont Léon Gautier, bien sûr, notre actuel président de l'Association du commando Kieffer, qui garde avec vigilance le souvenir de tous ces jours et de tous ces combats qui nous unirent. Je connaissais déjà Guy Vour'ch croisé chez Aron à Londres. Il y avait aussi Pinelli, un ancien de l'expédition de Dakar, Hulot, héros du raid de Jersey, Wallerrand, le très jeune Bolloré, et Caron, et Guy de Montlaur et Hubert Faure, et Paul Chausse… Je voudrais les citer tous… Sans parler de Hattu, le neveu de Bernanos, comme son oncle doté d'une personnalité inébranlable. Hattu n'avait pas tardé à être connu dans Londres parce qu'il refusait de parler le moindre mot d'anglais, farouche attitude d'irrédentisme qui devait transporter d'aise le général de Gaulle qui luttait lui aussi pour garder son indépendance vis-à-vis de l'hégémonie anglaise dans la lutte contre le nazisme.

Aucun de nous ne savait quoi que ce soit de la grande opération *Overlord* dans laquelle nous allions bientôt être impliqués : le long de quelque 400 kilomètres de côtes normandes, plus de 176 000 combattants des corps d'armées américains et britanniques (dont les Canadiens, et notre commando français) se répartiraient le matin du 6 juin 1944. L'opération prévoyait, d'ouest en est, le débarquement de la Ire armée américaine sur les plages répondant au nom de code *Utah* et *Omaha*, et de la IIe armée britannique sur les plages dites *Gold*, *Juno*, et *Sword*. Notre commando se trouvera à l'extrémité est du dispositif *Sword*.

Tous les commandos n'étaient pas croyants, en tout cas pas tous pratiquants, mais à la veille d'une grande opération, par une sorte de gravité ou de regain de foi, ils vinrent en nombre à la messe qui précéda l'embarquement. Pendant cette période, il n'est pas exagéré de dire que chacun vécut une profonde expérience spirituelle, étrangère à ceux qui n'ont pas fait la guerre. Il est même incompréhensible à celui qui ne l'a pas vécu de concevoir quelle transformation opère sur l'homme un commerce quasi quotidien avec la mort. Et la mort allait être au rendez-vous, pour beaucoup d'entre eux, le matin du 6 juin 1944 et lors des campagnes de Normandie et de Hollande qui suivraient…

6

Des aubes après la nuit
juin-novembre 1944

We have a great and a righteous cause.

MONTGOMERY,
veille du 6 juin 1944.

LA BATAILLE DE NORMANDIE : PRÉPARATIFS À BEXHILL

À la fin de l'hiver 1944, et plus spécialement à partir de mars, une tension des esprits s'était fait sentir : le printemps allait être riche en décisions de première importance. Mes camarades du commando franco-britannique avaient reçu une notification officielle d'embarquement vers un lieu resté secret. Ils me pressaient d'accepter d'embarquer à leurs côtés... Toutefois, arrivé aux premiers jours de mai, rien de précis ne m'avait encore été signifié... Si bien qu'après avoir obtenu les autorisations nécessaires, je décidai d'entreprendre un voyage en Cornouailles. Il s'agissait d'une visite « pastorale » auprès de plusieurs familles bretonnes qui avaient traversé la Manche sur leurs embarcations de pêche en janvier 1940. Elles avaient trouvé sur la côte méridionale de l'Angleterre un accueil généreux aussi bien de la part des populations anglaises que de la part des autorités civiles et militaires britanniques. Il existait d'ailleurs nombre d'affinités, jusque dans les parlers locaux, entre ces natifs de Cornouailles, anglais et français.

À mon retour à Londres, le 20 mai, j'appris que l'amiral d'Argenlieu m'avait fait appeler pour une « affaire urgente » : l'état-major avait essayé de me joindre par télégrammes pour me signifier mon affectation exclusive au bataillon de fusiliers marins commandos sous les ordres du commandant Kieffer, rattaché au 4e commando du colonel Dawson, et donc sous le commandement du brigadier, Lord Lovat, à la tête de la 1re Brigade *Special Service*. Ces formations allaient être dirigées sur une zone de rassemblement en vue d'opérations prochaines. J'exultais et m'apprêtais à faire mes adieux à l'amiral et aux amis de l'amirauté quand j'appris que le colonel Marchand, commandant des forces terrestres en Grande-Bretagne, comptait me retenir pour le service d'aumônerie dans les hôpitaux en Angleterre. On n'y manquait pourtant pas d'aumôniers... Nouveau piège de l'administration ! J'étais décidé à le déjouer, quitte à filer à l'anglaise, si j'ose l'expression : les Anglais appellent cela... filer à la française !

Je m'employai donc, une fois rédigée la lettre confiant à Godard la direction par intérim de l'aumônerie, à m'enjoindre à... moi-même (!) l'ordre de rejoindre sans délai le 1er bataillon de fusiliers marins. « Destinataires : l'aumônier Godard et moi-même pour exécution. Les Commandements intéressés à titre de compte rendu pour archives. Signature : René de Naurois. » Trois heures plus tard, j'étais à Bexhill, station balnéaire bien connue pour ses *downs*, collines de calcaire couvertes d'herbe, ses longues rues parallèles au littoral et ses files ininterrompues de maisonnettes en briques rouges. Depuis deux jours, la tranquille bourgade vivait dans la frénésie d'une mobilisation générale : soldats affairés, courant aux magasins d'habillement, et de là aux bureaux de leurs compagnies, longs appels d'un groupe à l'autre, ordres secs des sous-officiers. Les civils existaient à peine : plaqués aux murs, silencieux, ils souriaient souvent avec gravité et retenue.

Aux bureaux de l'unité, l'accueil fut à la fois enjoué et

exaspéré : on déplora mon retard. Pourrait-on m'habiller, m'équiper ? La grosse affaire fut de trouver des lacets de souliers, d'essayer un masque, de choisir un casque... Finalement, dans la fièvre, tout s'arrangea. J'allais assister à ma première prise d'armes chez les commandos. Les hommes se tenaient, rasés de près, bérets vert intense, tenues kaki et guêtres vert pomme, pantalons aux plis impeccables, alignement au cordeau... Soudain, d'un seul claquement de talons, six cents soldats se mirent au garde-à-vous. Le brigadier, Lord Lovat, avait fait son entrée : haute taille, grands yeux sombres, la démarche lente, presque nonchalante, mais avec une agréable aisance.

Lord Lovat se fit nommer un par un les officiers et sous-officiers, s'arrêta devant chaque homme assez longtemps pour que les regards plongent l'un dans l'autre. Il questionna en français, avec un accent charmant dans notre langue, ceux de nos soldats qui avaient déjà pris part à l'expédition de Dieppe ou à quelque raid de commandos. Pour moi, à la nouveauté de l'événement s'ajoutait l'émotion de me retrouver sous les ordres de cet officier écossais, « Shimmi » de son prénom, forme écossaise de Simon, dont la famille m'avait si bien reçu et montré tant d'amitié. Après que Lovat m'eut serré la main, et dit quelques mots à propos de sa mère, Laura Lady Lovat, un jeune officier blond aux yeux gris très enfoncés sous les orbites vint à moi et me souhaita la bienvenue, dans un français cette fois sans la moindre trace d'accent britannique ! C'était le lieutenant-colonel Robert Dawson, qui commandait le 4e commando. Ce qui me frappa d'abord chez Dawson, en dehors de l'affabilité et de la déférence qu'il avait voulu témoigner au nouveau « Padre », c'était l'intensité de son regard qui fixait les yeux de son interlocuteur comme aurait fait un magnétiseur. Je devais découvrir plus tard son extraordinaire culture dans notre langue et dans tout ce qui touchait à l'Europe. L'inspection terminée, Lord Lovat nous adressa en français un discours qui commençait par ces mots : « Quand j'étais un petit garçon... », racontant ses jeunes années en Écosse auprès d'institutrices françaises chargées de lui enseigner notre langue, l'histoire de France, sa poésie... Sa popularité fut immédiate auprès de tous.

Le 24 mai, à 5 heures de l'après-midi, une réception avait été donnée chez le major Menday, *second in command* : du thé évidemment, mais aussi des *drinks* en tout genre, présentations, présences féminines, *dignified,* certes mais souriantes. Une convivialité immédiate impliquant que l'on ne reviendra jamais... On nous questionna beaucoup sur la France : quelles nouvelles de nos familles... aucune évidemment. Et la Résistance ? C'est la question qui jaillissait de toutes les lèvres parce que le soutien des Forces Françaises de l'Intérieur dès maintenant serait l'une des conditions du succès. Le soir, une grande réception s'était tenue au casino de Bexhill, avec *drinks* à nouveau, et un bal. Je m'étais vite éclipsé.

Dans la rade de Warsash

Le 25 mai, de grand matin, ce fut le départ, par le train d'abord, si j'ai bonne mémoire, puis par la route. Il faisait un temps superbe. La longue colonne de nos cars et de nos jeeps s'étirait vers l'ouest, en direction de Southampton, mais en évitant les grandes routes plus directes. Nous traversâmes des bourgs où les habitants se pressaient aux fenêtres pour nous saluer. Mais sur leur visage, on lisait une gravité jusqu'ici inconnue. Nous n'étions plus une troupe en manœuvre, et ce soir les civils ne retrouveraient plus les soldats pour le bal, comme c'était le cas à Bexhill. Cette fois, c'était le peuple britannique qui saluait son armée et ses Alliés. Il s'agissait bien d'un adieu.

Le soir, la brigade fut rassemblée. Les quatre bataillons et l'état-major, soit 2 000 hommes, prirent possession d'un vaste camp très propre, aux tentes camouflées, aux pelouses impeccables pour les rassemblements et les exercices. J'avisai surtout les hauts grillages et les barbelés qui allaient nous isoler totalement jusqu'au « Jour J », *D day*. Les instructions étaient formelles : personne n'aurait de contact avec nous, et à l'inverse, aucun d'entre nous ne pourrait adresser la parole à un passant au travers de la double rangée de barbelés. Je me réjouis intérieurement de cette mesure : aucun ordre venu de Londres ne pourrait plus me rattraper.

Où étions-nous ? Aucun d'entre nous ici ne le savait exactement. Nous étions en fait à Warsash, petite rade près de Southampton. Activité aérienne ennemie ? Néant !

Le 29 mai, c'était la Pentecôte. Je crois que tous les hommes furent présents à la messe, ce jour-là. Et dans les heures qui suivirent, assis sous un arbre, j'ai entendu de nombreuses confessions. Dans les rues du camp, des soldats français ou anglais me demandaient des chapelets que je m'empressais de leur fournir. Tous mettaient leur vie en ordre, à leur façon. C'était un secret entre Dieu et eux. Pendant l'office, j'observais cette virile assemblée. Dans quelques jours, ces hommes deviendraient des guerriers... Ce matin-là, ils se tenaient dans un étrange recueillement, les yeux comme tournés vers l'intérieur, tout de douceur, comme pour emporter cette dernière clarté au milieu des prochaines ténèbres.

L'après-midi fut consacré aux activités des jours fériés, dans la stricte limite des barbelés ! Les hommes formaient des cercles, là où un « conteur » racontait des histoires parfois interminables, entrecoupées de fous rires irrépressibles, émaillés d'expressions argotiques et, bien sûr, d'effroyables jurons. Je le savais d'expérience, par ces attitudes outrancières, les hommes exorcisaient l'attente et éloignaient la peur. Je m'efforçais d'être présent à chacun, de conserver ce fragile équilibre : partager leur condition, c'est-à-dire leur mentalité, leurs plaisanteries tout en protégeant mon état sacerdotal. Je me souviens d'un mot d'un commando qui m'était revenu aux oreilles. Il avait demandé à un de ses camarades d'une autre troupe :

« *You know the French Padre ?* », « Tu connais le Padre français ? » L'autre avait répondu : « *Of course, he is a fucking bloody man !* » Jamais commentaire plus sincère ne me fut appliqué... bien qu'intraduisible pour de chastes oreilles !

Arrivé au 1er juin, une chaleur humide, presque torride se faisait péniblement sentir. Dès 11 heures, la température sous les tentes était devenue presque intolérable. La veille, quelques lettres avaient été distribuées. Ce jour-là, pour la première fois, une promenade de santé fut organisée pendant une heure. On nous compta soigneusement au départ, puis de nouveau à l'arrivée – toujours l'obsession du « secret ». Nous parcourûmes six kilomètres environ, le temps de ressentir une dernière fois le charme de la campagne anglaise, de retrouver pour une heure une certaine joie de vivre – en pleine guerre ! –, un bonheur étale, un peu replié, comme irréel...

Le 2 juin, après une pluie d'orage, la température fraîchit enfin. Les couleurs en devinrent comme neuves, avec des reflets presque métalliques, et des multitudes d'oiseaux chantaient comme à Saint-Maurice en mai. Nulle part je n'avais vu d'oiseaux plus gais, parcourant avec plus de grâce les grands espaces que leur ménageaient les bosquets de bouleaux de frênes et de grands pins maritimes.

Par compagnies, par sections, par groupes de combat, les hommes étudiaient le détail des opérations futures. Nous étions réunis deux fois par jour sous les tentes aménagées en salles de conférences. Aux « murs », d'immenses plans directeurs où étaient reproduits les moindres éléments du paysage : arbre caractéristique, villa qu'il faudra contourner, ouvrage fortifié à peine visible à ras de terre... Seuls, les noms de ville ou de village, de forêt ou de rivière n'étaient pas mentionnés. Chaque soldat apprit à reconnaître son terrain, à s'attarder devant les cartes, les plans en relief, les photographies aériennes regardées au stéréoscope : les entonnoirs de bombes, les toits et les hauts feuillages se creusaient curieusement ou semblaient jaillir de terre. On distinguait les véhicules allemands sous les futaies, et on devinait parfois certains camouflages... Inutile de préciser qu'une fois débarqués, le 6 juin, après les canonnades qu'avait subies la côte, arbres, maisons, élégantes tourelles ou lignes et poteaux électriques avaient cessé de ressembler à nos images, ce qui ne fut pas sans nous dérouter, au sens propre !

Le 3 juin, la grande nouvelle tomba : l'embarquement était pour le lendemain soir, le débarquement, pour le 5 juin au matin, sous réserve de conditions météorologiques pas trop défavorables. Officiellement, nous ne savions pas où nous allions débarquer, mais nous connaissions les grandes lignes de l'action envisagée – Bagot, un commando de notre groupe d'origine normande, avait reconnu l'endroit, et mis des noms sur nos cartes muettes : débarquement à Riva-Bella, et notamment prise du casino de Ouistreham transformé en blockhaus, puis franchissement de l'Orne et du canal, établissement dès le soir en position défensive face à l'est, côte à côte avec la 6e Airborne Division, sous le commandement de son chef, le général Gale. Nous devions bénéficier de l'appui formidable de l'artillerie navale – le plus grand bombardement naval de toute l'histoire – en même temps que des éléments d'artillerie de campagne qui auraient débarqué le matin à cet effet, de l'appui des forces aériennes alliées venant d'Angleterre, et des parachutistes.

Dans l'après-midi, on distribua à tous deux feuilles blanches de papier à lettres et deux enveloppes. Chacun était libre d'écrire deux lettres qui seraient déposées dans des boîtes spéciales. Les lettres de ceux qui mourraient au combat seraient expédiées à leurs destinataires, les autres rendues à échéance aussi brève que possible à ceux qui les avaient écrites. Nous regagnâmes nos tentes, dans un grand recueillement. Chacun chercha à exprimer simplement ses pensées à la perspective de la mort. Pour ma part, j'écrivis une lettre à mes parents et une autre à mon évêque, Mgr Saliège. Aux uns, j'exprimai ma volonté inconditionnelle de contribuer jusqu'au bout à la libération de la France. À mon supérieur, j'ajoutai deux remarques, l'une relative à l'élévation des sentiments, à la fermeté des convictions chez les combattants de mon unité ; l'autre, comme je l'ai dit plus haut, exprimant les réserves que m'avait inspirées mon séjour dans les services de la « France Libre », dans le cas où la France ne pourrait pas jouir de toute sa liberté politique après la libération du territoire. Le communisme serait le prochain danger à mes yeux.

Le soir, il y eut un contre-ordre : une tempête sur la Manche interdisait toute opération. Le lendemain, la brigade fut rassemblée dans la clairière centrale du camp dans une belle lumière un peu brumeuse, annonciatrice d'un changement de temps. Devant deux mille bérets verts, une trentaine de bérets amarante (parachutistes de liaison avec la 6e Airborne), quelques casquettes de la Royal Navy, debout ou simplement assis sur l'herbe, Lord Lovat prit la parole. En pantalon de velours, chandail blanc et gilet, armé d'un fusil de chasse, il avait la belle allure du seigneur écossais qu'il était. De sa voix lente et claire, dans un anglais d'Oxford qui résonne encore dans ma mémoire, il eut à cœur de rappeler le but de cette guerre : libérer de la tyrannie hitlérienne toutes les nations d'Europe. « Face à nous, poursuivit-il, les défenses de l'ennemi sont certes redoutables, mais depuis de longs mois, chaque jour et chaque nuit, nous les avons frappés lourdement. Notre supériorité aérienne est désormais écrasante. Nous réussirons. » Pour terminer, Lovat ajouta, cette fois en français : « Mes amis, demain matin, on les aura ! » Un « hurrah » jaillit des milliers de poitrines et l'émotion fut à la mesure de l'événement.

Le 5 juin, enfin, nous embarquâmes sur un de ces *Landing Crafts*, LCI, bateaux conçus tout spécialement pour des missions de débarquement. Les flottilles s'engagèrent lentement dans le bras de mer qui sépare l'île de Wight du Mainland, de la côte. À chaque minute, le spectacle devenait plus impressionnant : des centaines de navires de toutes tailles se pressaient dans le détroit, échangeant des signaux, cherchant leurs positions. Les éclairs des signaux optiques, les timbres des sonneries et les manœuvres qu'ils déclenchaient composaient une sorte de rite, propre aux marins, où nous n'avions aucune part. Notre heure viendrait : demain matin vers 7 h 30.

Le débarquement

J'ai décrit plus haut la traversée sous le ciel couvert, la mer d'un gris d'opale qui se fondait dans le brouillard, le vent qui soulevait des embruns... J'ai évoqué cette nuit presque sans sommeil, dans le roulis d'une fin de tempête, le vent âpre qui m'avait saisi lorsque je remontai sur le pont... Puis l'aube qui s'était levée, immense comme la mer couverte de navires jusqu'à l'horizon où commence le ciel – spectacle inoubliable sous d'énormes volutes de nuages qui bientôt se mêleraient à la fumée des canons. Et tout à coup, cette ligne continue, ce dessin de paysage – la côte de France..., dans le vacarme répercuté en cercles grandissants des canons des navires qui la pilonnaient, et l'humour qui perçait comme si nous étions nous-mêmes surpris de notre puissance : « Ah les salauds, les salauds, qu'est-ce qu'on leur fout ! »... J'ai rappelé ces forteresses volantes qui nous survolaient sans arrêt, elles aussi toutes dirigées vers cette côte qui obsédait nos yeux, et puis soudain, l'ordre tant attendu : « Préparez-vous à débarquer ! », les sacs énormes, et les hommes qui se laissaient glisser le long de la passerelle en plan incliné. Soudain à mon tour de glisser et fugitivement de sentir sous mes pieds le sable, la terre de France, quittée dix-huit mois plus tôt...

J'avais la gorge sèche, le souffle court, la tête serrée comme dans un étau. Je courais, un peu au jugé. Devant moi, à droite, un char brûlait. Plus loin, sur ma gauche, une de ces scènes d'horreur à laquelle il ne fallait pas accorder d'attention, pour ne pas être bloqué sur place par l'émotion : un des nôtres, français ou anglais, je ne sais, était couché sur le ventre. Il se releva, arc-bouté sur ses bras, la face emportée, rouge de sang, et il hurlait d'une voix lugubre comme un chien hurle à la mort. Je détournai la tête, incapable de le regarder plus longtemps. Quelques mètres plus loin, de nouveau un blessé, Guy Vourc'h, couché sur le sable, le pantalon déchiré, du sang sur la cuisse. Pas grave, me sembla-t-il. Fallait-il aller vers lui ? La consigne était formelle : courir sans se laisser arrêter par qui que ce soit. Les services du Génie s'occuperaient de nos morts et de nos blessés. Je me tins strictement à cette consigne et avançai vers les dunes.

J'ai tout de même réussi à donner la communion encore sur la plage, rampant, ou en arrivant en haut de la plage, avant de franchir le ressaut herbeux et nous exposer aux tirs précis des Allemands... J'avais prévenu les soldats que quiconque le désirerait pourrait communier à n'importe quelle heure. C'est ainsi – je l'ai su beaucoup plus tard – que Dorfsman, un garçon très fin, dont les yeux brillaient d'humour, avait communié au ras du sable et en avait été très heureux : il était né à Varsovie et était de confession juive... Je me souviens aussi d'un autre garçon délicieux qu'on surnommait « La Boulange » parce qu'il s'appelait Boulanger, grand comique, avec des reparties d'une très grande drôlerie. En prenant l'hostie, il me dit : « Je suis chrétien, monsieur l'aumônier ! » – et il sortit de sa chemise une petite médaille de première communion. Il avait la foi. Il aurait cassé la figure du premier qui l'aurait mis en doute. Vous imaginez ces scènes à plat ventre, rampant sur le sable, barda sur le dos, avec des balles qui sifflaient à quarante centimètres au-dessus de nos têtes !

Au milieu des herbes folles, je distinguai les maisons qui se dressaient dans la fumée. C'était bien les silhouettes étudiées au camp sur les photographies et les panoramas en couleur. Je reconnaissais les cabines d'été de Riva-Bella en ruine, près desquelles était prévu le lieu de regroupement, *Assembly Area*. J'essayais de courir, alourdi par le sac et mes pantalons trempés. Sur le ciment craquelé, entre les murs démolis à hauteur d'homme, la moitié à peine du bataillon se trouvait réunie dans un désordre indescriptible. Rampant, accroupis à quatre pattes, les hommes se cherchaient, leurs appels se perdant dans le fracas de la bataille. À cinquante mètres de nous sur la droite, les *troops* anglaises se rassemblaient dans la même confusion. À ce moment, la pensée m'envahit que l'opération était peut-être manquée. Le temps écoulé depuis l'ordre de débarquer me paraissait bien long. Ne devions-nous pas être repartis depuis au moins vingt minutes pour la prise de Ouistreham ?

Tandis que le soleil perçait les nuages, les sections se reformèrent et peu à peu une sorte d'accalmie s'installa. Des hommes grignotaient, d'autres fouillaient dans leurs sacs. Déjà, on se questionnait sur les absents, les tués, les blessés : le lieutenant Pinelli avait une jambe gravement abîmée. Le lieutenant Vour'ch était atteint au dos et à la cuisse, plus bénin. Tous, officiers et hommes de troupes, avaient donné avec la même abnégation et payaient leur engagement du lourd tribut de la souffrance et de la mort.

Vers le casino de Ouistreham

Le commandant Kieffer donnait ses ordres avec calme et autorité. Je m'approchai de lui, à l'abri d'un pan de mur. Lui aussi était légèrement blessé à la jambe et à la taille, et il avait reçu un choc au thorax au moment du saut dans la mer alors qu'un obus allemand éclatait et emportait notre passerelle. On le pansa. Après quoi, tous deux à genoux derrière le muret, dans un geste commun où descendait une plénitude surhumaine, il reçut de mes mains l'eucharistie.

Dans un angle mieux abrité de nos murailles,

j'abandonnai comme les autres commandos une partie de mon chargement, et notamment l'autel portatif, ne conservant par-devers moi que des chaussettes, quelques vivres et ma réserve d'hosties consacrées. Nous devions venir récupérer nos sacs plus tard dans la journée. Depuis un moment, une question avait surgi en moi, comme un pressentiment lancinant et désagréable : qu'attendaient donc les Allemands pour diriger quelques rafales sur le front rectiligne des cabines ? Déjà, mes connaissances d'artillerie – la science des réglages et des consommations de projectiles – commençait à exciter mon esprit et à m'obséder.

Le plan de manœuvre était le suivant : la *troop 8* du lieutenant Hubert devait pénétrer vers le sud, vers l'intérieur des terres sur quelques centaines de mètres ; puis obliquer à gauche, c'est-à-dire vers l'est (parallèlement à la direction des côtes), pour aborder le casino. La *troop 1* du lieutenant Mazéas, remplaçant Vour'ch blessé, et remplacé à son tour par Hubert Faure lorsqu'il serait lui-même touché au visage, devait s'enfoncer plus profondément à travers les terrains vagues et les champs de mines jusqu'au carrefour dit du Château et de la grande route côtière de Ouistreham à Port-en-Bessin. Objectif : le casino par sa face sud. J'avais pour instructions de suivre Mazéas, en compagnie de Lion, notre médecin.

Nous progressions en deux colonnes par bonds : course rapide sur trente ou quarante mètres, puis position « couchée », puis nouvelle course. Tandis que nous étions aplatis dans l'herbe, un obus éclata à quelques mètres de là... Mazéas fut touché, blessé au visage. On reprit la progression. Soudain, sur la route, un cri me parvint que j'entendis mal. Traverser ? Qu'à cela ne tienne. Je bondis dans un vaste tas de sable. On hurla : « Vous êtes dans un champ de mines ! » En effet, sur une petite pancarte de bois, j'aperçus une tête de mort et une inscription *Gefahr minen*...

Je repris ma route vers l'est mais la troupe avait pris de l'avance. Je me sentais curieusement alourdi. La fatigue ? En fait, mon pantalon de troupe, trempé d'eau de mer, me paralysait les jambes... parce qu'il ne tenait plus. J'ai quelque scrupule à interrompre mon récit par une anecdote aussi dérisoire, qui me valut une réputation durable, et probablement pas complètement usurpée, de grand distrait. Dans ma course donc, mon pantalon glissait sans cesse le long de mes mollets et je parvenais mal à le reprendre de la main droite. Mes bretelles – réglementaires ? – avaient lâché. Impossible dans ces conditions de rattraper mes camarades. Haletant, furieux, avançant toujours par bonds, je défis mon ceinturon, le tordis et le rebouclai pour qu'il me serre davantage. En vain. Ce diable de pantalon glissait de plus en plus... Je sortis mon couteau pour m'en débarrasser tout simplement – un canif de l'intendance, avec une lame courte, bien arrondie, tout juste bonne à étaler du pâté sur une tranche de pain... Je jurai horriblement. Comble d'embarras : le slip que je portais et qui venait de ma lingerie personnelle était blanc tandis que ceux de l'armée étaient kaki ! Du blanc : ou bien cela signifiait la reddition, ou bien cela me désignait comme cible idéale. Non, ce n'était pas possible. Les autres étaient déjà à un kilomètre. Trempé de sueur, j'étais au désespoir. On allait penser que j'avais la trouille... Quelle honte aussi pour un aumônier de perdre ainsi du terrain, d'arriver bon dernier sans pouvoir secourir les autres. En promenant mon regard éperdu, j'aperçus sur l'herbe, en bordure de la route, des fils téléphoniques arrachés des poteaux par les bombardements. Je tortillai et dégageai trente centimètres de fil de cuivre, puis essayai de percer le haut du pantalon, d'y passer mon fil de cuivre, d'attraper la croisée des bretelles qui collaient à mon cou. Impossible. Je pleurais de rage... J'avisai alors un soldat anglais du *Yorkshire Regiment*, baïonnette au canon, qui montait la garde devant un hangar. Je l'appelai et lui expliquai, dans un anglais que les circonstances rendaient approximatif, ce que j'attendais de lui. L'homme finit par comprendre, sourit de pitié puis, avec sa baïonnette pour percer la rude étoffe et le morceau de fil de cuivre qu'il tirebouchonna, il finit par solidariser ceinturon, bretelles et pantalon. Je ne savais ce que je devais le plus à cet homme, la vie sauve ou l'honneur. Je repartis pour rejoindre ma troupe. Les détonations éclataient de partout. Le long de la route, je contemplais au pas de course le spectacle irréel d'une station estivale avec ses villas cossues à colombages désormais recouvertes du gris noirâtre de la poudre, ses arbres soufflés par les bombes, ses rails des tramways dressées vers le ciel en point d'exclamation. Gris plombé du ciel, gris sale de la terre qui pue et qui tremble...

À L'ASSAUT DU CASINO DE OUISTREHAM

Je poursuivis ma course folle en direction du casino. Soudain, longeant le trottoir de droite, je me trouvai derrière l'un des nôtres en pleine action. Il brandissait son fusil, vociférait, insultait quelqu'un : « Tire ! Mais tire donc ! » Il se retourna et je le reconnus. C'était Renault. Planté au milieu de la rue, jambes légèrement écartées, les avant-bras soulevés, il tirait sans arrêt : « Vous l'avez vu, ce salaud. Je l'aurai, ou il m'aura ! Le salaud ! » Derrière nous s'éleva le vacarme d'un char, l'un de ces six *Centaure* qu'on nous avait promis et qui était parvenu à débarquer. Mus par une sorte d'instinct, nous nous rangeâmes derrière le char, en grappes, contre toute doctrine militaire. Un obus antichar, et c'en était fait de nous. Je poursuivis ma marche derrière l'engin qui me paraissait invulnérable. La tourelle du char tournait avec la volée. Des coups partaient, brisant les murs, coupant par le milieu la façade des maisons...

À l'abri derrière le *Centaure*, nous avons aperçu les premiers civils, en plein centre de Riva-Bella. Certains sortaient craintivement de leurs caves. Il y eut des mains serrées. Ce furent nos premiers contacts entre Français. Un vieux bonhomme à longues moustaches grises et aux yeux gris ardents s'offrit à nous guider, déclina son nom – Lefèvre –, non sans aller décrocher un fusil surgi d'on ne sait où... Nous voici engagés avec précaution dans l'avenue perpendiculaire à la grande route, en direction de la mer, et du casino de Riva-Bella. Un mur antichar, haut de deux mètres, fermait l'avenue. Le casino se situait derrière ce mur. On ne voyait rien de l'édifice, car il ne restait que les sous-sols aménagés par l'ennemi en forteresse. La *troop* se déploya en éventail à droite et à gauche du mur. Utilisant les villas des alentours, les hommes tiraient tant qu'ils pouvaient sur les embrasures, visant les canons allemands et les têtes des servants qui apparaissaient par instants.

Soudain, la voix du second maître Guy Hattu se fit entendre :

– Padre ! Padre ! Renault est blessé !

– Où cela ?

– Là haut ! dans la tour... Tout en haut... Faites attention !

Il s'agissait d'une villa bourgeoise, flanquée d'une tour aux petites fenêtres en forme de meurtrières, jamais si cruellement bien nommées... Je montai quatre à quatre l'escalier en colimaçon. Renault était là, agonisant, éventré par un obus de 37. C'est par les meurtrières qu'un obus antichar l'avait atteint. Je me nommai : « Le Padre ! » Il fit un geste, un « oui » de la tête. Je levai mon bras pour lui donner l'absolution et sa tête retomba. Il était mort. À peine redescendu, d'autres voix appelaient le toubib, les infirmiers, l'aumônier, venant d'un jardin privé, à quelques mètres du grand mur qui dissimulait le casino :

– C'est Rollin, venez vite !

Le jeune Paul Rollin, dix-neuf ans, était l'un de nos meilleurs soldats, un garçon d'élite. Il gisait à terre, plié en deux, gravement blessé à la tête, sans connaissance, gémissant très faiblement. Le sang coulait abondamment. D'instinct, je m'agenouillai, l'attirai à moi – il se souleva sur les bras comme par réflexe. Sa tête reposait maintenant sur mon épaule gauche, m'inondant de sang, tandis que je lui administrais les sacrements.

J'essayai de lui enlever son ceinturon, pour lui faire une piqûre. Survint alors au pas de course Lion, le capitaine-médecin, attiré lui aussi par les appels. Il s'agenouilla, se pencha sur le corps de Rollin puis me fit de la tête un signe découragé : il était perdu. La balle avait traversé la tête. Pourtant Rollin n'était pas mort, pas encore... Ses lèvres bougeaient, mais aucun son n'en sortait. Lion fouilla dans sa sacoche à pansements. À ce moment, l'un des nôtres hurla : « Attention, abritez-vous ! », montrant une tourelle, intacte, à cent cinquante mètres... J'eus tout juste le temps de mesurer le danger et de crier à mon tour : « Lion, fais attention ! » Je sentis tout près de moi un sifflement, peut-être deux. Nous connaissions bien le son particulier que produit une balle. Lion poussa un cri, comme d'étonnement et de protestation en même temps, et s'affaissa sur le corps de Rollin, qui agonisait encore dans mes bras. Gwénaël Bolloré, qui s'était engagé à dix-sept ans et faisait office d'infirmier avec une grande compétence, accourut vers nous...

À cet instant, un fracas assourdissant remplit l'air : un autre char prenait position à quatre mètres de nous, un de ces chars amphibies, sa « jupe » gonflable repliée au-dessus des chaînes : sa volée se releva un peu, à l'horizontale, puis sembla vaciller, hésitante. J'aperçus le commandant Kieffer, sortant de la broussaille, sautant sur le char immobilisé, hurlant des ordres en montrant du doigt une embrasure. Comme une bête énorme et docile, le char s'exécuta, tirant une première fois presque à bout portant sur le casino. Kieffer se boucha les oreilles avec les mains. J'étais comme assommé par le fracas...

Cette intervention massive emporta à elle seule la décision : après, ce fut l'assaut. Par l'ouverture en chicane, à travers le mur d'enceinte, par les embrasures du fortin, les hommes lancèrent des grenades. Sur le fond des détonations et des crépitements d'armes légères, au-delà des vociférations, on entendait des ordres lancés en deux ou trois langues – russe, ukrainien, allemand –, et des cris de douleur. Enfin la garnison allemande se rendit. Tout était fini. On apprit alors que d'autres points étaient tombés dans Ouistreham, à l'embouchure de l'Orne et à proximité du canal : nos camarades anglais s'étaient aussi battus comme des lions. J'étais couvert de sable, de boue et du sang de mes camarades, Renault, Rollin, Lion... au point que l'on me crut moi-même blessé. J'appris que le sous-lieutenant Hubert, commandant la *troop 8*, était tombé lui aussi, criblé de balles. On posa un écriteau sur le corps de Rollin avisant les brancardiers qui allaient passer que le blessé, frappé à la tête, vivait encore...

Il était près de midi. Le colonel Dawson, lui aussi, avait été blessé, par deux fois, et avait attendu la fin de l'urgence extrême avant de se laisser évacuer, sur ordre. Le bataillon, ou ce qu'il en restait, revint en bon ordre au carrefour de Riva-Bella. Nous devions récupérer nos sacs. De là nous commencions à nous enfoncer vers l'intérieur, vers une ligne d'arbres longeant la route vicinale de Colleville à Bénouville, à deux kilomètres au sud des molles ondulations de terrain qui s'interposent, dissimulant la ville de Caen. Mais des observateurs allemands aperçurent les mouvements de l'unité... Nous n'avons eu que le temps de nous précipiter dans les fossés. La progression par reptation dans la boue et l'herbe humide ne faisait que ralentir la marche. Depuis quelques heures, à vrai dire, depuis les dernières minutes avant notre saut dans la mer, ce matin, très tôt, nous n'étions plus simplement dans un des éléments familiers – l'air, la mer ou la terre ; nous étions immergés dans un « élément » nouveau, l'élément de la guerre... La puanteur de la guerre, son bruit fracassant, sa laideur, la douleur des corps, les infirmités par milliers et les souffrances morales, tout cela, sur cette côte normande, suppurait jusqu'à l'écœurement...

VERS LES PONTS SUR L'ORNE

Après la prise du casino de Ouistreham, nous devions courir vers l'est, vers les ponts de l'Orne et du canal qui longe la rivière, de Caen jusqu'à la mer. Nous avions à les traverser et à atteindre les positions prévues par le haut commandement sur les hauteurs d'Amfreville-Le Plein. Quelques heures auparavant, pendant que le 4e commando et le 1er bataillon français s'emparaient du casino et de la ville de Ouistreham, le 6e commando, lancé en pointe, accompagné par le 3e commando, avait bousculé les troupes allemandes. Pourtant, trois ou quatre heures plus tard, nous dûmes faire face à des contre-attaques ennemies venant de Caen. Un combat s'engagea, au moment de traverser Saint-Aubin d'Arquenay, et nous eûmes à nouveau à subir des pertes.

Comme toujours dans les pires moments d'une guerre, des combats entraînent des situations inattendues, comme cette rencontre avec un paysan de Saint-Aubin d'Arquenay, alors que nous traversions tant bien que mal le village. Le paysan, voyant passer nos commandos dans leur accoutrement étrange pour l'époque, leur demanda : « Vous parlez français ? » Nos camarades de répondre : « Mais... on est Français, mon vieux ! » Le paysan, tout étonné : « Français ?... Ah ! Canadiens français, n'est-ce pas ? – Mais non... Français de France... Nous sommes des Français Libres »... Et le paysan de s'écrier : « Nom de D... de nom de D... ! Des Français libres ! » Il ne lui fallut que deux minutes pour se précipiter dans sa maison – en ruine – et revenir les bras chargés de bonnes bouteilles de calvados : « Je les avais gardées pour vous », ajouta-t-il, pleurant d'émotion.

Malgré les combats et... le calvados, nous nous présentâmes, comme convenu, à l'heure requise à l'entrée des ponts. Déjà, le 45e commando poussait vers le nord-nord-est, après avoir franchi ces ponts vers 15 h 30. Il devait relever les parachutistes à la batterie de Merville – capturée de haute lutte pendant la nuit – et s'emparer de Franceville-Plage.

Quant au 3e commando, arrivé devant les ponts un peu après le 45e, il s'était vu – pour le gros de ses troupes – détourné des objectifs prévus pour lui : la 6e division l'envoyait assez loin vers l'est, au village du Bas-de-Bréville, en protection du PC divisionnaire. L'ensemble des mesures prises signifiait un abandon d'une partie des buts initialement prévus par les ordres d'opération.

À l'heure tardive où nous devions franchir à notre tour les ponts sur l'Orne, des tireurs allemands étaient parvenus à regagner quelques centaines de mètres en se faufilant à travers la végétation des berges. Il fallut alors courir très vite, les uns derrière les autres, mais à longs intervalles irréguliers. Heureusement, le second pont – celui que les cartes d'opération nomment « Pegasus Bridge », sur le canal – se trouvait un peu protégé par un blindage à mi-hauteur. Les balles claquaient sur les plaques d'acier. Plus loin, sur l'autre rive, nous croisâmes une colonne d'Allemands capturés par les parachutistes.

Lord Lovat, son état-major, sa compagnie de commandement – toujours précédés de Millin, le célèbre « piper », le joueur de cornemuse – avaient opéré leur liaison avec les parachutistes de la 6e division à midi, à peine en retard de... trois minutes sur l'horaire ! Je le revois très droit sur un monticule à un croisement de routes tout près des ponts : il nous fit un grand geste amical à notre arrivée. J'ai lu plus tard, dans une lettre qu'il adressa à sa mère, cette formule par laquelle il qualifiait l'ardeur des Français : « *They went through the villages like flames !* » « Ils traversaient les villages comme une traînée de feu. »

Il devait être 16 heures ou 16 h 30 lorsque nous avons croisé Lovat et la colonne de prisonniers allemands – je me souviens d'avoir parlé avec un des gardiens. Puis nous avons rejoint Amfreville-Le Plein, tant bien que mal, par des chemins, en évitant les grandes routes. Les Allemands étaient tout près, à Bréville, à quelque six cents mètres, prêts à tout moment à reprendre les quelques mètres de terrain dont on les avait délogés. Ce sera d'ailleurs l'essentiel de notre action dans les semaines qui viendront, jusqu'à la vraie percée début août : tenir nos positions, observer les leurs, parfois de très près, nous enterrer dans des tranchées, derrière des haies, pour rester aussi invisibles que possible, nettoyer un nid de mitrailleuse, les déloger pour quelques jours... La nuit venue, nos hommes, épuisés, eurent encore à creuser leurs tranchées pour dormir, enveloppés dans leurs couvertures, derrière une de ces haies normandes bienvenues qui dissimulaient leur présence. Une petite chambre avec un grand lit fut offerte dans une maison aux officiers : Lofi, Montlaur et moi-même, tête bêche, tout habillés, avons partagé l'unique lit ! En pleine nuit, Guy de Montlaur s'est dressé tout endormi et a hurlé des ordres, poussé des cris d'alerte : réminiscence en forme de cauchemar des combats de la veille !

Dans nos carnets – pour ceux qui tenaient leurs journaux de guerre – nous avons tous noté l'accalmie relative du 7 juin après les combats de la veille. Ce n'était que relatif. L'ennemi était parfois à cinquante mètres de nous ; il fallait se méfier de tout ce qui bougeait, du moindre craquement de branche sèche... Pendant plusieurs jours, nous fûmes victimes de harcèlements incessants. Il était clair maintenant que, faute de pouvoir pousser jusqu'aux abords de Cabourg et du cours de la Dives – comme il était prévu dans les plans primitifs du commandement – nous devions coûte que coûte tenir les « hauteurs » d'Amfreville-Le Plein. Si l'ennemi parvenait à nous en expulser, il pourrait canonner à vue tant les plages de débarquement que les plaines littorales, entre Caen et la mer.

Ainsi, le 10 juin, des tirs, des explosions tout près de la place de l'église, dans un verger occupé par nos camarades... Un petit groupe d'Allemands avaient réussi à approcher. Ils avaient dû se faufiler longuement dans les herbes jusqu'à nos positions – et ceci en dépit du bombardement qui nous frappait –, puis ramper jusqu'à cinq ou dix mètres de la haie, la fameuse haie qui, précisément, était censée dissimuler nos hommes et leur système de défense ! De là, ils avaient lancé leurs grenades et s'étaient tout de suite repliés... sous la mitraille lâchée par les nôtres. Plusieurs de nos hommes, violemment secoués, tentaient maintenant d'extraire de leurs tranchées les corps de deux camarades tués, Fourier et Croizer, difficiles à soulever car les trous étaient étroits et profonds – *slit trenches*. Il y avait trois autres blessés à évacuer. Que s'était-il passé ? Une véritable attaque lancée à partir du village de Bréville, en direction d'Amfreville, et donc des positions tant du n° 6 commando que de notre *troop 8*, celles-ci jouxtant précisément les premières.

Je passai là une grande heure avec nos hommes, au fond d'un trou exigu. Léon Gautier se trouvait coincé contre moi, le regard tendu vers les champs et prairies où les Allemands cherchaient à s'infiltrer, le doigt sur la gâchette. Il était particulièrement maître de lui, en vrai soldat... et si son corps par moment vibrait comme une lame d'acier serrée dans un étau, son cœur et sa main ne tremblaient pas. J'avais plus peur que lui ! Vers 10 heures, un calme tout relatif me permit de sortir rapidement, longeant la haie et les tranchées vers l'arrière. Quelques hommes m'interpellèrent par signes, amicalement... Arrivé au dernier trou, je me trouvai face à Boulanger. Il jaillit de sa tranchée comme un diable hors de sa boîte en me voyant, pour se mettre au garde-à-vous, et me tendre la main. Je la serrai... et repoussai Boulanger dans son abri : il ne devait pas s'exposer ainsi pour moi. C'était un ordre ! Montlaur, envoyé en reconnaissance rapide vers un coin de boqueteau où l'on redoutait une nouvelle infiltration, partit en courant, le torse droit ... Or les balles passaient à la hauteur de nos têtes. Je lui lançai, à mi-voix : « Tu n'es pas fou ? Fais donc comme nous, plie-toi en deux. »

Réponse de Guy : « Ils tirent comme des cochons !... » Pas moyen de le faire obéir !

Il m'arrivait aussi d'être moi-même imprudent par inconscience. Un soir, un peu au nord d'Amfreville-Le Plein, mes camarades creusaient de nouvelles tranchées. Je me tenais debout auprès d'eux, presque adossé à un mur de verger. J'entendis tout d'un coup à mon oreille droite une déflagration formidable – je dis bien formidable. Que s'était-il passé ? La nuit était tombée, un pâle clair de lune éclairait légèrement le mur et ma silhouette se détachait en sombre. Un éclaireur allemand l'avait aperçue et avait tiré. De fait, sur le mur contre lequel j'étais adossé, il y avait le trou d'impact...

La prise de Bréville

Le 11 juin au soir, les Français se retrouvèrent pour quelques heures en seconde ligne – c'est-à-dire « au repos » – dans une annexe du château d'Amfreville. Les hommes étaient mal logés, dans des locaux exigus, sales, encombrés de boue et de plâtras, de paille pourrissante et d'ordures laissées par les occupants d'hier, Allemands et Russes – mais jamais repos n'avait été tant attendu. Je tombai sur une bibliothèque éventrée par un bombardement, pleine de romans et d'ouvrages de philosophie, notamment une édition de l'ouvrage de Ranke, *Geschichte und Politik*. Ma première prise de guerre !

Vers 20 heures, ce soir-là, je me retirai dans une chambre au premier étage. Le jour baissait, apportant une fraîcheur, presque une détente physique et morale, que je me rappelai avoir déjà éprouvée autrefois, à l'étape, au temps de mes courses en montagne. Au loin, un ronronnement continu de moteur, celui des chars britanniques passant comme de gros animaux furtifs, à travers le village pour se hâter vers Bréville... Je m'abandonnai, pour quelques minutes. Puis-je l'écrire ? Après la pluie, et les rafales des dernières heures, cette soirée de juin était magnifique.

Ma fenêtre s'ouvrait précisément vers le sud-est, vers Amfreville-Le Plein, occupés par nos troupes, en particulier par le 6ᵉ commando dont le poste de commandement était à l'extrémité de la place, un peu en arrière de l'église. Plus loin, au-delà des champs de blé, des vergers et de quelques bosquets, on devinait les lignes ennemies, enveloppant le village de Bréville.

J'eus tout juste le temps d'installer sur le plancher un matelas, des vêtements roulés en polochon, et une couverture... À 21 h 15, un bruit assourdissant ! Je me précipitai à la fenêtre : plusieurs bouches à feu crachaient à la fois... Je voyais les fumées monter en volutes noirâtres, sur fond de ciel encore clair. De mon observatoire, j'étais l'étrange spectateur d'un combat qui se déroulait à moins de deux kilomètres, autant dire sous mes yeux. Les éclatements se concentraient à gauche sur les arbres d'un petit bois, et à droite, sur un pâté de maisons du village. Devais-je continuer de regarder, ou au contraire essayer d'accéder à cette indifférence qui nous est prescrite dans les heures de « repos » et sans laquelle le soldat perd une partie de la force physique et mentale dont il a besoin pour durer et survivre ?

La réponse des batteries allemandes ne tarda pas, les obus tombant sur les maisons d'Amfreville et au-delà de nos arrières, au revers des collines et jusqu'aux rives de l'Orne. Maintenant la bataille faisait rage. J'entendais le crépitement des armes légères. L'assaut était lancé, bientôt ce serait le corps à corps...

Soudain, à deux cents mètres, venant droit d'Amfreville, je vis arriver une jeep, fonçant vers le château. Sans même descendre à terre, le *chaplain* du 6ᵉ commando – l'aumônier protestant, Padre Thomas – m'apercevant à ma fenêtre, cria : « *The Brigadier has been hit ! He wants to talk to you !* », « Lovat est blessé ! Il vous demande ! » Je bondis. Dans la voiture conduite à toute allure, Thomas m'expliqua : un éclat dans la poitrine causé par un obus, au poste de commandement, quelques minutes plus tôt.

La jeep s'arrêta devant une vaste ferme d'Amfreville,

où se trouvait installé le PC du 6e commando. Du château à la ferme, la distance n'était que d'un kilomètre, et pourtant, ici, c'était déjà l'enfer ! La cour intérieure ressemblait à une salle d'hôpital, dans un apparent désordre. Quelle mêlée ! Enjambant les civières, puis des barils de cidre au fond d'un chaix, je découvris « Shimi » Lovat, allongé, affreusement pâle, un épais pansement sur la poitrine...

– *This is the Priest, Sir,* dit Thomas, gravement.

Je m'agenouillai auprès de Lovat. Sa blessure se situait au milieu du corps, englobant l'estomac, apparemment gravissime. Je lui demandai en français :

– Avez-vous quelque recommandation à me confier ?

– Si je meurs, vous direz à ma femme et à ma mère de donner à mon fils, Simon, cette médaille que je porte au cou... Merci, Padre.

Le médecin revint vers le blessé, je m'effaçai. Dans les celliers et les hangars voisins, les plus atteints allaient être évacués. À côté, des hommes de garde préparaient le thé. La cour était traversée d'un va-et-vient incessant d'estafettes, d'infirmiers, de combattants. Quelques prisonniers allemands étaient déjà là, les mains levées, croisées sur la tête. Sur leurs visages tombait encore assez de clarté pour qu'on puisse y lire la terreur des hommes défaits, une manière de désespérance résignée. Sous un hangar, j'approchai des hommes du commando, des Britanniques, faisant cuire leurs rations sur un réchaud de fortune. Nous échangeâmes quelques commentaires très sommaires :

– Mauvaise soirée, mais ce sera bientôt fini...

– *Yes, Sir... 't will be O.K., Sir.*

Cet imperturbable flegme – le « moral » des troupes britanniques !

Je sortis, puis tournai à droite dans la cour. Je m'engageai dans un passage ouvert vers l'est, vers les vergers, donc vers la bataille. Puis je passai d'un hangar ou d'une grange à une autre, encombrée d'outils agricoles, cherchant d'éventuels blessés en attente... À cet instant, un éclair rouge emplit la cour, illuminant les murs, suivi d'un claquement terrible. Hurlements de douleur, des corps qui se tordaient, roulaient hors du hangar que je venais de quitter. Les prisonniers allemands et leurs gardiens avaient disparu, volatilisés. Ce premier bâtiment était en flammes..., des bidons de pétrole allumés par l'obus de tout à l'heure. J'avais une conscience suraiguë de ce qui pouvait arriver et ce fut l'un des instants les plus terribles de ma vie : à ce moment précis, je voyais comme si j'y étais les officiers de batterie allemands faisant leur calcul – « Ici Amfreville, la ferme où s'abrite un état-major. Une salve courte, une salve longue. La ferme est encadrée... par dix ! Feu à volonté. » Je revivais des moments de mon instruction comme artilleur : « Réglage terminé, tir de destruction »... Il ne restait plus qu'à attendre, ramassé en soi-même, deux secondes encore avant que tout s'effondre, deux secondes de plus, et peut-être encore deux... et chaque fois se dire : « Oui, je suis prêt, s'il le faut ! »

J'étais à genoux, dans un coin, tout près de la porte d'un hangar, quand ma main heurta l'un des montants d'une civière, touchant un corps tremblant, un très jeune blessé allemand dévoré par la fièvre. Je pris ses mains dans les miennes et lui parlai dans sa langue : « *Krieg ist schrecklich, nicht war* ? *für uns alle !* » « La guerre est terrible, n'est-ce pas ? Elle l'est pour nous tous. » J'ajoutai, très doucement : « *Ich bin ein Priester, ein Feldgeistlicher, ein Priester*. » « Je suis un aumônier, un prêtre. » L'homme se trouvait être un catholique. Maintenant sa longue plainte avait laissé place au silence, et je sentis comme une paix venue de l'au-delà nous envahir. J'essayai encore de me faire entendre dans le tumulte, mon visage tout près du sien ; soudain, je sentis une main glacée sur mon visage. Pour me remercier, il n'avait que ce geste, la caresse d'un enfant à son père... J'étais ému jusqu'aux larmes.

Il était minuit. La canonnade cessa, les derniers blessés n'allaient pas tarder à être relevés. Je serrai quelques mains de camarades et, encore un peu sous le choc, repris l'étroit chemin du château d'Amfreville. Les dépendances où reposaient mes camarades français n'avaient subi aucun dommage. Au château où j'avais ma chambre, étaient également abrités les Anglais du 3e commando. Je frappai à la porte de l'aumônier de leur unité : « *What a night !* », me dit mon confrère britannique, comme on aurait commenté une nuit de bourrasques et de grand vent, en m'offrant un bol de thé.

Bréville, cette nuit-là, était tombée entre nos mains.

Vous faites l'Histoire !

Dans un calme – tout relatif, à nouveau, mais sensible – après le tumulte de la nuit, on nous apprit, le lendemain 13 juin, que Lord Lovat avait été évacué par avion vers un hôpital de Londres. Son absence nous parut impensable : nous aimions le regarder quand sa grande taille apparaissait, sur nos positions. Il arrivait à n'importe quelle heure, toujours d'un pas rapide et assuré. Il se tenait tel un chasseur des montagnes d'Écosse, un fusil à la main ou un pistolet mitrailleur sur l'épaule, parlant peu, le regard porté d'emblée sur les points sensibles, les accidents du terrain. Talus et monticules, fermes et champs constituaient les données brutes d'où il élaborait sa tactique. Il adressait toujours au passage un bonjour de la main, à nous, Français, ajoutant quelques mots d'amitié dans notre langue, avec un accent qui enchantait... Tant de jeunesse dans la voix, tant de ferme décision dans le ton... C'était le Chef, notre chef, dans cette guerre où nous étions tous par deux fois des volontaires !

Ce soir, les nouvelles du blessé étaient plutôt rassurantes – nous espérions qu'elles étaient « vraies » – en général, nous n'aimions pas les optimistes... Puis on nous communiqua un message reçu par radio de « Shimi » à toute sa brigade :

« *Have become a casualty. I rely on you not to take one step back. You are making History.* » – « Je suis blessé. Je sais que je peux compter sur vous pour ne pas céder un pouce de terrain. Vous faites l'Histoire... »

L'Histoire... J'ai longtemps réfléchi – je continue de le faire – à ce point particulier que j'aurais souhaité éclaircir touchant les graves dangers auxquels fut exposé, du 6 au 25-26 juin surtout, ce corps de troupe chargé de protéger le flanc oriental du débarquement et de la « tête de pont » alliée. Que la 6e division « Airborne » du général Gale, renforcée par la *First Special Service Brigade* commandée par Lord Lovat, ait réussi à s'en tirer – « mission accomplie » – n'empêche pas de s'interroger ! Et je me plonge, encore aujourd'hui, dans des ouvrages d'historiens, souvent contradictoires, au sujet de la validité d'une telle manœuvre...

La « tête de pont » auxiliaire, à l'est de l'Orne et du canal de l'Orne, comprenait cette ligne de hauteurs – à moins de 60 mètres au-dessus du niveau de la mer – d'où les Allemands, s'ils avaient pu la reconquérir, auraient pu observer et faire bombarder non seulement les plages mais aussi toute la plaine, très peu vallonnée, au nord de Caen. Il fallait donc qu'une troupe à la hauteur de l'enjeu puisse tenir ces *high features* en position défensive ! Or elles étaient sans cesse menacées d'infiltrations...

Nous étions nuit et jour harcelés, et nos hommes crevaient littéralement de sommeil après cinq ou six nuits blanches. Leurs effectifs – après les pertes du 6 juin et les contre-attaques des jours suivants – étaient dangereusement réduits... Le « front » n'en était pas un et il aurait fallu des renforts substantiels si le but avait été de « crever » ce front... Ils n'arrivaient pas ! Un *Royal Marine Commando* de 500 à 600 hommes fut finalement retiré du secteur de Port-en-Bessin pour nous venir en aide dès le 11 juin, mais c'était tardif et insuffisant !

Surtout, des infiltrations de *Self-propelled Guns* et de chars blindés – en petit nombre, par chance ! – pouvaient à tout instant nous assaillir, venant surtout du sud, c'est-à-dire détachés de la 21e *Panzer-Division*. Or nous n'étions dotés que de mitrailleuses lourdes et de quelques *Piat* (petits canons portatifs antichars) pour nous en protéger ! En fait, la 21e *Panzer* se dirigea dès le matin du 7 juin en direction de la « tête de pont ». Mais elle fut rappelée en arrière vers le milieu du jour pour franchir l'Orne au voisinage immédiat de Caen et prêter main-forte à la défense allemande tant autour de cette ville qu'en direction de Bayeux... Nous vîmes arriver un très petit nombre de chars, quasi isolément. À se demander s'ils ne s'étaient pas simplement égarés ! Ils furent anéantis par les engins légers dont nous disposions.

Circonstances aggravantes : les Allemands étaient persuadés qu'un deuxième débarquement allait avoir lieu dans le Pas-de-Calais. Tout avait été fait par les Alliés pour les y encourager, les leurres, les simulations, les fausses nouvelles... Ces Allemands avaient donc intérêt, croyaient-ils, à se méfier de troupes de choc déjà installées à l'est de l'Orne et pouvant faciliter d'éventuelles « liaisons » avec une nouvelle tête de pont dans la Somme et le Pas-de-Calais. Pour eux, il ne fallait pas que nous « passions », et ils nous le firent longtemps sentir...

Comment ne pas s'interroger après coup sur cette situation où nous étions laissés avec des effectifs insuffisants ; et seulement deux ponts, un sur l'Orne et un sur le canal de l'Orne, au niveau du village de Bénouville, permettant de communiquer d'est en ouest... ? Certes, nous avions profité largement, dès le 6 juin, de l'aide de l'artillerie navale alliée, embossée à quelques milles de la côte, et capable de concentrer ses tirs sur des objectifs situés à quinze ou vingt kilomètres à l'intérieur des terres. Enfin, nous avions pour nous la maîtrise du ciel... Il n'empêche... !

Le plan de manœuvres de Montgomery a été vivement critiqué : pourtant il a toujours soutenu qu'il avait voulu faire peser l'effort sur Caen afin d'attirer autour de cette ville le maximum de blindés ennemis et pouvoir lui-même frapper ensuite « un grand coup » dans le Cotentin et les fronts de l'Est, perçant ainsi le front et ouvrant la voie au grand mouvement d'enveloppement des blindés américains. Cela paraît évident, mais des historiens soutiennent que Montgomery n'aurait développé cet argument qu'après coup, dans ses écrits. Vu du ras du terrain où nous nous trouvions, il me semble au contraire qu'il n'a décrit que ce qu'il avait effectivement FAIT, en six semaines ! N'étions-nous donc pas explicitement prévus pour fixer sur place l'ennemi, coûte que coûte, avec les moyens du bord, tandis que s'opérait le grand mouvement tournant ?

Une patrouille de nuit

Nous avons donc continué nos opérations de patrouille et de *sniping* – nos tireurs savaient se cacher très haut dans les feuillages des arbres, profiter de la moindre embrasure de fenêtre... Ce genre de « sport », très pratiqué par les Allemands après le 6 juin, faisait maintenant partie de nos activités de routine. Nos résultats étaient assez remarquables, sans égaler certes ceux de notre artillerie navale sur les régions littorales occupées par l'adversaire ; et les Allemands que nous réussissions à faire prisonniers renseignaient nos services.

Une conférence aux Head-Quarters de la 6e Airborne, avec la participation du brigadier Mills-Roberts, en l'absence de Lovat, avait divisé le front en deux : à nous les « activités de patrouille » où nous tenterions de « harceler » l'adversaire de façon quasi permanente, jusqu'à des profondeurs de 2 000 mètres à l'intérieur de son territoire... Ce que les Allemands tentaient aussi de faire contre nous...

Ainsi, le 16 juin, juste avant le lever du jour, la zone occupée par notre brigade avait été battue par les obus et mortiers de l'ennemi, comme pour préparer une nouvelle attaque. L'appui de notre artillerie de marine avait été demandé sur les districts de Gourneville et du Bas-de-Bréville. Vers 5 heures, on apprit qu'une pression, en effet, s'était exercée plus au sud, en particulier à partir d'Escoville, en vue de percer nos lignes défendant le pont de Ranville.

Les 17, 18, 19 juin, l'ennemi organisa des défenses dans le Nord-Est (district de Gonneville), ce qui était le signe d'une volonté de nous empêcher d'avancer vers l'est, vers la rivière Dives, notre mission initiale. Cette ligne serait assez fortement tenue. Le 18, dès que les informations recueillies nous l'eurent permis, un raid fut soigneusement préparé avec appui d'artillerie. Mais le lendemain, le 19, l'ennemi s'était apparemment renforcé et ses bombardements avaient pris davantage d'intensité, provoquant des pertes de notre côté. Toutefois, aucun assaut ne fut tenté, de part et d'autre. La nuit venue, il nous apparut que les troupes d'en face s'étaient sérieusement « enterrées » : toute approche par nos détachements déclenchait leur feu...

Le 23 juin, nous allions encore le vérifier. À midi – à la « popote » –, le lieutenant Lofi annonça que nous partirions le soir même en « patrouille offensive ». Cette opération ne serait pas sans importance ; elle inclurait une centaine d'hommes, très armés : Britanniques et Français. J'en serais, avec le Doc (notre médecin), les brancardiers... sans oublier les brancards ! Mission : aux alentours de la *Ferme du Buisson*, rechercher le « contact » ; évaluer la résistance ennemie sans tenter de pénétrer plus avant entre ses lignes... Dans l'après-midi, conférence pour les officiers chez le lieutenant-colonel Menday, étude des cartes et de la manœuvre ; après quoi, ce fut le « briefing » à tous les échelons de la troupe... Toute cette fin d'après-midi fut consacrée à des préparatifs méticuleux. À l'approche du soir, il fallut maquiller nos visages avec du « noir de fumée » – maquillage que, pour ma part, je devais étendre bien au-delà du sommet du crâne, presque jusqu'à la nuque : ce détail faisait tordre de rire mes camarades britanniques !

Après la « soupe du soir », rassemblement à Hauger, derrière des murs de jardins. Anglais et Français arrivèrent par petits groupes, sans hâte... formidablement équipés. Ils se saluèrent sans parler et échangèrent de vigoureuses poignées de main : cette fraternité d'armes ne se démentit jamais. Tous les Français savaient assez d'anglais pour s'entretenir à voix basse et plaisanter avec les Britanniques. On pourrait dire que pensées et sensibilités s'accordaient comme si elles étaient complémentaires. Les Français étaient un peu plus mobiles et passionnés du « verbe »... tandis que les Britanniques recherchaient volontiers un « sérieux », une certaine réserve ! Ils appréciaient la « solidité » de la confiance que leur vouaient leurs camarades français, *ils savaient* que ceux-ci leur seraient fidèles jusqu'au sacrifice ! En même temps, ils trouvaient certainement une sorte d'enrichissement auprès de ces Français souvent inventifs, et s'amusaient franchement de leurs grosses blagues qui venaient rompre la pratique du *self-control* et de *l'understatement...*

21 h 30 – Il faisait encore grand jour. En trois groupes, à la file indienne, nous nous sommes glissés vers les avant-postes, où nos « veilleurs » nous saluèrent de la main, le pouce en l'air... Nos trois colonnes contournèrent un long champ de mines que nous connaissions bien pour l'avoir posé parmi les céréales à l'usage de l'ennemi. Gare à nous, au retour, pour le cas où nous serions un peu trop pressés de rentrer en « coupant » à travers champs !

Plus loin, sur plusieurs centaines de mètres, il fallut traverser un bois assez peu dense, et ramper avec d'infinies précautions. Le moindre craquement de branche sèche, ou froissement de feuilles, pourrait alerter des veilleurs ennemis. Arrêts fréquents. C'était l'occasion de souffler un peu... Puis on repartait, se tirant sur les coudes, se poussant en avant sur la pointe des pieds... Vers 22 heures, des rafales de mitrailleuses éclatèrent dans le lointain. Nouvel arrêt... pour écouter. Non, ce n'était pas pour nous !

Sans vent, sans nuages... cette soirée était magnifique ! Bientôt la fatigue s'annonça : une étrange fatigue ! Elle saisissait presque subitement tous les membres, comme si de grosses pierres venaient d'être ficelées à nos pieds !

22 h 30 – La nuit était tombée. Et voici que, derrière nous en arrière, et aussi devant nous, de puissants projecteurs surgirent, fouillant le ciel, suivis de projectiles traceurs et de fusées colorées. Ce fut un prodigieux feu d'artifice, immense comme l'espace. Après quoi, le fracas de la bataille... composé des détonations de nos canons de campagne de tous calibres ainsi que de nos fortes pièces de marine.

Progressant plus vite, mais toujours avec prudence, pliés en deux, nous approchions maintenant de la lisière du bois au-delà de laquelle allait s'ouvrir une vaste prairie. Plus loin encore, à la lumière des éclatements, nous discernions de hautes haies ; nous les reconnaissions, ces haies... les ayant bien repérées sur nos cartes. Et nous pensions que les lignes allemandes *pourraient bien se trouver là*. Il fallait maintenant s'aplatir au sol, ramper à nouveau, joue contre terre... l'herbe humide venant rafraîchir les fronts en sueur !

Avais-je bu trop de thé, à l'invitation de nos amis anglais – ou n'était-ce que la conséquence de l'effort physique ? Ma pensée se faisait galopante : une forme de « fuite des idées », comme disent les médecins. C'était l'écueil : un bon soldat ne doit jamais se mettre à réfléchir, sauf en vue de l'action... Il est « ici et maintenant », il fait ce qu'on lui dit de faire. Il faut « tenir », oui, et s'absorber dans cet « immédiat » : TENIR ! Serai-je jamais un BON soldat ? L'entreprise de cette nuit me paraissait un peu folle ; au départ déjà, les ordres n'étaient-ils pas confus ? Pis : c'est le sens même de toute cette guerre qui semblait s'échapper ; pourtant elle avait un sens, cette guerre... je le savais bien ! Déjà, à Berlin, avant qu'elle n'ait commencé, je la savais inévitable, n'en connaissant que trop bien les motivations profondes... Ce qui semblait s'effacer, c'étaient les chances que nous avions de la gagner, nos raisons d'espérer...

L'Espérance, pourtant, n'était pas en cause : parce qu'elle est d'un tout autre ordre ! – Mais l'Espoir m'abandonnait... POUVIONS-NOUS l'emporter ? Ne FAUDRAIT-

IL PAS, plutôt, que le Mal triomphe, par une sorte de nécessité « dialectique », pour que la Justice puisse resurgir, opposée au Mal ; et que l'on soit contraint de la voir... Après avoir été si lâches et si nonchalants quand il était encore temps !

Il fallait continuer de ramper dans l'herbe humide, où les mains empoignaient les touffes d'herbe, où les têtes retombaient, et se reposaient quelques secondes, après chaque effort. Étais-je en train de faire l'expérience de la « Peur » ? Ce n'était pas tant la Mort elle-même qui m'angoissait – la Mort n'est contre nature que si, d'abord, on a trop mal aimé la vie – que l'au-delà de la mort. Je voyais les raisons de ma foi comme les gouttes de rosée que ma main faisait ruisseler, se catapulter l'une l'autre, ne rien laisser de tangible. J'étais malheureux... et humilié de l'être, moi aussi, moi qui devrais aider à porter la charge des autres ! Dans ce champ de trèfles où nous nous traînions en ce moment, on « sentait », plus encore qu'on ne les attendait, les coups qui allaient partir en rafales. C'était imminent !

Un détachement de commandos s'avança, à l'abri d'une haie que chacun reconnaissait pour l'avoir déjà repérée sur les « plans directeurs ». Les positions allemandes devaient, sauf erreur, se trouver au long de cette haie... Allons voir !

Encore un bosquet ! Nous allions pouvoir « respirer » et aussi nous recueillir un instant ! Ce serait une joie très douce...

Tout à coup, des mitrailleuses s'allumèrent, éclatant très près de nous... et les projecteurs ennemis fouillèrent en tous sens le *no man's land* ! En quelques secondes, tout le front s'était embrasé. Pourtant, ce feu de l'adversaire n'était pas dirigé directement sur notre petit groupe. L'un de nos officiers anglais, le lieutenant Hunter-Gray, passa en courant, plié en deux, et lança un ordre. Qu'avait-il dit ? J'avais mal entendu ! Mais très vite, nous nous enfonçâmes dans la haie, sans souci des épines. Le fracas de la fusillade couvrait le bruit des branches cassées ! On entendit hurler... Et voici qu'une énorme fusée s'alluma tout près, en plein ciel, éclairant toute la prairie ; en même temps qu'une grêle de balles sifflait, cette fois au ras de nos oreilles, brisant les branchettes du hallier ! À tâtons, chacun chercha son voisin, empoigna une tête, ou une jambe... et secoua l'autre : seulement pour VÉRIFIER QU'IL ÉTAIT VIVANT ! Puis le tir se déplaça... Hunter-Gray réapparut alors, toujours courant et plié sur lui-même. Il lança encore un ordre : « Le contact est pris, notre mission accomplie ! » C'était l'ordre de repli.

En sens inverse, nous étions maintenant camouflés par la végétation en même temps que par les ténèbres de la nuit. Après quelques centaines de mètres, près du champ de blé, quelqu'un a vu tomber l'un des nôtres... il y aurait un mort... ou un blessé grave... ce serait un Français ! Qui donc ?

Nous restâmes longtemps sans parole, incertains et inquiets. Un homme avait pu vouloir se cacher au sol pour éviter un danger. On ne sait !

On nous informa un peu plus tard qu'au plus fort de la fusillade, un nom avait été prononcé : celui de Laot, l'un de nos meilleurs éclaireurs ; ce n'était peut-être qu'une erreur ? Lofi, un infirmier et moi attendions, pendant que deux ou trois de nos hommes retournèrent sur nos pas. Après quelques minutes, pour rompre l'anxiété, presque par devoir, nous nous étions mis à plaisanter ! Ces combats de nuit, certes, n'avaient rien de drôle... mais il y avait tout de même de drôles d'incidents. On raconta ceci... puis cela... avec force détails. Dans le ciel, le feu d'artifice continuait, mais s'éloignait. Après quoi nous entendîmes arriver un obus de mortier ; on aurait juré qu'il venait droit sur nous... mais non ! Voilà qu'il bourdonnait étrangement : il était sorti de sa trajectoire ! Par prudence, nous nous étions jetés à terre, riant comme des imbéciles et... voici que l'obus était venu choir dans le fourré, à cinq ou six mètres, sans éclater !

De retour sur nos positions, nous nous rendîmes au poste de commandement pour une conférence entre officiers. C'est là que tomba la nouvelle : c'était bien Laot qui avait été tué, notre brave Laot, modèle de sang-froid et de courage ! Nos hommes venaient de ramener son corps. Sur tous, la tristesse tomba, très lourde !

Les funérailles de Laot, terriblement émouvantes, eurent lieu dans le petit cimetière aménagé sous les arbres, sur la pente entre les routes de Ranville et de Bréville. Funérailles entre soldats, avec toute cette rigueur militaire qui est signe de respect, de piété, de fraternité virile. Nous n'étions que quelques hommes et officiers disponibles, les autres étant évidemment restés en défense sur les positions. Tous pourtant étaient « présents »... pour leur camarade et près de leurs chefs.

Plus tard dans la soirée, le brigadier Mills-Roberts me fit appeler pour me dire sa peine pour ce splendide garçon que nous avions perdu, « *for this splendid chap you have lost... I am so sorry... !* »

Un 14 juillet libre

À partir de la fin juin, l'ennemi sembla perdre l'initiative. Manifestement, les Allemands étaient contraints de concentrer leurs effectifs sur l'axe « région de Caen – région de Paris ». Étaient-ils déjà rassurés et ne croyaient-ils plus à l'éventualité d'un deuxième débarquement allié sur la région du Pas-de-Calais, entre l'estuaire de la Somme et la côte hollandaise ? Fort habilement, cette menace que le commandement allié avait laissée planer aussi longtemps que possible les avait incités à garder dans le nord de la France nombre de divisions blindées et motorisées qui auraient fatalement déferlé vers notre tête de pont en Normandie...

Cela nous permit quelque repos et facilita mes visites pastorales aux « unités » c'est-à-dire aux *troops* britanniques et françaises. Chez les Britanniques, je n'avais même pas besoin de m'annoncer. Après un court entretien avec le *Commanding Officer* – toujours cordial et d'excellente humeur – un sous-officier de service me prenait en charge : quelques ordres à voix presque basse et les hommes – les *Roman Catholics* – sortaient de leurs abris tous volontaires, cela va sans dire, pour des entretiens, ou pour la messe. En fait, j'avais l'impression que venait qui voulait, toutes *denominations* mélangées. L'accueil était tout simple et commençait invariablement par : « *Hello, Padre* », ou bien « *Father, have a cup of tea with us... !* » Souvent, ils ajoutaient à l'ordinaire de leur délicieuse eau chaude des saucisses, ou des viandes moins faciles à identifier et pouvant relever de la catégorie des « rapines » théoriquement inavouables ! L'entretien qui suivait portait sur des nourritures moins terrestres, quelque passage des Évangiles ou des Épîtres de saint Jean et saint Paul. Les questions fusaient et faisaient ma joie.

Il fallait des patrouilles de reconnaissance de plus en plus poussées – *large scale raid* – pour obtenir la position des lignes ennemies en plusieurs points, en sachant que la nouvelle tactique de l'ennemi était d'éviter de réagir, par crainte précisément de nous laisser identifier les fortins où ils s'accrochaient encore. Ainsi, le 28 juin, un « raid » du 45e commando avait percé les défenses ennemies, au nord-est de Bréville. Le chef de patrouille, disposant du temps nécessaire, put, en outre, avancer plus profondément dans le dispositif ennemi et détruire deux importants bâtiments ainsi que deux véhicules. La patrouille reçut les vives félicitations du général Gale, pour ce raid – « *a first class piece of enterprise...* »

À plusieurs reprises, des Allemands avaient été aperçus allant de-ci de-là, comme égarés, revenant sur les lieux où un de leurs camarades était tombé... une heure auparavant ! Quant à nos valeureux commandos – je l'ai noté au 5 juillet – ils eurent même assez de loisir pour se battre... contre les moustiques ! De vrais nuages, il est vrai, en harcèlement continu. Ils trouvaient aussi le temps de penser à leur bonheur, comme Guy de Montlaur à sa jeune épouse américaine, Adelaide ; ou Léon Gautier à sa fiancée anglaise, Dorothy. C'était pour eux une force supplémentaire. Nous avions tant partagé, nous nous étions tant entraidés, sans effort, disponibles les uns aux autres. J'avais tant reçu d'eux tous... Parfois, au plus fort de nos détresses, je n'avais eu qu'un chapelet à donner, toutes confessions confondues – les Anglicans les portaient autour de leur cou. Je ne crois absolument pas que ce fût là un « geste superstitieux »... Notre foi n'est pas pure religion intellectuelle... elle est Foi en Quelqu'un. Et l'objet matériel était le « signe sensible », comme nous disons en théologie, de cette Réalité invisible, au-delà des sens, de la vue ou du toucher. Au combat, l'esprit peut se trouver comme entravé par la fatigue : un signe amical devient réconfort spirituel... Je pense à ce que fut mon amitié merveilleuse avec notre commandant Lofi. Il savait tout de mes faiblesses, mais éprouvait pour moi une sorte de respect assez admiratif, émouvant... que je lui rendais au centuple.

Nous eûmes aussi notre premier 14 juillet sur le territoire, sur ce petit coin de terre libéré : à Amfreville-Le Plein où déjà un monument avait été élevé sur la place de l'église à la mémoire des hommes de la première brigade tués dans les opérations. Le curé d'Amfreville nous fit à cette occasion un accueil admirable de dignité : il était resté dans sa paroisse, sous les obus, pour être auprès des quelques familles qui n'avaient pas fui les combats. Pendant tous ces mois, il avait risqué sa vie auprès d'eux – prêtre magnifique, dévoué au service des paroissiens comme des soldats. Les poilus de 14-18 avaient ressorti leurs drapeaux et défilèrent avec nous : pour eux aussi, c'était la première célébration libre de la fête nationale, depuis 1940.

Avant d'embarquer pour l'Angleterre, fin juillet, et alors que nous n'étions encore qu'à Bavent – les commandos continueraient jusqu'à leur percée, en août, vers la Seine – j'entendis sur une radio cette nouvelle qui me remplit à la fois d'espoir et de déception : un attentat avait été préparé contre Hitler par des officiers résistants de longue date, avec à leur tête von Stauffenberg, le 20 juillet 1944 ; mais l'opération avait échoué...

La campagne de Hollande

Novembre 1944. Paris était libéré. Je m'y étais rendu début septembre. Comme à Londres quelques mois plus tôt, la politique plus que jamais prenait le pas sur l'esprit combattant. Je me rappelle mon ami Guy de Boissoudy, pourtant magnifique combattant qui avait perdu une jambe en Syrie, me disant :

– Qu'allez-vous donc faire en Hollande ? Restez plutôt avec nous en France. Nous avons déjà un problème communiste.

Je déclinai l'offre. La guerre n'était pas finie. Les commandos partaient pour la Hollande, libérer Flessingue et le port d'Anvers. L'heure n'était pas à la politique. Je me souviens de le lui avoir dit de la façon la plus directe...

Notre commando avait été relevé début septembre alors qu'il avait atteint la Seine. Il passa trois semaines en Angleterre avant d'être envoyé à nouveau en campagne pour libérer la Belgique et la Hollande, incorporé cette fois au sein de la 4e brigade de commandos, dans la Ire armée canadienne. Je n'eus pas une ombre d'hésitation et repris du service aux côtés des hommes, convaincu de surcroît que, quand on est entré tardivement dans la bataille – je n'avais pas participé à leurs premiers raids, meurtriers, de 1943 ou début 1944 –, la moindre des choses était de la mener jusqu'à son terme. En plus, je les aimais.

Le 30 octobre, à De Haan, en Belgique, où nous avions subi un entraînement, le colonel Dawson, après le *briefing*, avait fait une conférence sur l'ensemble de l'opération, sa place dans les plans de Montgomery, toutes nos raisons de combattre et de vaincre. Puis, j'avais eu une longue conversation à l'infirmerie, avec le Dr Kennedy : quelques-uns de nos hommes étaient à bout de forces. Je me relevais mal moi-même d'une sorte de fatigue qui tournait à la dépression. Que faire ? Tous les commandos étaient des volontaires, et chez nous, Français, des volontaires parmi des volontaires. À ceux qui n'en pouvaient plus, il aurait fallu permettre le retour dans une unité normale. Mais quels auraient été les effets sur le « moral » des unités ? D'ailleurs, ni le commandant ni les commandos n'envisageaient aucune mesure dans ce sens. Moi, moins encore. Je reste frappé, tout de même, en reprenant mes carnets de cette époque, de voir ce que pouvait faire sur nous une fatigue accumulée depuis des mois et qui nous atteignait jusqu'à l'âme. Peut-être faut-il en venir là – à cette limite d'impuissance, à ce seuil de confiance pour deviner la miséricorde infinie, en ressentir l'approche et se laisser enlever par elle tout entier ! Ce soir-là, comme maintenant au terme de ma vie, il ne me paraissait plus possible que Dieu me repousse.

Je descendais l'escalier lorsque le docteur me rappela. Il ouvrit une cantine, en tira des objets, des lettres : « Pour ma mère et ma fiancée, si je ne reviens pas... » – « Je compte sur vous... », me dit-il. Cela me rappelait ce jour en Normandie où j'étais allé trouver le lieutenant-colonel Menday qui remplaçait Dawson blessé. Il était en train d'adresser des dizaines de lettres aux parents de nos camarades britanniques tués depuis le 6 juin. « Vous écrivez une lettre différente à chaque famille ? avais-je demandé. – Bien sûr. Mais il y a des choses qui peuvent être écrites à tous. » Toutes les lettres portaient cette phrase : « *Our only consolation can be that he has given his life for the liberation of FRANCE.* » Je promis d'assurer cette tâche.

Dans la nuit du 31 octobre, rien n'avait laissé soupçonner à l'ennemi notre installation dans Breskens, petite cité hollandaise dont il ne restait que des ruines. Cinq cents soldats d'élite s'y étaient rassemblés pour donner l'assaut à Flessingue, sur l'île de Walcheren, à quelque cinq kilomètres en face. En avançant en silence dans ces rues dévastées, ces maisons éventrées aux poutres qui pointaient vers le ciel, avec le vent de la mer qui sentait à la fois le marécage et l'eau salée, où se mêlaient les odeurs de poudre et des puanteurs de cadavres..., j'avais senti jusque dans mes os cette durée et cette grisaille, cette dureté et cette infinie souffrance d'une guerre qui pouvait durer des mois encore.

Cette nuit-là, chacun pensait à la lutte qui allait s'engager, ou voulait ne pas y penser, ou attendait que la conscience puisse s'abolir dans un rêve, comme dans la nuit du 5 au 6 juin sur la Manche. Mais cette fois, ce n'était plus le même départ. Notre foi n'était pas moindre, certes non ! Mais en juin, c'était la grande aventure, le départ pour le grand inconnu ! Nous entrions dans la guerre. C'était tout ou rien, peut-être la victoire finale ou l'échec et la mort sur les plages...

Maintenant, nous étions immergés dans la guerre, nous étions de vieux soldats... Nous avions gardé notre Foi et notre espérance, mais nous étions très fatigués. Il ne s'agissait plus pour nous d'ouvrir la brèche dans le « Mur de l'Atlantique », de tout donner en une seule fois pour tout gagner ou pour tout perdre... Non, c'était maintenant une guerre installée dans la durée, sanglante et grise.

Je songeais à mes raisons d'être ici. Nulle cause, nul parti – pas même le « gaullisme » – rien ne comptait, rien ne m'obligeait de tout ce qui était d'ordre politique. Une seule vérité, grande et austère : lutter pour la libération de ces millions d'hommes que l'Allemagne nazie asservissait, dégradait et tourmentait. « Il n'y a pas de plus grand amour que de donner sa vie pour ceux qu'on aime. » Je pensais à Bruno de Solages, là-bas, quelque part en Allemagne dans quelque camp de concentration. Dans quel état ? Peut-être dans son malheur se disait-il : « Un jour, René viendra... » ? Et cette pensée me soutenait depuis trois mois.

L'attaque contre Flessingue eut lieu un 1er novembre. J'ai retrouvé une lettre écrite quelques jours plus tard à ma mère : je lui disais que tous les saints avaient dû être avec nous ce jour-là tant le débarquement fut magistralement mené, malgré des pertes. La veille j'avais célébré la messe à l'emplacement de l'église rasée, et donné l'absolution collective.

À 3 heures, réveil – si l'on peut dire : nous n'avions guère dormi... Les hommes avaient reposé à même le sol, ou sur des carrelages, au milieu des décombres et des bris de vitres – une nuit tiède pour novembre, sous un ciel bas ! Dans un silence parfait, à tâtons, les hommes saisirent leurs armes et vérifièrent leurs équipements ; du thé ; nous étions prêts. Dans la rue principale de Breskens, toujours en silence, les *troops* se formèrent en colonnes. On s'appelait par signes... Lentement le commando s'achemina vers le port, s'arrêtant souvent pour laisser passer un autre détachement. Flessingue n'était qu'à cinq kilomètres, mais nous prendrions le chemin des écoliers sur des barges, des LCA. Ce matin-là, l'obscurité et un brouillard léger nous dérobaient à la vue de l'ennemi. À chaque coup de sonnette d'un enseigne de la Royal Navy, notre bateau avançait. J'entends encore son timbre grêle et je me demandais si, dans le silence de l'aube, les Allemands pouvaient l'entendre.

Un vrombissement dense emplit le ciel. Les avions entraient en action, bientôt suivis des défenses de Flessingue. Soudain une immense détonation retentit : derrière nous, derrière Breskens et d'un horizon à l'autre, une lueur embrasait le ciel – c'était notre artillerie qui tirait.

Nous approchions de la côte. Du côté de l'ennemi pas encore de riposte. Il ne pleuvait plus. De temps à autre, je me redressais et regardais. Les obus s'abattaient toujours sur la ville, éclairant le ciel et la terre. Devant moi, à quelques kilomètres, je distinguais le profil du moulin de Flessingue qui me semblait tout proche. Déjà j'apercevais les premières maisons...

Soudain, les hommes saisirent leurs armes, s'agenouillèrent le long des barres, prêts à courir vers l'avant où la coque allait s'ouvrir pour leur livrer passage. Nous y étions. Au son du canon, dans le fracas des éclatements et du crépitement des mitrailleuses, chacun se redressa et se lança dans la mer. J'étais le dernier de la file. L'eau était couleur de plomb ; elle m'arrivait à la ceinture – comme en Normandie, ai-je eu le temps de me dire... Quelques mètres à parcourir seulement, jusqu'à une palissade où je rejoignis des hommes couchés, visages crispés, tendus vers leur but. À mes pieds, semblaient attachées des semelles de plomb..., j'étais trempé, et tellement plus fatigué que le 6 juin sur les plages de Ouistreham. L'eau de l'Escaut serait-elle plus lourde que celle de la Manche, plus froide ? À bout de souffle, je m'abattis sur des pierres pointues, recouvertes de vase, rampant vers une brèche de la palissade pour la franchir. En vain : celle-ci était double. Mes camarades, plus agiles, avaient disparu. Je m'étendis un instant sur le dos pour reprendre mon souffle.

Un de nos hommes passa à ce moment-là :

– Padre, êtes-vous blessé ?

– Non, mon vieux, seulement inexplicablement crevé.

C'était Gouriou, l'agent de liaison du commandant Kieffer. Il me donna un coup de main pour franchir la deuxième palissade, et je montai le glacis en diagonale vers l'angle d'un fortin. J'étais comme groggy. À cet instant j'éprouvai une des sensations les plus étranges de ma vie. Dans une sorte de dédoublement, j'avançais à découvert et je me voyais avancer, comme s'il s'agissait d'une histoire déjà vécue, longtemps auparavant... Le crépitement des mitrailleuses, l'aube qui se levait sur cette côte de Hollande..., la mort était imminente, là, toute proche de moi... Comment pouvait-on se promener ainsi sur un glacis au vu de l'ennemi sans être touché par le tir de quelque arme automatique ? Je regardai le ciel qui n'en finissait pas de s'éclairer. Le jour serait beau et, ici, je me coucherais pour mourir sur les pierres froides sur cette côte de Hollande près du grand moulin de Flessingue... Le lever du jour me rendit mes esprits et me redonna un peu de force.

J'atteignis la pointe de la presqu'île, au sommet du glacis, près d'un bastion avancé. Les nôtres étaient là, attendant que le Génie eût fini de faire sauter des obstacles placés par l'ennemi pour empêcher le débarquement. Las d'attendre, je m'approchai d'un commando, à trente mètres devant moi... pour découvrir derrière un mur, à mon grand ahurissement, quarante prisonniers allemands à genoux par terre sous la surveillance de quelques fusils-mitrailleurs. Ces hommes s'étaient rendus dès l'apparition des nôtres sans tirer un coup de feu. Ils semblaient terrifiés. J'aperçus Kieffer qui fondit sur moi. Ma disparition avait été signalée, alors que je me morfondais au pied de la palissade. Son visage s'éclaira dès qu'il me vit.

Enfin, je trouvai le poste médical, installé dans un ouvrage de béton profondément enterré. Là avaient été aménagées trois ou quatre pièces disponibles. Le médecin, Doc Kennedy, m'assigna une sorte de réduit éclairé par une toute petite lucarne :

– Vous nous rendrez un grand service, me dit Kennedy, en notant les noms de nos blessés, leur matricule et quelques indications sur les blessures. Et vous assurerez en même temps votre ministère.

À vrai dire, j'avais le sentiment d'être la mouche du coche, mais que pouvais-je faire de plus ? Suivre mes hommes sur la ligne du feu ? Je n'en avais plus la force. Je remplirai donc ici, simplement, mes fonctions classiques d'aumônier infirmier.

Ce fut grâce aux blessés que je suivis la progression des soldats alliés. Ceux qui pouvaient parler me racontaient, sobrement. La joie brillait dans leurs yeux, atténuant leur douleur, au récit de nos succès. Se joignit à nous un infirmier allemand fait prisonnier. Vers 9 heures, profitant d'une accalmie, je m'entretins avec lui. Le bombardement, m'expliqua-t-il, avait coupé toutes les communications. Les garnisons allemandes comptaient très peu de tués mais le vacarme et les secousses avaient fatigué les nerfs et, aux dires de cet homme, nous pouvions escompter une reddition rapide. J'appris d'autre part que nos troupes ayant débarqué presque sans perte étaient parvenues en quelques minutes aux abords de la ville ; et là, conformément au plan, elles avaient « éclaté » en éventail dans les directions prévues. Guy Vourch avait fait quarante prisonniers dans l'édifice de la poste centrale et sa *troop* était déjà parvenue à l'isthme qui sépare la vieille ville de la nouvelle, attendant les renforts.

D'autres blessés arrivaient. Je m'employais de mon mieux à ma tâche, mais je me sentais à bout de force. Il me semblait qu'une explosion très rapprochée, par sa seule commotion, pouvait me faire mourir. Une seule consolation, les hommes, autour de moi, s'empressaient, comme d'habitude étonnamment maîtres d'eux-mêmes. On s'entraidait. Personne ne remarquait, semblait-il, mon état d'épuisement. J'étais empli d'un sentiment d'impuissance. Je pensais à cette expression allemande : « *Kômmen Wollen !* » Oui, c'était cela : il y a en nous une réserve du pouvoir d'agir sur soi-même, de rassembler ses forces, de les faire venir du plus profond de l'être. « Que ce calice s'éloigne de moi, néanmoins, que ce ne soit pas ma volonté mais la vôtre qui soit faite ! » : je récitais cette prière du soldat à bout de force, et j'en savourais la simplicité et la clarté. J'étais exténué mais encore capable de ce geste d'offrande, comme un consentement.

Flessingue fut pris au terme d'une dure bataille de trois jours. Les points de résistance tombèrent un à un. Nous perdîmes un cinquième de nos hommes quand les Allemands laissèrent cinq cents hommes sur le terrain, sans compter un millier de prisonniers. Je ne sais si les journaux en ont parlé. Quoi, une centaine de Français et trois cents Anglais montés dans des barges se jetant au petit jour contre la côte hollandaise ? À l'heure où des millions de soldats se battaient partout, dans le Pacifique ou en Prusse, qui cela pouvait-il intéresser ?

Military Cross

Au lendemain de la prise de Flessingue et de l'île de Walcheren, je fus hospitalisé en Grande-Bretagne pour surmenage. L'intensité de la guerre, le fracas des explosions, la tension nerveuse soumise à rude épreuve au cours de deux débarquements, tout cela avait eu raison de moi. Je n'avais pas subi ces entraînements interminables et cruels auxquels parachutistes et commandos avaient été soumis dans les montagnes d'Écosse – entraînements si rudes que nombre d'officiers britanniques, bons juges en la matière, pensaient qu'on y crevait les chevaux avant la course... N'empêche ! Mes camarades commandos avaient « tenu » et tenaient encore : ils s'employèrent à « nettoyer » toutes ces îles et presqu'îles des côtes de Hollande occidentale.

Pour la première fois de ma vie, mon organisme avait rechigné à me suivre et je fus « rapatrié » pour plusieurs semaines en Grande-Bretagne. Je subis à nouveau le régime de l'hôpital anglais – des *nurses* merveilleuses mais des médicaments à vous faire passer dans l'autre monde : j'eus à subir une cure de sommeil, et l'horreur de ce que l'on me fit avaler m'est restée dans la gorge pour la vie... ! On m'informa que je venais d'obtenir la *Military Cross* sur mon lit d'hôpital. C'était un très grand honneur, et j'en ai tiré une grande fierté. Mes amis anglais me signalèrent qu'outre-Manche, quand on écrit à un titulaire de cette décoration, il est d'usage de faire suivre le nom de la mention : MC. Pour eux, j'étais désormais « René de Naurois MC » ! Cette décoration me fut remise officiellement par l'ambassadeur d'Angleterre, à Paris, en juin 1945.

Bergen-Belsen

Je rejoignis les commandos vers le mois d'avril. L'armistice de mai 1945 me trouva au milieu d'eux. Nous étions alors au nord de l'Allemagne, dans la région de Kiel, au bord de la Baltique. J'émis le vœu d'aller visiter un camp de concentration qui venait d'être libéré par les Britanniques : Bergen-Belsen, près de Zelle. Robert Dawson m'accompagna. C'est par lui, d'ailleurs, que l'autorisation, difficile à obtenir, nous fut accordée. En dépit du fait que presque tous les internés avaient été évacués au cours des semaines précédentes, ce fut pour moi une expérience terrible, que je ne peux oublier.

Nous eûmes cent ou deux cents kilomètres de routes plus ou moins bouleversées à parcourir et villes après villages en ruine à traverser avant d'atteindre, dissimulé dans une forêt, le camp de Belsen. La première sensation ineffaçable fut celle d'une puanteur qu'il est évidemment impossible d'exprimer, une puanteur croissante à mesure que nous approchions et qui nous renseignait, si l'on peut dire, sur la distance qu'il nous restait à parcourir. Puis, sur cette route poudreuse, au milieu des grands arbres, apparurent les premières baraques, grises et sinistres, et leurs volets de bois grands ouverts. Nous roulions doucement, sans proférer un mot de commentaire, lorsque nous vîmes, à quelque quinze ou vingt mètres de nous, un groupe de trois ou quatre personnes, d'une maigreur extrême, de véritables squelettes. Ce qui me frappa, ce fut la lenteur infinie de leur marche et de leurs gestes, lenteur imposée de toute évidence par leur faiblesse, mais aussi par le souci extrême d'économiser l'énergie disponible. Ils regardaient le sol, à proximité immédiate des baraques, et semblaient rechercher des objets perdus.

Nous leur adressâmes quelques signes d'amitié. Puis un factionnaire nous arrêta. Le colonel Dawson et son adjoint descendirent de voiture, montrèrent leurs papiers et furent conduits jusqu'à d'autres cabanes servant d'hôpital et de bureaux. Ils parlementèrent assez longtemps puis revinrent, accompagnés d'un médecin britannique d'assez haut rang. Le médecin nous expliqua que ses équipes et lui-même, exténués de fatigue, s'efforçaient de sauver encore quelques vies humaines, des malades du typhus... Il nous fit ainsi part de quelques détails sur l'historique du camp, l'arrivée et le développement de l'épidémie, la fuite des gardiens allemands..., tout cela raconté presque à voix basse, au point que nous perdions parfois des bribes de ce récit. Je signalai à l'officier que je croyais avoir aperçu dans un baraquement une forme humaine, peut-être celle d'une femme allongée sur un châlit, les yeux hagards...

– C'est bien possible, me dit l'officier, nous n'avons pas encore tout vu, le camp est grand...

L'accent de ce médecin était celui d'un homme accablé, écrasé par la tristesse et abruti de fatigue. Il appela un ou deux infirmiers, fit venir une jeep, me priant d'essayer de retrouver l'emplacement. Je revins donc en arrière, mais les allées du camp ne présentaient pas de signes distinctifs qui puissent m'aider à reconnaître quoi que ce soit ; des baraques vides présentaient encore l'aspect d'un grand désordre avec leurs châlits où traînaient des couvertures abandonnées en vrac. Peut-être avais-je cru reconnaître un corps là où il n'y avait que des planches et des étoffes entassées. Finalement, le médecin laissa entendre que l'atmosphère empuantie était encore dangereuse à respirer..., et que lui-même d'ailleurs et ses collaborateurs avaient hâte d'avancer dans leur travail, en attendant les renforts médicaux. Nous l'avons remercié chaleureusement et avons pris congé. En silence.

La gare de Montauban

Sitôt démobilisé, je regagnai la France pour retrouver mes parents. Le pays était encore dans le chaos, les transports rendus difficiles par le nombre de voies détruites. Faire Paris-Toulouse relevait de l'exploit ou du moins du concours de patience. Parti de la capitale de très bonne heure, je ne pus arriver que le lendemain soir. À Orléans, un pont détruit nous empêcha de traverser la Loire. Il nous fallut changer de train. Dans le compartiment où j'étais, un voyageur cherchait visiblement à m'identifier. Il lui était difficile de deviner qui était cet homme vêtu d'un uniforme de commando anglais, parlant français et portant une croix. Quand il apprit que j'étais aumônier, il parut ravi, allant jusqu'à vouloir me payer le voyage. « Un type qui avait risqué sa vie pour le pays, ça valait bien ça », dit-il.

Il était convenu que mes parents viendraient me

chercher à Montauban, dernière station avant Toulouse. Le train arriva à bon port vers 3 ou 4 heures du matin... M'auraient-ils attendu ? Nous avions tellement de retard... Je comptais dormir dans la salle d'attente. En arrivant en gare de Montauban, c'était encore la nuit noire : du train qui roulait, je vis mon père et ma mère, debout sur le quai. Ils étaient venus de Villemur, distant de vingt-cinq kilomètres, avec une voiture à cheval. Ils m'attendaient depuis plusieurs heures. Depuis plusieurs mois, devrais-je dire. Quelles nouvelles avaient-ils reçues de moi, malgré le nombre de lettres que je leur avais envoyées ? Je n'ai jamais oublié l'intensité de nos retrouvailles.

Paix, guerre et pacifisme

Dans les semaines qui suivirent, je refis connaissance avec le quotidien qui avait été le mien avant la guerre. Je retrouvais des amis. Toulouse avait globalement fait une belle guerre. Les témoignages de dévouement et d'héroïsme étaient légion. J'avais quelques mois plus tôt retrouvé mon cousin Solages, qui avait été « déporté d'honneur », ce qui, sans doute, l'avait protégé. Il avait été arrêté dans la nuit du 8 au 9 juin 1944, avec Albert Sarraut et Jean Baylet, ainsi que Mgr Théas et Mgr Rodié, évêque d'Agen. Dirigé d'abord sur Compiègne, Bruno avait ensuite été envoyé en Allemagne. Je l'avais retrouvé dans les Alpes, entre Grenoble et Lyon, où il se refaisait une santé. J'étais déjà démobilisé mais encore sous l'uniforme : quand il m'aperçut, il se souleva avec peine et retomba dans mes bras. Il m'affirma qu'il avait toujours ressenti que j'avais fait la guerre pour lui.

En dépit de la souffrance qu'il avait endurée, Bruno resta fasciné par les questions que soulevait cette guerre, réfléchissant comme théologien à la célèbre notion de « guerre juste », et comme philosophe à cette lutte sans merci que nous avions menée contre l'idéologie nazie. Les deux étaient liées. Il faut rappeler les conditions de la « guerre juste » telles qu'elles sont énoncées dans la tradition de l'Église : elle doit être menée par une autorité légitime... Dans ce cas, même une guerre offensive peut être « juste ». Et rien, jamais – aucun principe pacifiste, si généreux qu'il soit – n'aurait pu justifier de laisser Hitler aller plus loin encore dans l'horreur et l'inhumanité.

En 1953, à une session des Semaines sociales, alors que Bruno et moi-même préparions un colloque sur le thème de « Paix et guerre » avec le RP Ducattillon, le journaliste chrétien Georges Hourdin, volontiers provocateur comme toujours, se tournant vers son voisin de droite puis de gauche, posa une question qui se voulait fracassante : « La guerre, la guerre..., à quoi cela nous a servi ? À rien ! » Comme j'avais déjà été irrité par les interventions pacifistes précédentes, je me suis levé, puis je me suis dirigé à pas de loup jusqu'à la porte, sous le regard consterné des présents qui crurent que je quittais la salle..., j'ai ouvert, fait semblant de regarder dans le couloir, et suis retourné à ma place. Puis j'ai déclaré avant de me rasseoir : « La Gestapo n'est pas derrière la porte, nous pouvons continuer. La guerre aura au moins servi à cela ! » Bruno de Solages assistait à ces joutes en y mettant toute sa bienveillance. Il ne laissait rien transparaître de ce qu'il avait vécu. Quant à moi, je ne pus jamais me résoudre à rester pacifique au milieu de pacifistes... Que Dieu me pardonne !

7

L'Allemagne après la guerre

Au Conseil de contrôle interallié

En octobre 1945, je fus nommé au Conseil de contrôle interallié, organisme créé quelques mois plus tôt pour surveiller et inspirer la réorganisation de l'Allemagne. Chacune des quatre puissances avait sous sa juridiction une partie de l'Allemagne. À la France était dévolue la tutelle de la Rhénanie, du Palatinat et du pays de Bade, ainsi que quelques quartiers au nord de Berlin. Le chef de la délégation française était le général Koeltz, que je connaissais par ailleurs. Je fus affecté, pour les affaires religieuses, à la division des affaires politiques que dirigeait Guy de la Tournelle dont j'avais fait la connaissance avant la guerre lorsqu'il était consul général de France à Dantzig. Il avait été auparavant ministre plénipotentiaire à Vilno, capitale de la Lituanie, où il jouissait d'un prestige considérable parce qu'il y avait fait beaucoup de bien. C'est durant l'été 1938, lors d'un voyage à bicyclette dans cette région, que je lui avais rendu visite et que nous avions sympathisé.

Je me souviens de nos retrouvailles, en 1945. La conversation roula naturellement sur les mois qui venaient de s'écouler. À l'amitié qu'il portait aux Estoniens, aux Lettons, et tout particulièrement aux Lituaniens, se mêlait désormais la douleur de leur existence nationale : longtemps déchirés entre l'Est et l'Ouest, leur soviétisation avait commencé dès 1940, avec la mainmise des troupes de Staline à la faveur de la dénonciation du pacte germano-soviétique. Depuis

1944, l'annexion à l'URSS était officielle et la russification de la population était en marche. En matière politique, le jugement de La Tournelle s'exprimait toujours avec modération, d'une voix lente et mesurée, parfois aussi avec humour et avec des saillies qui donnaient à sa conversation un charme inimitable. Pendant la Première Guerre mondiale, le tout jeune La Tournelle avait été un magnifique soldat, décoré à dix-huit ans de la médaille militaire.

Grâce à mon affectation au Conseil de contrôle, je retrouvai l'Allemagne... mais dans quel état ! Ce qui frappait l'étranger arrivant à Berlin, ce n'étaient pas seulement les destructions à perte de vue, mais le choc que l'on recevait à la rencontre des passants. Leur visage exprimait encore l'effroi des bombardements et la fatigue écrasante des dernières années de guerre. Les enfants étaient d'une pâleur extrême, surtout dans les quartiers de l'est ; les femmes, même les plus jeunes, avaient les traits tirés. Tous les Berlinois avaient un teint cireux, pour ainsi dire cadavérique. Ils portaient des vêtements sales et usés et, dans les lieux de réunion et les cafés, dans les tramways et dans le métro, flottait une odeur parfaitement insupportable, celle des gens qui ne se lavent plus, faute de charbon, faute d'eau chaude, et même d'eau tout court : les canalisations crevées par les bombes n'avaient pas encore été refaites. Ces Berlinois ne vivaient plus qu'au jour le jour, végétant, économisant l'effort pour survivre.

En Allemagne, les Berlinois ont toujours constitué une population à part. Malgré les images d'une ville luttant jusqu'à son dernier souffle, emmenée par les Jeunesses hitlériennes, Berlin dans son ensemble, et surtout dans les quartiers populaires, fut toujours modérément nationale-socialiste. Avant la guerre, en dépit de la présence active de la Gestapo, elle protesta parfois de façon discrète. Il fallait savoir lire les regards, comprendre à demi-mot : pour qui observait avec patience, les signes n'avaient pas manqué d'une « résistance » silencieuse, atomisée mais réelle. Entre ces

Berlinois d'avant-guerre et ceux de 1945, je ne découvrais pas de différence. C'étaient toujours les mêmes hommes, affaiblis par le malheur, mais non point abattus ; et dont l'intelligence travaillait encore.

Lors d'une de mes premières promenades en ville, accompagné d'un ou deux observateurs, j'arrêtai ma voiture aux environs de Nollendorfplatz et je pus voir une centaine de femmes, affreusement maigres, qui travaillaient au milieu des ruines. Un passant nous interpella et lança à la cantonade, comme une plaisanterie : « Ces messieurs devraient bien vous aider à enlever les briques... » Une femme releva vivement l'apostrophe, sans plaisanter cette fois : « Pourquoi nous aideraient-ils ? Qui donc a perdu la guerre ? Tout ça, c'est Hitler qui l'a voulu... » Plus loin, trois femmes chargeant des pierres sur un chariot nous prirent à partie : « Voilà ce que vous avez fait... C'est vous qui avez tout détruit... » Les regards exprimaient-ils la haine ou simplement le désespoir ? Impossible de le dire. J'essayai d'engager la conversation. Pour ces femmes, dont le casse-tête quotidien était le ravitaillement, tout manquait, et le ventre creux leur faisait venir à l'esprit une foule d'idées qu'elles n'avaient plus la force d'ordonner et qui tournaient sans arrêt, comme dans un cercle. Leurs propos ne laissaient pas d'être contradictoires. Dans le plus grand calme possible, nous évoquâmes à notre tour Dunkerque en flammes, les villes françaises, puis anglaises, pilonnées par la Luftwaffe... Chaque pays d'Europe et son lot de souffrances... À Paris aussi, on avait faim à cette époque et la victoire avait un goût amer. Nos interlocutrices, immobiles, nous écoutèrent avec avidité, sans toutefois témoigner d'un acquiescement. Elles s'en prirent à la mémoire de Hitler, mais en des phrases elliptiques. La colère qui grondait sous les invectives n'était-elle pas plutôt l'inexplicable ferveur des années nazies changée en haine ?

Je découvrais peu à peu ce qu'avaient été les dernières heures du nazisme. La grande majorité des Allemands étaient devenus totalement indifférents au sort du Führer et de ses compagnons. D'autres, mus par un incompréhensible sentiment de fidélité, avaient continué à se battre, sous la pression, il est vrai, des « tribunaux volants » SS qui condamnaient à la pendaison tous les « défaitistes ». Au sein du *Volkssturm* – cette levée en masse ordonnée par Hitler le 25 septembre 1944 où furent enrôlés tous les hommes valides de seize à soixante ans – on assista à des actes de courage incroyables, en particulier sur le front de l'Est. Près de Frohnau, sous notre juridiction, ces soldats de fortune tentèrent de résister avec de simples fusils contre les chars. Le massacre fut impitoyable.

Les Berlinois n'avaient plus de moyens de défense. Les détachements étaient squelettiques, l'armement insuffisant. Dans les derniers jours, une formation blindée, habituellement composée de dix à quinze chars, recevait l'ordre de monter en ligne avec un seul engin, et de prendre les blindés russes pour étoffer son unité ! La population pensa d'abord – avec soulagement – que les Américains feraient les premiers leur apparition... mais dans la nuit du 22 au 23 avril 1945, ce furent les Soviétiques qui pénétrèrent les premiers dans la ville : par le nord.

Entrée des troupes soviétiques à Berlin

Dans les jours qui suivirent, la ville fut mise en coupe réglée par les soldats de Staline. Selon les récits qu'on m'en fit, les hommes pénétraient dans les maisons, revolver ou pistolet-mitrailleur au poing. Ils perquisitionnaient, enlevaient les armes, fouillaient les civils et faisaient main basse sur le tabac, le vin, l'alcool, les bicyclettes, les automobiles... Rien ne leur échappait, stylos, porte-mines, bijoux... Ils arrachaient même pour les emporter les installations électriques et téléphoniques, voire même de simples serrures ! Certains sciaient les pieds des chaises et des tables sans que l'on ait jamais su pourquoi... Tout ce qui était « technique » excitait leur convoitise et même leur émerveillement. Dans une maison, des soldats tombèrent sur un aspirateur. Ils branchèrent la prise et tendirent l'oreille, croyant avoir affaire à une boîte à musique... Au château de Schönfliess, réquisitionné par le nouvel occupant, un officier se plaignit du mauvais fonctionnement de la chasse d'eau : « L'eau descend d'un seul coup, disait-il, on ne peut pas se doucher, ni se laver commodément la tête, encore moins se raser !... »

Leur convoitise devint légendaire. Dieu sait pourquoi, longtemps après la guerre, une histoire circulait encore. Quand ils frappaient aux portes, les soldats réclamaient des bracelets-montres en disant : « Ourrr, ourrr ? » – transcription phonétique de leur prononciation du mot *Uhr*, l'heure, en allemand. Plusieurs mois après, les cinémas projetaient des actualités sur la rencontre de Staline avec une personnalité étrangère : le propagandiste avait voulu montrer l'amitié unissant le Soviétique à son homologue ; et, sur l'écran, apparaissaient deux mains serrées, très grossies. L'une d'elles portait un bracelet-montre. Aussitôt dans l'assistance s'élevait en rythme un murmure moqueur : « Ourrr..., ourrr..., ourrr... » On raconte que la bande d'actualité dut être retirée des cinémas.

La peur des Russes avait réussi à mobiliser les plus défaitistes des recrues du *Volkssturm* sur le front de l'Est, tellement l'arrivée des troupes soviétiques était redoutée. Ce n'était pas une vue de l'esprit. À la Commission, j'épluchai des dizaines de rapports relatant les exactions des Soviétiques sur le sol allemand. C'est le lot des villes occupées de subir un pareil sort. Pourtant, ce que je lus dépassait l'entendement. À la mentalité du soudard s'ajoutait un esprit de vengeance, consécutif à ce qui avait été enduré durant l'été 1941. Les Russes épargnaient les enfants et leur accordaient même, volontiers, du lait et des friandises, mais ils se jetaient sur les femmes qui furent l'objet d'une véritable chasse ; on a même pu parler de battues en règle. Les hommes qui tentaient de défendre leurs épouses, leurs filles ou leurs sœurs étaient purement et simplement abattus sur place. Aucune distinction d'ailleurs n'était faite entre Allemandes et étrangères, nazies et antinazies. De jeunes Ukrainiennes, des Polonaises et même des Françaises subirent ce sort.

J'ai lu ou entendu des témoignages de prêtres racontant l'arrivée des troupes soviétiques dans leur village. À Frohnau, si certaines femmes ont pu s'enfuir, se dissimuler dans le clocher d'une église, comme le curé me le raconta, l'immense majorité subit des sévices. Parmi elles, il y eut des exemples d'héroïsme : telle cette jeune fille qui, acculée par le revolver qu'un Russe appuie sur sa poitrine lui ordonnant de le suivre, saisit la détente de l'arme, en disant : « *Schiessen Sie !* » « Tirez donc ! » Stupéfait, le Russe rengaina dans un geste de rage, et disparut.

Plus étonnant encore : cette autre jeune femme, à qui un Russe ordonnait de s'allonger, refusa et se mit calmement à prier devant un tableau de la Vierge Marie. Le soldat s'impatienta : « *Schluss ! nie beten... Kousch !* » « Assez ! pas de prière, couchée ! », et il sortit son arme en la menaçant. Et elle de décrocher une croix suspendue au mur, de la serrer sur sa poitrine, les bras croisés, et de se tourner vers son agresseur : « *Schiess !* » « Tire ! » Là encore, ébahi, le Russe remit son revolver dans son étui, ramena la jeune fille à ses parents et eut ces mots incroyables, dans un allemand approximatif, rapportés par des témoins : « *Gutes Mädchen... reines Mädchen !* » « Excellente jeune fille... propre... »

Dans cette bourgade de Frohnau, le curé vit arriver des soldats soviétiques au presbytère : certains faisaient le signe de croix à la manière orthodoxe en passant devant les crucifix et les images pieuses. Arrêté, il dut subir l'interrogatoire d'un officier de la Guépéou qui l'interrogea sur l'attitude des autorités nazies à l'égard de l'Église. Apprenant que Hitler n'avait pas interdit le culte, il parut satisfait : selon les principes communistes, l'hitlérisme était l'une des formes du capitalisme aux abois et, à ce titre, devait s'assurer l'appui des confessions religieuses. La liberté de culte accordée par les nazis venait donc confirmer un article du credo bolchevique.

Désespoir et suicides

Comme s'ils se rendaient compte peu à peu de l'horreur dont ils avaient été les instruments, beaucoup d'Allemands semblaient pris de nausée. Le présent leur apparaissait sous un jour insoutenable, et le pays connut alors une épouvantable vague de suicides. Je mets à part celui des dignitaires nazis, avant même l'arrivée des troupes soviétiques. Dans une maison où résidait un adjoint de Goering, trois femmes s'ouvrirent les veines dans la cave. Les témoins racontèrent que l'une d'elles, n'arrivant pas à mourir, courait de tous côtés, ensanglantée. Parfois, les responsables nazis entraînaient dans leur mort toute leur famille, tel ce haut fonctionnaire du ministère de la Propagande qui rangea le long du mur sa femme, ses quatre filles et une amie de celles-ci, et leur annonça : « *Ich will sie mit dem Revolver erschiessen...* » « C'est le moment de mourir, allons, je vais vous tuer avec mon revolver... » Les six personnes consentirent sans broncher ; et, froidement, l'homme déchargea son arme sur elles avant de se faire sauter la cervelle.

Cette fièvre de suicide s'empara aussi de femmes outragées, épouvantées à la pensée de mettre au monde un petit Tartare et trouvant dans la mort le seul moyen de laver la souillure. Des Allemands, qui n'avaient joué aucun rôle dans le parti national-socialiste, et n'avaient aucune raison de redouter des représailles particulières, se donnèrent aussi la mort, par pur désespoir.

À Berlin, j'avais connu avant la guerre une jeune fille luthérienne très antinazie : elle avait fait ses études avec Maurice de Gandillac, et je la rencontrais aux Équipes sociales. C'est Gandillac qui m'envoya dans cette famille, les Rogner, avant la guerre. Je fus fréquemment invité chez elle. J'aimais sa gaieté, sa manière de me dire, en référence à mes yeux bleus et à ma haute stature pour l'époque : « Vous êtes un Wisigoth ! » Selon les critères physiologiques primaires du national-socialisme, j'étais effectivement plus « wisigoth » que citoyen d'un pays latin comme la France ! Son père s'était plongé dans des livres pour vérifier mes origines. Charmants et empruntés, ils me donnaient du « *Graf Naurois* », « comte de Naurois », à moi qui n'avais aucun titre à cela, et qui étais prêtre de surcroît. Peu avant la guerre, elle m'avait écrit qu'elle allait se marier avec un « *streng Katholisch...* », un catholique que nous dirions maintenant traditionaliste voire fondamentaliste. Elle avait ajouté trois points de suspension, signifiant qu'elle s'apprêtait à devenir catholique par amour pour lui. Elle faisait partie des gens que j'avais envie de revoir en 1945. J'avais donc décidé de la retrouver par l'intermédiaire de ses parents. En sonnant à la porte, je tombai sur sa mère : « Je suis l'abbé de Naurois. – Ah oui, bien sûr », dit-elle, immédiatement accueillante. Mais comme je lui demandais en allemand comment allait sa fille, j'ai aussitôt vu son visage se contracter : « Ne le savez-vous pas ? dit-elle. Elle est morte. » Et la mère de me faire stoïquement le récit de la tragédie : sa fille et son gendre, dans un tel climat, s'étaient dit : « Nous ne pouvons pas attendre d'être violés et assassinés. » Lui avait chargé un pistolet d'ordonnance, ils s'étaient allongés dans leur chambre, avaient lu des poèmes jusqu'à 3 heures du matin. Puis il avait tiré sur sa femme et avait retourné l'arme contre lui.

Les premiers échelons, les chars, étaient des troupes régulières, soumises à la discipline militaire. Les tankistes, à ma connaissance, ne commirent pas de crimes de guerre. Ils avertissaient même les populations que les soldats des deuxième et troisième échelons arrivaient derrière eux, chargés de faire suivre l'intendance vaille que vaille, et qu'ils tueraient, violeraient et mettraient le feu. Ils conseillaient donc aux gens de se cacher et de ne pas se faire prendre. Par ailleurs, la propagande de Goebbels n'avait cessé de décrire avec force détails les atrocités des Soviétiques en Allemagne orientale, et les ordres musclés de Himmler aux milices du *Volkssturm* renchérissaient. Les speakers de la radio citaient des lettres de soldats allemands sur le front de l'Est, luttant contre les « hordes asiatiques ».

Des familles qui s'étaient préparées depuis longtemps à l'épreuve ont surmonté leur désespoir. D'autres au contraire se sont laissé prendre par la panique. Tel ce père catholique pratiquant qui n'avait jamais adhéré au Parti et qui, dans la cave où il s'était réfugié avec son épouse et ses filles, sombra dans une véritable dépression lorsqu'il apprit que les Soviétiques projetaient d'envoyer toutes les femmes en Sibérie. Persuadé du bien-fondé de sa décision, il distribua des rasoirs aux trois femmes. Le sang coulant trop lentement, il lui fallut trouver un autre moyen pour abréger l'agonie. Il monta alors au grenier où, de ses propres mains, il les pendit, à moitié inconscientes. Après quoi, ne parvenant pas à se pendre lui-même, il essaya par trois fois de s'enfoncer un couteau dans le cœur... sans résultat. Le lendemain, le malheureux, complètement égaré, vint trouver son curé – de qui je tiens l'anecdote – et lui raconta son geste.

Retrouvailles

Arrivé au Conseil de contrôle, fin 1945, je cherchai à renouer avec des amis allemands d'avant-guerre. J'étais impatient de les retrouver, en même temps que rongé par une inquiétude latente : qu'étaient-ils devenus après une telle épreuve ? Je partis à la recherche des Köhler qui avaient été ma seconde famille pendant mes séjours avant 1939. C'est à Heinrich que je devais d'avoir été rapidement désillé sur la nature du nazisme. Toute mon attitude pendant la guerre en avait découlé. Je pourrais presque dire que ma résolution de gagner Londres en 1940 s'était en quelque sorte prise à Karlsruhe, lors de ce premier séjour chez eux en 1933. Les retrouvailles furent celles de l'enfant prodigue. Je revois encore Heinrich m'accueillir, encore plus chaleureux qu'autrefois. Il m'embrassa et partit dans toute la maison en criant : « *Unser René* », « notre René » est de retour. Avec moi, c'était tout l'avant-guerre qui resurgissait, ce temps de paix où nous avions été fugitivement heureux, entre deux cataclysmes. Heinrich Köhler reprenait alors une carrière politique, lui qui jamais ne s'était compromis avec le nazisme et y avait miraculeusement échappé : dès 1945, il fut amené à négocier avec les Américains la Constitution du Land de Bade-Wurtemberg – pourparlers interminables...

Je voulus aussi revoir les Niemöller. J'appris que le pasteur Niemöller avait un successeur qui s'appelait Denstaedt et habitait Dahlem. Denstaedt se montra très accueillant, alors qu'il venait d'être terriblement éprouvé. Les premiers moments furent pourtant déconcertants : tandis que je me présentais chez lui, une tête de femme apparut d'abord dans l'embrasure de la porte avant de disparaître. Je pensai que j'avais dû me tromper, quand Denstaedt apparut et me fit entrer. Il m'expliqua la tragédie dont son épouse avait été la victime : identifiée par les Russes comme étant l'épouse du pasteur, elle avait été violée et retrouvée sans connaissance dans une forêt voisine. Traumatisée, elle avait encore peur de voir un homme plusieurs mois après. J'admirai la force de cet époux capable d'évoquer un tel drame avec calme et compassion. Je lui demandai alors comment rencontrer Niemöller. « Je crains que ce ne soit pas possible », me répondit-il, visiblement gêné. Il m'expliqua alors que Niemöller était rentré de Dachau, où il avait été déporté avec le statut très spécial de « prisonnier personnel du Führer », eu égard aux distinctions militaires qu'il avait reçues durant la Première Guerre mondiale. Mais, sitôt libre, il s'était rapproché de l'Union soviétique, peut-être sous l'influence de son fils qui avait été fait prisonnier par les Russes et avait subi un véritable endoctrinement marxiste. Si j'allais le voir, ajouta le pasteur, je risquais d'être traité par lui de « capitaliste » et autres griefs... Je remerciai Denstaedt pour son accueil et, en guise de cadeau d'adieu, laissai chez lui une cargaison de vitamines achetées dans une pharmacie alimentée par des produits américains et anglais.

Une belle frayeur

Au début, il était possible de circuler dans Berlin en passant d'une zone à l'autre. Toutefois la zone soviétique avait quelque chose d'inquiétant ; et l'on ne s'y aventurait pas par plaisir. Faute d'ordre de mission, on pouvait se trouver embarqué dans de longues tracasseries administratives sans en connaître l'issue. La bureaucratie soviétique savait déjà se montrer persuasive ! Je faillis en faire l'expérience lors d'un déplacement à Rostock, tout près de la frontière du Danemark.

Une partie de la ville était en ruine. L'autre partie, quoique endommagée, était encore debout. Nous étions en zone sous contrôle britannique. Au retour, je transportai dans la voiture un jeune Allemand, un officier qui avait été impliqué dans le complot du 20 juillet. Il était le fils des personnes chez qui je logeais à Berlin, des catholiques fervents : je m'étais offert à aller le voir à l'hôpital de Rostock, et à le ramener à Berlin s'il était tout à fait guéri. De fait, les Britanniques m'autorisèrent à le prendre avec moi. Pour une raison anecdotique – brouillard, neige cachant la route, panneaux de circulation illisibles ? – mon chauffeur britannique manqua au retour l'entrée de Berlin où nous arrivâmes par le sud alors que le quartier français était tout à fait au nord. Et... nous sommes tombés sur un poste de garde soviétique. Un prêtre français, un chauffeur anglais et un officier allemand – c'était là des passagers bien suspects pour un fonctionnaire de Staline ! Celui qui se tenait devant nous était un tout jeune soldat. Nous commençâmes les négociations et, par bonheur, il baragouinait quelques mots de français. Au bout d'un moment, il appuyait sur la barrière pour nous laisser passer en secteur américain quand un officier sortit du poste et courut vers notre voiture. Mon chauffeur commençait à sortir son laissez-passer, rédigé en anglais, et qui surtout différait de celui que je venais de montrer par l'absence de barres tricolores. Je lui envoyai mon poing dans les côtes en lui glissant en anglais : « N'en faites rien, sinon nous allons au-devant des pires difficultés. » Nous nous en sommes donc tenus à un document unique pour trois personnes. L'officier était méfiant et regardait fixement l'Allemand, mais il ne parlait pas français, et nous pas un mot de russe. J'imaginais déjà notre arrestation et ses conséquences : l'officier allemand déporté arbitrairement en Sibérie, le chauffeur anglais et moi-même internés, puis, après plusieurs mois de détention, libérés sur interventions de nos pays respectifs... Quand l'officier consentit à nous laisser passer, visiblement à contrecœur, le chauffeur enfonça le pied à fond sur l'accélérateur. Arrivés dans un quartier du centre-ville, nous aperçûmes un passant et, l'abordant, je lui demandai où nous étions : « Secteur américain ? – *Jawohl, mein Herr* !... » Je n'en suis plus tout à fait sûr, mais je crois l'avoir embrassé de joie !

La liberté perdue

Dans toute l'Europe orientale, le chaos régnait. L'URSS poussait ses avantages. Staline se jouait des tergiversations des Occidentaux et se révélait un redoutable négociateur. Une grande partie de l'Europe orientale allait tomber sous le joug soviétique. J'avais pris conscience de cette emprise pendant l'été 1938 où, en compagnie de mon ami toulousain Jean Niqueux, j'avais effectué une excursion à bicyclette dans les pays

Baltes. En Estonie, nous avions poussé jusqu'à la frontière soviétique. Les derniers villages du territoire estonien étaient typiquement russes, avec les longues charrettes étroites à deux roues, tirées par des chevaux, les costumes aux riches couleurs... Une seule chose différait de part et d'autre de la frontière : liberté d'un côté, contrainte de l'autre. Nous avions lié conversation avec un instituteur qui parlait français : « Chaque année, nous avait-il expliqué alors, des jeunes gens appelés au service militaire en Estonie passent la frontière soviétique, fascinés par la patrie des prolétaires. Ils partent en se disant qu'ils reviendront visiter leur famille, et on ne les revoit jamais. » À l'inverse, lui-même, qui était de nationalité russe, avait fui l'URSS. Il nous avait conduits au premier étage de sa petite maison et montré par la fenêtre les dômes de la ville de Pskow, dont il était originaire, et que l'on devinait à l'horizon : « Ma mère est là-bas... et je ne l'ai pas revue depuis quatorze ans. » Il pleurait.

Après la guerre, à Tübingen, j'ai connu des réfugiés lettons et lituaniens... Parmi eux, un certain Dr Karvelis, ministre des Affaires étrangères du gouvernement lituanien en exil, que je fis recevoir à Paris, à l'automne 1952, par mes amis gaullistes Edmond Michelet et Maurice Schumann. Il était accompagné de sa femme et de sa nièce, dont le visage triste m'intriguait. J'interrogeai Mme Karvelis qui ne se fit pas prier pour me raconter son histoire. Cette jeune femme était mariée et son mari était resté en Lituanie : chef de la résistance contre les Soviétiques, il y vivait littéralement terré, entre les racines des arbres, dans des galeries creusées sous la terre, au cœur des forêts. Quelques mois plus tard, j'appris que la résistance avait été écrasée en Lituanie, sans que l'Occident s'en émeuve aucunement.

Moi-même, j'avais d'abord éprouvé une certaine admiration pour les partisans communistes en France, leur courage et leur sens de l'organisation. Je me souvenais de mon ami Benigno Cacérès, que j'avais connu à

Uriage et qui avait rejoint le parti communiste à la fin de la guerre : le seul parti à ses yeux capable de changer la société. Autodidacte, Benigno avait été, avant et pendant la guerre, humilié comme étranger et comme homme du peuple. Avec des milliers d'autres, dans les cellules du parti, il cultivait l'espoir d'un monde meilleur... Pourtant, dès 1945, je ressentis rapidement le profond malaise qui se manifestait quand je croisais des Soviétiques dans des réunions. Il était très difficile de les rencontrer personnellement ; chaque fois, des commissaires politiques les accompagnaient. Dans nos réunions de travail, au Conseil de contrôle, le commissaire était facile à repérer : c'était celui vers qui tous les Russes se tournaient avec révérence. On aurait dit qu'ils le faisaient exprès : cet homme était la caricature de l'espion politique tel qu'on se le représente, voûté, figure de plomb. Il savait tout, citant aussi bien Spinoza ou Pascal que Karl Marx, mais rendant impossible toute discussion libre avec ses compatriotes.

Je me souviens d'un déjeuner officiel à Berlin auquel participaient des officiers soviétiques. Il n'y avait plus de place à leur table. Je trouvai une place à une table à côté, où se trouvaient trois jeunes femmes en uniforme soviétique. Je me présentai. Bien que n'étant plus aumônier à cette époque, il me semble que je portais une croix assez visible. J'eus l'occasion de leur raconter que, pendant la guerre, j'avais été aumônier français dans un commando britannique. Elles crurent d'abord que mon travail s'était cantonné à servir à l'hôpital ; mais lorsqu'elles apprirent que j'avais été en première ligne, elles se refermèrent aussitôt. S'entretenir avec un ecclésiastique qui avait eu un rôle opérationnel dans les armées alliées, cela comportait un véritable risque si près d'une table pleine d'agents soviétiques.

En zone d'occupation française

Les Russes n'étaient pas seuls à commettre des atrocités. Des renseignements dramatiques parvenaient au Conseil de sécurité sur la situation en zone d'occupation polonaise, spécialement dans la région de Belgard en Poméranie. La haine contre les Allemands avait entraîné des actes de vengeance. Les Polonais se livrèrent à des bastonnades et à des pillages. Les soldats allemands démobilisés se trouvaient dans l'impossibilité de rentrer chez eux, risquant d'être abattus comme des chiens. Un jeune Allemand de dix-sept ans fut arrêté et interrogé par les Polonais. Il nia avoir jamais servi dans la Wehrmacht – ce qui était vrai – mais il fut battu, et finalement fusillé. Dans cette région, la « dégermanisation » fut cautionnée et encouragée par un communisme polonais déguisé en patriotisme. Les églises protestantes furent fermées. À Belgard, le pasteur fut chassé. Un prêtre catholique occupa sa maison pour la préserver.

Dans la zone sous contrôle français, il y eut aussi des dérapages. Quand j'arrivai en Allemagne du Sud, des Allemands me dirent combien ils étaient étonnés : ils avaient connu des Français avant la guerre, et ils voyaient déferler des sauvages. L'évêque de Fribourg, Mgr Gröber, me disait en allemand : « les femmes allemandes sont mauvaises », sous-entendu prêtes à se donner. Mais je sais qu'un général français avait rétabli l'ordre de manière particulièrement énergique. Il avait mis les hommes en rang et demandé aux femmes de désigner leurs agresseurs ; et, pour l'exemple, il procéda à des exécutions.

Les exactions que le pays avait connues avant guerre, lorsque la France occupait la Rhénanie, et qui avaient tant contribué à faire échouer la réconciliation franco-allemande, se reproduisaient. En dépit pourtant des vols et des viols qui marquèrent tristement l'entrée des troupes françaises en Allemagne, la population ne nourrissait à notre égard aucun sentiment réellement hostile. Je rencontrai même des Allemands qui avaient des paroles de bienveillance, dictées par l'espoir d'une réconciliation. Bien sûr, cet état d'esprit se dégrada lorsque, au fil des mois, les réquisitions et les pillages se multiplièrent. « Pourquoi, disaient les Allemands, les Français viennent-ils nous enlever le peu qui nous reste ; et pourquoi veulent-ils nous empêcher de relever nos ruines et de revivre ? » Éternelle ambiguïté du statut des armées de tutelle, de leurs soldats : d'abord considérés comme des libérateurs..., bientôt comme des envahisseurs et des oppresseurs.

Toutefois, les Allemands du pays de Bade et du Wurtemberg rendirent hommage aux méthodes françaises en matière d'administration. Selon leurs dires, les Français se distinguèrent des Américains par leur esprit de finesse, s'efforçant de juger les personnes en tenant compte des circonstances. Leurs méthodes n'eurent pas ce caractère schématique et idéologique qu'employèrent parfois nos alliés. Du même coup, elles n'ont pas contribué à populariser l'image complaisante d'une Allemagne victime de l'injustice des nations victorieuses – thèse regrettablement développée par Ernst von Salomon dans son livre de 1951, *Le Questionnaire*. On se félicitait également dans les milieux cultivés et les cercles universitaires des initiatives prises par les autorités françaises au cours des derniers mois en matière culturelle.

Visites à Heidegger

Mgr Gröber, évêque de Freiburg, me proposa un jour de rencontrer Martin Heidegger avec qui il avait été au séminaire. J'acceptai, heureux de renouer avec ces milieux intellectuels dont j'avais été si proche avant la guerre. J'avais lu Heidegger et surtout en avais longuement parlé avec Romano Guardini qui m'avait éclairé sur cette philosophie complexe. Il me reçut sans difficulté. À cette époque, il était interdit d'enseignement par les autorités alliées d'occupation. Une série d'articles sur ses rapports avec Husserl et sa compromission avec le nazisme, parus dans *Les Temps modernes*, la revue de Jean-Paul Sartre, faisaient couler beaucoup d'encre : mais l'affaire Heidegger ne datait pas de 1945. L'anticatholicisme affiché de Heidegger après son apostasie, dans les premières années du nazisme, avait fait l'objet de nombreuses publications. Un ouvrage sur la philosophie de Heidegger, publié en 1935, du jésuite allemand Alfred Delp (du cercle de Kreisau), avait été largement vulgarisé par ses confrères français.

Naturellement, je ne posai aucune question à ce sujet, et cela d'autant moins que je n'avais pas lu son célèbre discours de 1934 dans lequel il disait que « le Führer lui-même, et lui seul, est la réalité allemande d'aujourd'hui et de demain, et sa loi ». Mais une visite à Heidegger était une expérience que je ne suis pas près d'oublier. Lancé dans l'exposé de sa propre philosophie, il parlait à toute vitesse, marchant de long en large dans son salon. J'essayais de suivre. Pour qu'il y ait surgissement de l'être, disait-il, il faut un néant. À un moment donné, je me lançai : « Mais ce fond – *Gründ* – où l'être surgit, c'est Dieu. » Une grenade n'eût pas produit plus d'effet. Il s'arrêta pile et me regarda longuement. Puis il reprit le fil de son discours sans répondre. Qu'avait-il pensé ? J'imagine qu'il fut surpris par ma remarque. Sans plus. Aujourd'hui, je vois Heidegger comme un homme doué de génie, mais dont le cœur était difficile à atteindre. La base du christianisme – « Dieu est amour » – ne voulait dans ce moment rien dire pour lui. Il ne s'intéressait alors qu'à ce qu'il pouvait cerner conceptuellement.

Un de mes amis, qui lui rendit visite plus tard, eut la même impression. Leur conversation roula sur Maurice Blondel. Heidegger sortit de sa bibliothèque la traduction allemande de *L'Action*, puis la referma d'un coup sec, avant de la remettre en place. Cela signifiait-il, dans la codification heideggérienne, qu'il tenait ce livre pour insignifiant ? Ou au contraire tendait-il à prouver qu'il le possédait, et l'avait lu ? Ce qui le retenait avant toute chose, c'étaient ses propres œuvres. Je l'ai quitté en lui proposant mes services et il me demanda d'intervenir pour hâter la libération d'un de ses neveux, prisonnier en France. Ce que je fis, estimant que je devais ce geste infime à un penseur qui, en dépit de l'impression étrange qu'il avait produite en moi, restait l'un des esprits les plus pénétrants de notre temps.

Les derniers nazis

J'eus moi-même l'occasion de me confronter à d'anciens SS pour pénétrer leur conscience. Au cours d'un passage dans la Ruhr, on me proposa de rencontrer deux femmes qui avaient été gardiennes de camps de concentration féminins en Allemagne du Nord. Je me présentai pour ce que j'étais, un simple *Feldgeistlicher*, un aumônier militaire : il s'agissait d'établir la confiance. Les conversations ne durèrent pas plus d'une vingtaine de minutes. Je m'informai de leurs conditions de détention, de leur état de santé physique et moral. Puis j'essayai d'aborder la période de la guerre. Elles répondirent de façon laconique, comme murées dans un monde privé de communication avec le nôtre. Quand j'abordai ce qu'avait été leur rôle dans le camp, je n'entendis pas de leur bouche un mot de regret, pas même une inflexion de voix dans ce sens. L'expérience fut donc décevante : mais elle me permit de comprendre les conclusions de ceux qui interrogèrent longuement des dignitaires SS retrouvés après la guerre. Ils n'exprimaient nul repentir : parce qu'on leur avait inculqué un système de valeurs sans lien avec le nôtre. Aucune comparaison n'était possible pour leur faire prendre conscience de l'ignominie de leur comportement. Ils avaient agi en bons soldats du Führer, apportant leur pierre à l'édifice du Reich millénaire que Hitler leur avait promis. Cette construction passait par la neutralisation des adversaires du régime : Juifs, démocrates-chrétiens, communistes. Le nazisme avait vraiment mené un combat à mort contre la civilisation, pas seulement sur un plan militaire, mais plus profondément métaphysique et spirituel : ces hommes et ces femmes témoignaient du résultat.

La phrase prémonitoire du pasteur Bonhoeffer sur le choix terrible qui s'imposait aux Allemands avant la guerre se trouvait cruellement vérifiée : « Ou bien souhaiter la défaite de la nation afin que survive la civilisation chrétienne, ou bien souhaiter la victoire de la nation – une victoire qui détruirait notre civilisation. »

La situation religieuse

J'eus l'occasion de voyager pendant plusieurs semaines en zone d'occupation française. J'y fus accueilli par Émile Laffon, mon compagnon de traversée sur le bateau qui nous avait conduits de Gibraltar vers l'Angleterre pour rejoindre la France Libre. Je retrouvai intactes sa fidélité en amitié et la chaleur de sa personnalité.

Ma mission était de rencontrer le clergé allemand pour établir un constat de sa situation et, partant, de celui de la population. La situation religieuse en l'Allemagne était extrêmement complexe.

Certains évêques étaient compromis ou discrédités. Le Vatican devait les remplacer. C'est ainsi qu'en 1946 il élèvera au cardinalat Joseph Frings, Konrad von Preysing et August von Galen, dont la résistance au nazisme était indiscutable.

Un jour – nous étions encore en 1945 –, de passage à Munich, je remarquai un attroupement de camails violets – des « prélats » et ecclésiastiques divers. On m'expliqua qu'il s'agissait du départ de Cesare Orsenigo, qui avait été nonce à Berlin pendant toute la guerre, et avec lequel Pie XII n'avait pas toujours eu les meilleurs rapports – il s'était retiré à Eichstätt en Franconie en février. Pour assurer l'intérim, le pape avait délégué un jésuite allemand, le RP Ivo Zeiger, recteur du *Collegium Germanicum*, chargé de renouer avec l'épiscopat allemand. Rendant compte à Guy de la Tournelle de ces tractations dont j'avais été le témoin fortuit, celui-ci m'expliqua que cette arrivée était du plus haut intérêt diplomatique : le pape, qui n'avait pas accepté la reddition inconditionnelle du peuple allemand ni la responsabilité collective qu'on lui faisait porter, n'attendait pas que les grandes puissances prennent une décision sur le morcellement de l'État allemand – par cette mutation, il reconnaissait l'Allemagne dans son intégrité.

J'ai su par la suite que, pour aider Zeiger dans sa mission, le pape avait nommé son secrétaire personnel, le RP Robert Leiber, allemand lui aussi. Pendant les douze ans du régime nazi, le RP Leiber avait été en contact constant avec les milieux de la résistance allemande.

Les Américains exerçaient en Europe une tutelle qui gênait Pie XII : ils n'apprécièrent pas la nomination par le pape de deux ecclésiastiques allemands, dès 1945, ce qui, à leur sens, contrevenait au principe d'administration du pays par les Alliés. Pour les apaiser, le pape fit donc nommer comme visiteur apostolique l'évêque américain de Fargo (Dakota), lui-même d'origine allemande, Mgr Aloisius Muench. Le siège du visiteur apostolique était à Kronberg, en Hesse, c'est-à-dire en zone américaine. La France, toutefois, refusa l'extension d'une juridiction de cet évêque sur son territoire d'occupation, et nomma un aumônier inspecteur, Mgr Picard de la Vacquerie ; et l'Angleterre procéda de même pour sa zone d'occupation.

Certains évêques allemands pouvaient d'autant plus parler haut et fort devant les Alliés qu'ils l'avaient fait sous le régime nazi. En zone d'occupation britannique, je voulus rencontrer Mgr von Galen, le célèbre évêque de Munster, dont la conduite avait été irréprochable. Il me reçut dans une des rares pièces de son évêché qui était restée intacte. Je revois sa haute taille, son visage de lutteur, renforcé par une voix impérieuse. Mais dans son regard, on lisait une expression de douceur et d'humilité. Je le trouvai dans un état d'esprit respectueux vis-à-vis des autorités de tutelle, mais toujours combatif. La présence à mes côtés d'un officier anglais ne l'empêcha pas d'exprimer clairement son point de vue : von Galen avait demandé qu'un prêtre catholique anglais soit placé auprès du maréchal Montgomery pour servir d'intermédiaire entre le commandement britannique et la hiérarchie catholique. Mgr von Galen semblait fort soucieux de maintenir fermement les positions spirituelles pour lesquelles il avait âprement lutté au temps de la persécution hitlérienne. Des frictions s'étaient déjà produites. Il avait protesté contre certaines arrestations regrettables, dont celle d'un de ses cousins qui fut d'ailleurs relâché quelques jours plus tard. Il critiquait également les prétentions de contrôle des nouvelles autorités sur les mouvements de jeunesse : Montgomery avait imaginé la création d'un mouvement scout encadré par des officiers anglais ; et il se heurtait à un refus. Dix ans plus tôt, von Galen avait refusé aux autorités hitlériennes le droit d'intervenir dans les affaires religieuses. Il ne voulait pas davantage qu'une autre autorité, fût-elle britannique, se l'arrogeât.

Von Galen conduisait son réquisitoire avec une verve et un brio extraordinaires. Sa cause était bonne ; et il en profitait. Les arguments se pressaient en ordre, puis roulaient comme un torrent, réduisant à néant les protestations timides des deux Britanniques qui m'accompagnaient. Pour rompre la sévérité du discours, il maniait une ironie qui faisait mouche, mais sans jamais blesser. À la fin de la visite, le major Bickford-Smith prit la parole et fit amende honorable en promettant d'adoucir les rigueurs d'une réglementation tracassière.

Au milieu des ruines, deux piliers de l'Allemagne tenaient debout : l'Église catholique et l'Église confessante. De l'avis de beaucoup, c'était à elles qu'incombait la mission de redresser les consciences. Aux yeux de la jeunesse, elles disposaient d'une autorité incontestée :

la plupart des résistants étaient issus des mouvements chrétiens. Les Églises ne se dérobèrent pas et l'une des conséquences de cette situation fut l'essor de l'œcuménisme dont prit acte la conférence épiscopale de Fulda, le 23 août 1945. L'Allemagne nouvelle, celle de Konrad Adenauer, était en marche.

Avant la chute du « rideau de fer »

Durant ma mission au Conseil de contrôle, j'avais eu l'occasion de rencontrer également le professeur Gadamer, célèbre phénoménologue qui enseignait à Heidelberg. Il me raconta ses difficultés à Leipzig avec le pouvoir soviétique, la puissance occupante. Il me confia qu'il apprenait quotidiennement la déportation de citoyens allemands dans des camps de travail en Sibérie, où il s'agissait pour eux de transformer des étendues marécageuses en terre vaguement fertile. L'horreur resurgissait, à peine différente, même si l'uniforme des gardiens avait changé.

L'Europe, assommée par cinq ans de guerre, n'était pas en état de réagir. Les partis communistes nationaux menaient une propagande puissante pour justifier l'expansionnisme soviétique. Tchécoslovaquie, Bulgarie, Pologne – chaque pays qui tombait sous le joug choisissait « démocratiquement » ce qu'ils appelaient « la voie de la liberté ». S'opposer à ce processus revenait à entraver la marche de l'humanité vers un monde meilleur.

Dans le camp occidental, des relais puissants accréditaient cette thèse, faisant taire tous ceux qui dénonçaient l'expansionnisme marxiste. Mon ami Henri Frenay subit en France une violente campagne menée par le Parti communiste français pour ternir sa réputation. Il y avait de l'intimidation dans l'air. Face aux succès électoraux remportés par les communistes, quelques hommes commençaient à penser que la Résistance serait bien avisée de maintenir ses réseaux, dans l'hypothèse possible d'une prise de pouvoir par les marxistes. Parmi eux, le colonel Fourcaud qui avait été à Londres un agent important de la France Libre, membre des services secrets et anticommuniste de la première heure. Par son intermédiaire, je fus mis en contact avec Didier Faure-Beaulieu, qui fut sensible à l'idée que je lui exposai d'organiser des réseaux d'évasion de part et d'autre d'une frontière avec le secteur soviétique que Churchill n'avait pas encore qualifiée de « rideau de fer » mais y ressemblait. Faure-Beaulieu vit même une double utilité dans ces réseaux. En plus du geste humanitaire – sauver des vies humaines – la constitution d'une telle filière permettait l'établissement d'un réseau dormant, mobilisable en cas de coup de force communiste ou de guerre contre l'URSS. Nous serions bientôt au plus fort de la « guerre froide » qui commençait.

Avant d'entreprendre une telle tâche, je m'en ouvris à mes supérieurs. Le cher Saliège étant très malade, j'allai trouver son ancien auxiliaire, Mgr de Courrèges, devenu évêque de Montauban, et lui parlai de ce projet. Il ne fit aucune objection, et m'encouragea : « Vous me raconterez ce que cela aura donné. »

Je profitai d'une période de vacances pour me rendre en Allemagne de l'Ouest et en Autriche et pris des contacts, notamment avec un prêtre jésuite qui lui-même me mit en rapport avec un consul allemand à la retraite habitant dans la zone d'occupation américaine de Berlin. Nous commençâmes à étudier ce qu'il serait possible de faire. Un jour, il m'informa qu'il avait reçu un message d'un homme disant vivre en Silésie – alors occupée par les Russes. Il pourrait s'avérer utile dans la constitution d'une filière. J'acceptai de rencontrer ce « contact » : un individu jeune, aux cheveux blonds... Pourquoi fus-je effleuré par l'idée qu'il répondait trait pour trait aux critères aryens tels que les nazis les avaient définis ? Laconique, confus, trop pressé d'arriver à un accord, il me fit mauvaise impression. Nous décidâmes tout de même d'un deuxième rendez-vous.

Entre-temps, le consul avait reçu des précisions sur l'origine de notre homme : c'était un ancien nazi en fuite qui se cachait dans les forêts de la Silésie, prêt à livrer n'importe qui aux Russes pour obtenir son salut. Je décommandai tout.

Dans les jours qui suivirent, mon imagination me joua des tours. Je me croyais surveillé, suivi. Le consul ne m'avait pas rendu service en me prévenant : « Faites attention tout de même, nous avons beau être dans le secteur américain, il ne faudrait pas que vous soyez repéré. » Quand je sortais de chez lui, le trac s'emparait de moi. Dans ma tête, un film se déroulait, terrifiant, qui me paralysait presque. Je me souviens d'une visite que je fis à un ami prêtre, que j'avais connu avant la guerre comme aumônier des étudiants, l'abbé Pinsk, avec lequel par ailleurs j'ai célébré pour la première fois de ma vie sacerdotale la messe face aux fidèles. En allant à pied de chez le consul au presbytère, distant de deux kilomètres, je devais traverser un vaste terrain vague qui figurait sur tous les plans de Berlin. Soudain, je découvris qu'il y avait un homme en face de moi, au milieu de la rue. Quelques centaines de mètres plus loin, un deuxième individu. Il ne manquait qu'un « troisième homme » pour que je me retrouve dans un film d'espionnage ! Je crus à une embuscade et fus presque déçu de pouvoir continuer mon chemin sans encombre.

Cette mésaventure ne me découragea nullement. Je me rendis ensuite en Autriche. Un ami français résidant à Vienne (en secteur russe) devait m'aider à rallier Gratz, ville située au sud de l'Autriche, en secteur anglais. Là encore, il fallait montrer ses papiers. Mon ami a trouvé une astuce. En accord avec les livreurs d'un journal de Vienne, socialiste et très antisoviétique, il était convenu que je me cacherais dans la cargaison pour passer le poste de contrôle. Ce camion avait maintes fois transporté des passagers clandestins sans jamais avoir été fouillé. Je fis donc le voyage sous des ballots de papier qui brinquebalèrent pendant tout le parcours. J'ai fini par m'endormir en route, avant d'être réveillé par des éclats de voix dans la nuit. C'était le passage de la ligne de démarcation. Ce jour-là, encore une fois, le fourgon devait passer la frontière sans encombre. C'est ainsi que je réussis à me rendre à Gratz. Un jésuite autrichien m'attendait et, avec son aide, je pus créer une filière qui compta à son actif l'exfiltration de quelques personnes, dont un prêtre allemand des environs de Berlin sur le point d'être arrêté par la police soviétique. Il s'évada caché dans un train de marchandises, sous une cargaison de statues : une très intéressante collection de ces Vierges déhanchées du Moyen Âge que l'on faisait rapatrier à l'Ouest.

Puis le « rideau de fer » tomba.

Épilogue

Les Compagnons de la Libération

J'étais en Allemagne, au Conseil de contrôle, lorsque j'appris que je venais d'être fait Compagnon de la Libération : lors d'une des dernières promotions, en novembre 1945. Les premiers Compagnons de cet « Ordre » conçu dès 1940 par le général de Gaulle avaient été, en 1941, l'amiral Thierry d'Argenlieu, premier chancelier, Félix Eboué, Emmanuel d'Ollonde d'Harcourt, l'adjudant Bouquillard et l'officier télégraphiste Edmond Popieul : un religieux, un haut fonctionnaire d'origine africaine, un diplomate, un aviateur et un marin. Cette diversité, et l'égalité de tous, qui est la marque de l'Ordre, me plaisaient. J'appris qu'Henri Frenay, Philippe Kieffer, Mgr Saliège, Francis Closon en faisaient déjà partie. Je fus donc sensible à cette décoration par laquelle je rejoignais quelques-uns de ceux qui avaient été mes compagnons de combat, et certains mes amis très proches au long de ces années terribles.

Nous fûmes plusieurs à recevoir cette décoration lors d'une cérémonie aux Invalides, en mai 1946 : j'étais en uniforme de capitaine, au garde-à-vous, et le général Legentilhomme, au nom du général de Gaulle, accrocha à ma vareuse le ruban vert et noir qui symbolisait à la fois « le deuil et l'espérance ». Puis il prononça la phrase solennelle : « Nous vous reconnaissons comme notre Compagnon pour la Libération de la France, dans l'Honneur et pour la Victoire. » Petit incident amusant comme il y en a toujours dans les grands moments d'émotion : ce même jour, j'étais aussi décoré de la Légion d'honneur ; les récipiendaires de la croix de la Libération formaient une ligne, ceux de la Légion d'honneur une autre dans le prolongement de la première. Comme je recevais l'une et l'autre, il fut convenu que je me mettrais à la jonction des deux : dernier à recevoir la première, premier à recevoir la seconde. Legentihomme manifesta quelque surprise d'avoir une nouvelle fois à me décorer, crut à une erreur et... allait passer au suivant lorsque l'officier à ses côtés lui souffla : « Il reçoit aussi la Légion d'honneur »...

Soudés dans la fidélité à la France Libre, indépendamment des options politiques de chacun, de nombreux Compagnons de la Libération devinrent les cadres de la France de l'après-guerre – présidents du Conseil, ministres, diplomates, députés... Je restais en contact étroit avec certains d'entre eux grâce auxquels, alors que j'étais encore en Allemagne, je pus suivre de très près la tentative faite par le général de Gaulle de donner une nouvelle constitution à la France ; mais un référendum de la nation en jugera autrement, préférant le projet qui constitua la IVe République. La rapide démission du Général, en janvier 1946, ne me surprit pas.

Pendant un certain temps, le RPF (Rassemblement du Peuple Français) me parut être un instrument possible de résistance aux forces de désagrégation très vite remise en œuvre dans la IVe République : ce « rassemblement » pouvait, me semblait-il, jouer le rôle d'opposition constructive qu'avait en Grande-Bretagne le *shadow cabinet* en attente d'alternance, sans rupture de légitimité. Mais à une époque où le Parti communiste représentait aux élections le quart de la nation, tenait tous les syndicats, séduisait nombre d'intellectuels fascinés par l'URSS, l'heure n'était pas à l'alternance. Je ne me sentais pas moi-même suffisamment « homme de parti » ni de taille à m'impliquer politiquement de façon exclusive, même si, à l'occasion, j'ai pu aider tel ou tel de mes amis gaullistes, comme André Godin ou Pierre de Bénouville, lors des élections de 1951. Bien que haïssant cette République des partis qui avait repris ses habitudes de tractations et d'alliances aussi brumeuses qu'instables, à l'instar de la IIIe qui n'avait pas su faire front au danger nazi, je repris moi aussi mes habitudes d'avant-guerre : avoir des amis dans divers partis. Mais je me sentais las d'espérer...

C'est avec bonheur, en revanche, que nous vîmes l'idée d'Europe faire son chemin ; et par fidélité à mes amis allemands qui avaient essayé de résister au nazisme, je fis des tournées de conférences sur la résistance allemande à Hitler – celle que j'avais connue avant la guerre et qui s'était continuée pendant, jusqu'à l'attentat du 20 juillet 1944 contre Hitler – tentant à mon modeste niveau de contribuer à la réconciliation entre la France et l'Allemagne. Je m'inquiétais malgré tout, dans les années 1950-1955, des questions de défense européenne et du déséquilibre qui pourrait résulter de nos faiblesses politiques – préférant une défense nationale forte, me sentant pleinement gaulliste en cela. En 1954, l'année du débat sur la Communauté Européenne de Défense, l'Allemagne d'Adenauer décollait, sur le plan économique et politique, tandis que la France stagnait et doutait de son avenir, enlisée dans ses problèmes d'instabilité gouvernementale. J'ai conservé une lettre du général Koenig qui répondait à mes inquiétudes d'alors : « L'Allemagne, déplorait-il, vient en quelque sorte de plébisciter son chancelier alors que la France, dans le même temps, a délibérément rejeté le seul homme auquel nous devons tant et que je crois le seul capable de reprendre solidement la barre du pays. »

Plus que jamais, je partageais l'avis de beaucoup de Compagnons et d'amis gaullistes : le recours s'appelait de Gaulle. En 1951, grâce à Jacques Baumel, je revis le Général. Je me souviens de lui avoir renouvelé mes condoléances pour le décès de sa fille Anne : il y répondit sobrement, comme à son habitude. Puis nous échangeâmes nos vues pendant deux bonnes heures ; très simple, très cordial, il développa son thème favori : la critique du régime des partis – thème sur lequel je coïncidais en tout point avec sa pensée – et ce que pourrait être une nouvelle constitution pour y parer...

À partir de 1950, alors que j'enseignais à l'Institut catholique de Toulouse, j'avais poursuivis régulièrement les périodes d'instruction pour officiers de réserve ; et en particulier, à l'École de guerre, les cours pour devenir officier de réserve d'état-major. En décembre 1956, je fis une demande d'instruction volontaire comme chef d'escadron en Algérie. J'ai gardé le souvenir d'une messe célébrée en plein djebel, dans des décors grandioses, où le déracinement des soldats et l'imminence du danger me rappelaient d'autres cérémonies ferventes en 1944 ; mais, déjà à cette date, le manque de projets clairs sur l'avenir de l'Algérie affectait le moral de tous.

1958 fut une année de tension comme on n'en avait pas connu depuis 1940. La guerre d'Algérie pesait de plus en plus lourdement dans la vie de la nation. Le pays était divisé comme jamais. De vieilles blessures s'étaient rouvertes. À l'inverse, les amitiés forgées quinze ans plus tôt, les réseaux en sommeil depuis la Libération se réveillèrent. Le nom du général de Gaulle, absent de la scène publique depuis douze ans, hantait de plus en plus souvent les conversations, les projets. À la faveur d'une nouvelle entrevue avec lui, à son bureau du 5, rue de Solférino, je répondis à sa question de bienvenue – « Alors, Naurois, qu'est-ce qu'on pense à Toulouse ? » – par ce qui était l'avis de beaucoup : « Mon Général, on pense qu'il faut que vous reveniez au pouvoir. » De Gaulle s'emporta : « Que veulent-ils que je fasse ? Ils ne savent pas ce qu'ils veulent. » Son agacement masquait une double réalité : la situation était confuse – la France était sans président du Conseil depuis des semaines – et le Général ne voulait à aucun prix être le sauveur d'un régime qui l'avait rejeté ; il ne voulait pas davantage revenir au pouvoir appuyé par une rébellion populaire.

Quelques jours avant le 13 mai 1958 – jour où les généraux d'Alger firent acclamer le nom du général de Gaulle par la foule rassemblée sur le Forum – les Compagnons de la Libération furent convoqués à Paris sous la présidence du général de Guillebon. Le débat porta sur l'opportunité d'un appel au Général. Fallait-il que les Compagnons rédigent une déclaration commune pour le soutenir ? Il y eut plusieurs avis contradictoires, mais pour ne pas diviser l'Ordre sur des questions politiciennes, l'idée d'un appel de confiance fut acceptée à une large majorité. Pour le cas où il faudrait forcer la décision, et imposer une solution à un régime agonisant qui n'en finissait pas de mourir, une opération nommée *Résurrection* s'organisa autour du général Miquel commandant la Vᵉ Région (le Sud-Ouest) : j'y étais prêt.

En fait, le retour au pouvoir du Général se fit de façon politique et non militaire – la prudence et la persuasion d'un Pinay firent beaucoup pour prévenir tout affrontement – et le Président Coty opéra une passation des pouvoirs dans la légalité : le 1er juin, le général de Gaulle, nommé président du Conseil, lançait aussitôt un référendum pour une nouvelle constitution, celle de la Vᵉ République.

La solution apportée en 1962 au drame de l'Algérie – réaliste, mais qu'il aurait fallu préparer de plus longue date, peut-être, pour éviter tant de drames humains, parmi les pieds-noirs et, plus irréparable, parmi les musulmans d'Algérie – divisa à nouveau l'opinion et les Compagnons. Dans les procès contre l'Organisation de l'Armée Secrète (OAS) et les condamnations qui suivirent, il ne s'agissait pas de trancher : non par faiblesse, mais parce qu'il appartenait de juger d'abord de la noblesse des intentions de chacun. J'ai tenté de garder aux amis dans la détresse la fidélité que je leur avais toujours vouée. Je crois avoir œuvré aussi à l'apaisement auprès des Compagnons que je connaissais le mieux ; mais les blessures de la société française furent longues à se refermer… J'appris la disparition du Général, « le plus illustre des Français », comme l'avait nommé Coty, tandis que j'étais de passage à Lisbonne, entre deux voyages scientifiques en Afrique.

AMIS RESCAPÉS DES CAMPS DE LA MORT

J'étais en Allemagne lors du procès des criminels nazis qui s'était ouvert à Nuremberg en novembre 1945 et s'était terminé en octobre 1946 par la condamnation à mort de Goering, Bormann, Rosenberg, entre autres. Ce tribunal non seulement avait mis en évidence aux yeux du monde les déviances collectives et l'absence de regrets chez les responsables nazis au plus haut niveau, confirmant leur adhésion à la folie perverse de leur Führer, à son absence de sens moral, sans rémission ; mais l'officialisation internationale de ce procès et de cette condamnation donnait une nouvelle assise à la notion très ancienne de « guerre juste » : il ne suffisait plus de justifier un pacifisme au nom de l'Évangile ; il fallait regarder en face le terrible prix payé – six millions de Juifs exterminés – pour n'avoir pas su prendre à temps les armes qui auraient désarmé la barbarie.

Dès 1945, lors des permissions puis des congés octroyés par le Conseil de contrôle, j'avais retrouvé à Toulouse les amis d'avant-guerre ou de la période de résistance. La joie de la Libération, pour les survivants, s'était mêlée de la tristesse d'apprendre que tant d'entre eux ne reviendraient jamais. Certains avaient survécu par miracle aux camps de la mort ; mais, malgré la chaleur de nos retrouvailles, ils restaient silencieux sur ce qu'ils avaient vécu. Lorsque je retrouvai Lucien Fayman – il m'avait repéré à une table de café, sur la place du Capitole –, il me raconta son arrestation en avril 1943, puis sa déportation à Buchenwald, et à Dora, et sa libération par les Anglais du camp de Bergen, près de Bergen-Belsen, le 10 avril 1945 ; mais sans me confier tout de suite l'horreur inhumaine qu'il venait de traverser. J'avais moi-même visité Bergen-Belsen, en mai 1945, alors que la plupart des détenus survivants avaient été évacués, et j'avais été frappé de notre silence à tous, de la voix quasi inaudible du médecin qui nous racontait les premiers soins qu'il avait eus à donner...

Peu après la Libération, je retrouvai également Teddy Piat, un très jeune résistant de Toulouse, dont j'allais bénir le mariage avec Francette Peyré, ancienne résistante. Il avait été arrêté, avait quitté Paris en septembre 1943 d'abord pour le camp de Neuebremm, près de Sarrebruck, puis pour la redoutable forteresse de Mauthausen, et enfin pour Gusen I et Gusen II, camps satellites de Mauthausen, d'où il avait été libéré, sur intervention de la Croix-Rouge suisse, en avril 1945, quelques semaines avant la libération du camp par les Américains. Ce n'est que bien plus tard que Teddy réussit à écrire sur ce qu'il nomme « le passé démoniaque des camps » ; mais il ne peut toujours pas facilement en parler de vive voix. La déportation, écrit Teddy, « meurtrit pour la vie ».

Son récit, qui s'ajoute à tant d'autres, montre bien que le nazisme signifiait la mort de toute civilisation, la fin de tout humanisme, une déshumanisation des victimes comme des bourreaux : Teddy venait d'être, pendant plus de vingt mois, le n° 35170, sans autre identité ; et il y avait répondu jour après jour, parfois plusieurs fois de suite ou plusieurs fois dans une même journée, si ce n'était en pleine nuit, lors de ces appels interminables qui tenaient les déportés debout, par des températures sibériennes, comptages et recomptages maniaques dont témoignent tous les déportés. À Neuebremm, l'appel avait lieu autour d'un bassin de 18 mètres de long et de 2 mètres de profondeur. Si l'un des déportés y tombait, il était empêché de s'appuyer au bord du bassin à coups de talons de bottes sur les doigts, et n'était sorti de l'eau glacée qu'à la limite de la noyade.

Il se rappelle les longues marches à pied, lors des transferts d'un camp à l'autre, et son arrivée à Mauthausen, « seul camp qui n'était pas seulement un immense carré de barbelés » mais une forteresse de granit dont chaque pierre avait coûté la vie d'un détenu, dit-il. Il travailla lui-même à la carrière : « l'enfer à l'état pur... Un immense trou de 2 kilomètres de diamètre, aux parois hautes de 30 ou 40 mètres, dans lequel il nous fallait descendre le matin, après une ou deux heures d'appel, par 186 marches inégales » ; et le soir, il fallait re-escalader les mêmes marches, chaque détenu remontant une pierre de 10 à 15 kilos sur l'épaule, et les morts tombés dans la journée. Parfois les kapos, ou les SS, avec leurs nerfs de bœuf, les attendaient en haut de la paroi verticale et en faisaient retomber certains, les appelant en riant « les parachutistes ». L'infirmerie elle-même était le lieu de tous les dangers : on pouvait vous y faire une intraveineuse d'essence qui entraînait l'arrêt cardiaque.

Teddy, si profondément chrétien, se souvient de Noël 1944 à Mauthausen : deux heures sur la place d'appel, par moins quinze degrés, autour d'un immense sapin qu'il décrit « ruisselant de lumière et de guirlandes », tandis que l'orchestre – des déportés – jouait tous les airs de Noël du monde. En novembre 1943, un groupe de deux cents Juifs avaient été mis à part, mais Teddy continuait de voir à travers les barbelés un jeune Juif français qu'il avait connu à Neuebremm : « un regard ami, dans ce monde de mort, pouvait être si précieux », écrit-il. Mais à la mi-décembre, ce garçon l'avertit qu'ils ne se reverraient plus : il ferait tout, lui confia-t-il – et il en fallait peu – pour se faire abattre. À Noël, il ne restait plus aucun des deux cents Juifs.

Un matin, il fit lui-même partie d'un groupe de détenus qui durent marcher 9 à 10 kilomètres jusqu'à Gusen, situé dans la vallée du Danube. Pas d'équivoque sur ce camp satellite : tous les papiers à en-tête portaient la mention « *vernichtungslager* », camp d'extermination... De fait, le commandant du camp les accueillit en terminant son discours ainsi : « Vous entrez ici par la grande porte, vous n'en sortirez que par la cheminée. » Teddy parle des pendaisons, des coups de fouets, des morsures des chiens dans le camp comme faisant partie du quotidien. Il raconte aussi les conditions de travail terribles pour le creusement de tunnels, à Gusen II, qui auraient dû servir à l'implantation d'usines souterraines, et du projet des nazis de les faire sauter avec quelque vingt mille détenus dedans pour les faire disparaître d'un coup. Il ne sait pas à quoi a tenu sa survie, des impondérables, des hasards...

Hanté par l'horreur du nazisme, longtemps après la guerre – je le suis encore, j'en cherche toujours l'explication, politique, voire psychiatrique – j'ai noué des liens très forts avec des rescapés de ces camps, me constituant un réseau d'amis juifs qui ont survécu à la mort programmée pour leur extermination totale. Ainsi, en 1986, j'ai rencontré Nelly Wilson, universitaire anglaise née à Vienne dans une famille juive autrichienne dont elle et sa sœur sont les seules survivantes : sauvées par la Croix-Rouge, au moment d'un transfert de camps, elles furent conduites en Angleterre, en 1945, où elles sont restées. Nelly devait avoir entre dix et onze ans lorsqu'elle fut emmenée en déportation ; elle n'en avait pas treize lors de sa libération. Elle aussi est restée à jamais meurtrie par l'expérience de l'univers concentrationnaire, internée qu'elle fut d'abord à

Theresienstadt, puis à Auschwitz, et enfin dans un camp de travail à Kursbach en Silésie.

Quand je la rencontrai pour la première fois, lors d'un séjour prolongé à Bristol, j'eus la malencontreuse idée de lui parler en allemand : avec cet humour tout en douceur qui lui est propre, elle sut me faire comprendre que ses langues d'élection étaient l'anglais et le français – elle fit de brillantes études de littérature française à la Sorbonne après la guerre – et qu'elle les préférait à toute autre ! C'est avec une acuité intellectuelle très remarquable qu'elle suit tout ce qui s'écrit sur l'antisémitisme européen, les origines du nazisme, la barbarie dont elle fut une jeune victime, publiant, intervenant dans des colloques... Elle y parle peu d'elle-même, et quand elle le fait, c'est en aussi peu de mots que possible ; mais dans un de ses récits, elle souligne avec une lucidité qui fait mal la double inhumanité dont elle eut à souffrir, celle des bourreaux, et celle des témoins indifférents.

Ainsi sa famille, lors de la Nuit de Cristal, avait-elle été expulsée de l'appartement qu'elle habitait à Vienne, et refoulée dans un sous-sol sordide de la maison, non par des bourreaux anonymes, mais par les voisins mêmes qui, jusqu'à cette date, avaient été des plus charmants. Plus grave, elle et sa famille passèrent quatre ans dans ce sous-sol insalubre : non seulement on ne leur fit pas le moindre signe amical, mais tout le monde fit comme si cette famille n'était pas là, n'existait plus. Cette même indifférence, ce même regard qui vous traverse sans vous voir – de toutes les cruautés subies la plus cruelle, dit-elle – elle les retrouve au camp de Kurzbach : les paysans les virent passer, deux fois par jour pendant quatre mois, sous leurs fenêtres ou devant eux, en longues files de femmes décharnées, en haillons, par des températures glaciales ; et pas un ne glissa le moindre morceau de pain, pas un n'eut ce regard qui sauve, comme le disait Teddy, qui aurait été une bouée de sauvetage, dit Nelly, un signe qu'ils étaient encore des êtres humains. Lors de la marche terrible qu'on leur infligea encore au moment de la débâcle nazie, qui fit tant de morts exécutés sur le bord des routes quand ils tombaient d'épuisement, le pire, à nouveau, pour Nelly, fut cette indifférence des passants, complicité objective avec les bourreaux. Nelly raconte ce que fut, par antithèse, leur rencontre avec un groupe de prisonniers français, errants comme elles sur les routes, et aussi démunis, mais qui partagèrent le peu qu'ils avaient et firent des bandages de fortune sur leurs blessures ; et finalement les portèrent sur leur dos, et s'arrangèrent pour les remettre, elle et sa sœur, à la Croix-Rouge. Ce fut leur premier contact avec l'humanité retrouvée... Ces amis, ces récits, m'ont maintenu vigilant devant toutes les formes de tentation totalitaire et de terrorisme d'État, ou de haines religieuses ; ils me gardent de jamais désarmer devant la barbarie, d'où qu'elle vienne, encore en ce début de XXIe siècle...

De la théologie aux sciences

Sans me désintéresser jamais de la vie publique, à mon retour de Berlin, je repris le chemin de l'Institut catholique à Toulouse pour y enseigner la théologie fondamentale, d'abord comme chargé de cours, puis comme maître de conférences. Je retrouvai avec bonheur mon cousin Bruno de Solages – lui aussi de retour du camp de Neuengamme – avec lequel j'allais désormais travailler plus étroitement pendant les dix années qui suivirent. Nos épreuves à tous avaient tissé autour de nous un réseau d'amis plus serré que jamais – dont le cercle de « Témoignage chrétien » ou les « Équipes sociales » – en plus des fraternités d'armes, des anciens résistants retrouvés. Il ne se passait guère de vacances universitaires, non plus, sans que je vienne en retrouver d'autres à Paris. Leur fidélité à tous fut la joie de ces années de reconversion à la vie civile.

La vie familiale avait aussi repris à Saint-Maurice, avec les naissances au fil des ans des enfants de mes frères. Antoine et son épouse Geneviève, entre 1943 et 1964, eurent ainsi neuf enfants, Patrice et sa femme Jacqueline, cinq. Louis, ordonné prêtre en 1944, et moi-même assurions les baptêmes : ce qui chaque fois était l'occasion de grandes réunions familiales. Antoine, bon gestionnaire, avait aidé mon père à Saint-Maurice, dans l'immédiat après-guerre ; puis Philippe, officier d'active, rentra d'Indochine et prit la suite. J'eus aussi la très grande joie de bénir les mariages d'anciens membres de nos réseaux de résistance qui, après les années de guerre et pour certains au retour de déportation, pouvaient enfin fonder un foyer. Je baptisais leurs enfants quand j'étais à Toulouse, ou à Paris...

Les longues vacances universitaires laissaient quelques loisirs : je pus ainsi me livrer à ma passion, la biologie animale, et me consacrer à une de ses spécialités moins développée en France que dans les pays anglo-saxons ou au Portugal : les oiseaux. Suite longtemps différée sans doute de mes années de sauvageon à Saint-Maurice, cela me vaudra quelques sarcasmes de ceux qui ne connaissent rien à ce secteur de la zoologie, mais cela m'apportera aussi des moments d'exceptionnelle émotion, comme lorsque je retrouvai sur l'île de Saõ Tomé, à l'équateur, le chant du loriot qui avait enchanté mon enfance. Vers 1973, j'étais au cœur de la forêt équatoriale, sous les frondaisons, les yeux fixés à mes binoculaires, fouillant du regard la voûte des grands arbres. Je l'entendis d'abord, comme en mes jeunes années, mais cette fois ce chant se mêlait à la nostalgie du « re-souvenir » qui vous étreint par surprise, au moment le plus inattendu, comme Proust l'évoque si bien dans sa *Recherche du temps perdu*. Son chant n'était pas très différent de celui du loriot de France, à peine teinté d'un accent légèrement mouillé, et surtout mélancolique, comme il sied sous ces latitudes écrasantes. Un quart d'heure plus tard, je le vis enfin et pus détailler son plumage : ce n'était pas l'idéalisation de l'enfance qui rendait plus vif le jaune du loriot de Saint-Maurice, mais bel et bien une différence de sous-espèce... Le scientifique que j'étais désormais put le vérifier !

Ma reconversion vers les sciences s'opéra d'abord lentement, car j'avais alors à mener de front enseignement de théologie et engagement politique ; mais dès 1954, je commençai en Laponie mes observations d'oiseaux et une collection d'œufs qui allait devenir assez importante, mobilisant des armoires entières par la suite... avant que je n'en fasse don au Muséum de Genève. En 1956, j'accompagnai des scientifiques anglais au Spitzberg... De cette époque datent mes premières publications ; et mes travaux allaient me conduire partout dans le monde, jusqu'à l'année 1987 où, étant monté à mon dernier arbre et ayant tiré ma dernière cartouche sur un malheureux petit oiseau pour les collections du Muséum, lors d'une dernière expédition en Nouvelle-Calédonie, je dus me contenter des buissons et des oiseaux du parc où je demeure à Brunoy ou du petit jardin breton face à Bréhat.

À partir de 1959, avec l'accord de Bruno de Solages, je fus en effet détaché par l'Institut catholique à la recherche. Henri Heim de Balsac, qui dirigeait la revue *Alauda* et devait devenir le directeur de ma thèse de doctorat, me conseilla de porter ma curiosité sur la région de Port-Étienne, dans une zone limitrophe de la Mauritanie et du Sénégal. Un médecin de Port-Étienne avait signalé des nuées d'oiseaux sur les îles du Banc d'Arguin. La première fois, aidé par une bourse du Muséum, je me rendis à Dakar où je logeai quelque temps chez les pères du Saint-Esprit, puis par la suite chez mon frère Patrice. Le Banc d'Arguin était inaccessible, sauf en pirogue conduite par des pêcheurs de la région : ils furent mes guides dévoués et je devins, grâce à eux, le premier chercheur à poser le pied dans ce paradis terrestre, d'une richesse zoologique exceptionnelle. Ces travaux m'ouvrirent l'année suivante les portes du Centre National de la Recherche Scientifique et de son laboratoire de biologie animale – je devais y rester onze ans, jusqu'à ma retraite statutaire en 1971. Les études et voyages scientifiques ultérieurs se continuèrent selon les aides que je pus glaner çà et là.

Après la soutenance de ma thèse – un volumineux pavé sur « le peuplement et la reproduction des oiseaux de la côte occidentale d'Afrique » – je m'étais spécialisé en ornithologie insulaire dans les zones tropicales et équatoriales – îles du Cap-Vert, Canaries et Açores, São Tomé, Principe... J'eus alors le bonheur de tisser un autre réseau, lui aussi serré, d'amis et de correspondants scientifiques, au Museo Bocage à Lisbonne, en Angleterre, avec la merveilleuse équipe de l'Edward Grey Institute à Oxford ou du Muséum de Tring, non loin de Cambridge, au Muséum de New York, et bien sûr au Muséum d'Histoire Naturelle de Paris, longtemps dirigé par mon ami Jean Dorst. Je repris aussi le chemin de l'Allemagne, pour retrouver régulièrement, à Bonn, le directeur de l'Institut Alexander-König, le professeur Wolters, jusqu'à sa mort.

Un jour, tandis que je rendais visite à des scientifiques de l'université de Haïfa, en Israël, à une période où j'écrivais beaucoup sur les rapaces, j'eus la surprise d'être accueilli par un chercheur qui s'écria : « Venez tous, c'est Naurois : l'homme des milans... » Mon premier spécimen de milan examiné de près devait dater de mes jeunes années à Saint-Maurice, quand j'avais dix-sept ou dix-huit ans – tué avec un vieux fusil des ancêtres retrouvé au grenier ! Je fus aussi invité à Taiwan : j'y recherchai un petit roitelet pesant quelques grammes... Je fis faire à des amis, venus « se reposer » à Agadir, quelque 3 000 kilomètres de piste, dans des vents de sable impossibles, entre le Sud marocain et les belles falaises d'Ifni, en quête d'un traquet du désert que je découvris enfin à la minute où j'allais renoncer... Je fis aussi de longs séjours en Nouvelle-Calédonie : j'y trouvai nombre d'espèces qui posent des questions scientifiques passionnantes, en particulier les oiseaux de mer, dont une année, d'ailleurs, j'eus à préserver les foies et des échantillons de cervelles dans de l'air liquide pour des travaux d'épidémiologie conduits par l'Institut Pasteur. Je rencontrai aussi, incidemment, à Nouméa un musicien, catholique assidu, Olivier Messiaen, qui complétait une de ses œuvres, *Catalogue d'oiseaux*...

Je garde également de ces années de recherches de merveilleux souvenirs de messes concélébrées à la cathédrale de Nouméa, avec Jean-Yves Riocreux, alors vicaire, devenu depuis évêque de Pontoise, dont l'amitié fut toujours d'une fidélité sans faille ; ou dans de petites chapelles, au nord de l'île, dans des léproseries, ou parfois pour bénir un mariage canaque en pleine brousse ; ou auprès des pères du Saint-Esprit à Dakar, ou des jésuites de Taipei, ou à la chapelle des Blackfriars à Oxford, ou encore de concélébration en rite oriental dans une petite église grecque de New York... J'ai toujours un calice dans sa solide boîte de bois qui m'a accompagné partout... Il me sert maintenant à célébrer la messe chez moi, assis à un petit bureau : je n'ai plus la force d'aller à l'église et de m'y tenir debout.

En 1989, ayant achevé deux publications sur les oiseaux des îles de Saõ Tomé et du Principe, je commençai une vie plus sédentaire. Je me disposais à reprendre les notes, carnets, photos et documents conservés depuis les années 1925, en particulier mon journal de guerre, tenu à peu près régulièrement de 1939 à 1945, et dont j'avais entrepris une rédaction en forme de « mémoires » dès 1949. Un nouveau voyage se présenta alors : j'étais invité en Israël, pour y recevoir la médaille des « Justes parmi les Nations »...

Yad Vashem

Le mal absolu, irréparable, fait aux Juifs durant la guerre m'avait étreint, bouleversé d'horreur, lorsque j'en découvris l'ampleur en 1945, comme m'avaient révolté dès 1933 les humiliations, les brutalités que leur infligeaient alors les nazis, sans raison, pour alimenter le délire d'un seul, Hitler, qui avait su transmettre comme une abominable gangrène cette monstrueuse et inexpiable haine à des millions d'Allemands, par la propagande, par la violence, par la terreur, héritage de siècles d'antijudaïsme qui avaient débouché sur le siècle de l'antisémitisme.

Je fus d'autant plus ému de recevoir la médaille des « Justes parmi les Nations », en Israël, au Mémorial de la Déportation – Yad Vashem – en 1989. Une prière psalmodiée – *Kaddish*, la prière des morts – chantée dans la crypte noire et sobre où sont inscrits les noms des camps d'extermination, m'émut aux larmes, et l'amitié dont on m'entoura : Jacques et Monique Pulver, Lucien Lazare, Denise Sikorski, plus connue sous son nom de guerre, Colibri, alors que, juive, bravant tous les dangers, elle était dans la résistance à Marseille... On m'invita à planter un arbre à mon nom dans l'une des allées des « Justes »... J'y retournai en 1995 pour planter l'arbre de Mgr Saliège, en compagnie de Marie-Rose Gineste, « Juste » elle aussi pour son aide aux Juifs aux côtés de Mgr Théas à Montauban.

En Israël, j'eus les plus émouvantes nouvelles – posthumes – de mes parents et de leur action dans notre maison familiale de Saint-Maurice pendant la guerre. J'avais demandé à visiter l'Institut Weisman à l'occasion du séjour de 1989. Un guide parlant français me fut donc attribué pour la visite. Je vis arriver une très jeune femme, Monique Sanson, née bien après la fin de la guerre. Cette Israélienne d'origine belge parlait un français parfait. Avant même de commencer la visite, elle me fit part d'une question que son oncle lui avait posée la veille : alors qu'elle venait de l'informer qu'elle conduirait le lendemain à l'Institut un Français nommé René de Naurois, son oncle avait sursauté : « Naurois ? Peux-tu demander à ce monsieur s'il a un lien de parenté avec Jacques de Naurois, qui nous a accueillis, tes parents et moi-même, en 1940, dans sa maison de Saint-Maurice, près de Villemur-sur-Tarn ? Nous avons enterré nos papiers d'identité juifs quelque part dans la propriété, pour que ni lui ni nous-mêmes ne courions de risques supplémentaires. » Quand je lui révélai que Jacques de Naurois était mon propre père, Monique éclata en sanglots. J'étais moi-même bouleversé. Je n'en avais jamais rien su. Mes parents n'en avaient jamais fait état devant moi. Pour eux il s'agissait d'un de ces gestes d'hospitalité qu'on ne doit pas refuser, même s'il comporte des dangers. L'année suivante, en 1990, Monique Sanson et son oncle firent le voyage de Jérusalem à Saint-Maurice : mes parents étant décédés, ils trouvèrent un accueil chaleureux auprès de mon frère Philippe, mais... ne retrouvèrent pas leurs papiers !

Je médite souvent sur ce supplément d'humanité qui, chez le peuple juif, malgré son martyre, malgré l'extermination programmée à laquelle il n'a échappé que de justesse, lui donne encore cette grâce suprême de pouvoir remercier ceux qui, si faiblement, si modestement que ce soit, ont tenté d'aider l'un des leurs.

Je médite souvent aussi sur ce grand jardin qui entoure le Mémorial, planté d'arbres au pied desquels, sous chacun, on lit le nom d'un « Juste parmi les Nations », et où tant de ces nations qui font l'Europe du XXIe siècle sont représentées...

Remerciements

Je prends conscience, en relisant ces pages avant de les remettre à l'éditeur, du réseau serré d'amis dont j'ai été entouré partout, toute ma vie, en plus de ma très chaleureuse famille : ce fut non seulement une richesse affective sans prix qui m'a ainsi accompagné, soutenu, à toutes les étapes, mais un supplément de compréhension du monde, donné par ces regards croisés sur un siècle à la fois exaltant et terrible, ce XXe siècle que j'ai traversé presque de bout en bout et que je n'ai pas quitté sans regret le 1er janvier 2001. Je n'ai pu les nommer tous, mais sans eux, ce livre n'existerait pas.

C'est encore d'amitié qu'il s'agit avec Xavier de Bartillat, qu'il soit chaleureusement remercié ici de sa confiance, mais aussi du tact, de l'obstination – faut-il dire de la patiente ruse – qu'il mit à me faire revenir à mes rédactions originales, à m'obliger à écrire à la première personne, ce que je ne fais plus très facilement dans mon grand âge, tant le recul de l'histoire donne une perception collective de l'action.

Ma gratitude va aussi à Jean Chaunu qui, venu me consulter en jeune chercheur sur l'histoire du XXe siècle, en 1993, sut m'encourager à reprendre mon journal et mes notes, fit resurgir de ma mémoire par la pertinence de ses questions, fondées sur sa profonde connaissance du contexte historique, tant d'événements oubliés. Par la fidélité de son intérêt, il me permit d'aller au bout de la conception d'un ouvrage qui, certains jours, m'étreignait de tristesse, ou tout simplement, à mon âge, m'épuisait.

Je veux dire également toute ma reconnaissance à Étienne de Montety qui sut, lui aussi, raviver la flamme par l'amitié de ses visites, et accepta le travail ingrat des premières relectures, des remises en ordre de certains épisodes, des suggestions de compléments, selon cet approfondissement de la mémoire auquel une jeune génération qui n'a pas vécu les événements contraint, par son besoin de comprendre et d'expliciter l'implicite d'une génération précédente.

Tous mes remerciements vont aussi aux dévouées amies, Charlotte Chaunu, Dominique Froissant et Monique Tursis qui, inlassablement, sur leurs ordinateurs, ont transformé mes manuscrits et les innombrables papillons de corrections qui les accompagnaient en pages lisibles que... je corrigeais encore et encore. Leur patience fut, au sens propre, à toute épreuve...

Je remercie enfin Gisèle Venet qui, bien que professeur à la Sorbonne, sut me donner le temps que lui laissaient son métier si prenant et ses propres travaux sur Shakespeare pour me soutenir jour après jour et vouloir ce livre avec la volonté exigeante qui est la sienne, jusqu'au bout, et malgré tous mes moments de découragement.

Table

Cet ouvrage a été imprimé par la
SOCIÉTÉ NOUVELLE FIRMIN-DIDOT
Mesnil-sur-l'Estrée
pour le compte des Éditions Perrin
76, rue Bonaparte
Paris 6e
en avril 2004

Imprimé en France
Dépôt légal : avril 2004
N° d'édition : 1905 - N° d'impression : 68063